Colección **Nuevos enfoques en educación**

Dirigida por **Carina V. Kaplan**

Los libros que componen la colección pretenden convertirse en textos que superen los modos habituales de describir e interpretar las prácticas sociales y educativas a fin de movilizar a los lectores a pensar el mundo educativo de un modo riguroso a la vez que creativo y heterodoxo. Toda praxis crítica representa un estado tan provisorio y local como prometedor. La criticidad convoca alternativas.

Vivimos tiempos de grandes transformaciones sociales, políticas y culturales en las cuales, particularmente en América Latina, la educación es planteada en nuestras democracias como un derecho humano, como un bien público y popular para una sociedad más justa.

La educación es un proceso en movimiento cuyo horizonte es aquella utopía de construir sociedades que garanticen la igualdad de posibilidades y el ejercicio de la ciudadanía dignificante.

Teniendo la certeza de que el conocimiento comunicado por escrito es potencialmente un ingrediente poderoso para la transformación de las estructuras sociales y las subjetividades, los trabajos aquí incluidos se ponen a disposición como un conjunto de herramientas para la reflexión y la apertura de nuevos interrogantes.

La escritura bella invita al placer de leer. Pensar junto a otros en el transcurrir de nuestras lecturas compartidas nos permitirá saber que no estamos solos en este enorme compromiso de la trasmisión generacional y la construcción del lazo social e identitario a través de la educación y la escuela.

Código Thema: JNAM [Finalidad moral y social de la educación]
JNE [Pedagogía social / Sociología de la educación]
JPVC [Derechos civiles y ciudadanía]

Edición: Primera. Julio de 2020

ISBN: 978-84-17133-61-0

Lugar de edición: Buenos Aires, Argentina

Diseño: Gerardo Miño
Composición: Eduardo Rosende

Dirección postal: Tacuarí 540
(C1071AAL) Buenos Aires, Argentina
Tel: (54 011) 4331-1565

e-mail producción: produccion@minoydavila.com
e-mail administración: info@minoydavila.com
web: www.minoydavila.com
facebook: http://www.facebook.com/MinoyDavila

MARTÍN R. LEGARRALDE

Combates por la memoria en la escuela

Transmisión de las memorias sobre la dictadura militar en las escuelas secundarias

Índice

Agradecimientos

A mis hijes Fermín, Abril, Rocío y Malena, por orden de aparición en mi vida, aunque el amor no distingue cartel.

A Silvia, Roberto, María Marta y Juan, por las memorias que circulan entre nosotros.

A Myriam, por enseñarme durante tantos años, siempre desde la amistad.

A Marcelo, por su lectura atenta y sus recomendaciones justas.

A los compañeros y compañeras de la Comisión Provincial por la Memoria, comprometidos en las luchas contra el olvido y la impunidad.

A los equipos de gestión de la Educación Secundaria bonaerense durante los años de este estudio, apasionados por el derecho a la educación.

A María Elena.

Abreviaturas

APDH: Asamblea Permanente por los Derechos Humanos
ARI: Argentina República de Iguales
CBC: Contenidos Básicos Comunes
CCD: Centro Clandestino de Detención
CELS: Centro de Estudios Legales y Sociales
CFE: Consejo Federal de Educación
CIDH: Comisión Interamericana de Derechos Humanos
CONADEP: Comisión Nacional sobre la Desaparición de Personas
CPM: Comisión Provincial por la Memoria
CTERA: Confederación de Trabajadores de la Educación de la República Argentina
DGCyE: Dirección General de Cultura y Educación de la Provincia de Buenos Aires
EGB: Educación General Básica
ERP: Ejército Revolucionario del Pueblo
ERSA: Estudios de la Realidad Social Argentina
ESB: Escuela Secundaria Básica
FaHCE-UNLP: Facultad de Humanidades y Ciencias de la Educación. Universidad Nacional de La Plata
GOR: Grupo Obrero Revolucionario
H.I.J.O.S.: Hijos e Hijas por la Identidad y la Justicia contra el Olvido y el Silencio
LEN: Ley de Educación Nacional
LFE: Ley Federal de Educación
MEN: Ministerio de Educación de la Nación
MTP: Movimiento Todos por la Patria
NAP: Núcleos de Aprendizaje Prioritario
PRT: Partido Revolucionario de los Trabajadores
SERPAJ: Servicio de Paz y Justicia
UCR: Unión Cívica Radical

Prólogo

Myriam Southwell[*]

L a afirmación "no les pido que lo recuerden siempre, pero no soporto que lo ignoren" es uno de los momentos más potentes de la película *Rapsodia en Agosto* de Akira Kurosawa. En ella se nos cuenta con extrema sensibilidad la relación de cuatro niños y niñas con su anciana abuela cuyo marido murió en el ataque con bomba atómica en la ciudad de Nagasaki el 9 de agosto de 1945. Ella cuida de sus nietas y nietos y les cuenta historias de su juventud, antes y durante la guerra, mientras ellos aprenden por su cuenta en sus visitas a la ciudad.

La película nos narra con una enorme riqueza de imágenes la experiencia de esa anciana, sobreviviente del bombardeo, que se debate entre la persistencia del recuerdo de aquel terrible suceso y los intereses de las nuevas generaciones, un tanto ajenas por el paso del tiempo al dolor sufrido por las víctimas del ataque. Pero también nos confronta, con fuerza y sutileza al mismo tiempo, con la trayectoria realizada entre las distintas generaciones, la huellas de la indiferencia y los caminos que abre la transmisión. Una abuela que ha transitado por una experiencia traumática, hijos que viven al margen de esa vivencia y los nietos que se topan casi accidentalmente con un atisbo del pasado de su familia, ante el cual se dejan conmover —y lo transitan luego de lleno— para formularle preguntas sobre su familia, el mundo, la violencia y las injusticias nunca respondidas.

[*]   Es Ph.D. del Departamento de Gobierno de la Universidad de Essex, Inglaterra; Master en Ciencias Sociales, FLACSO. Profesora y Licenciada en Ciencias de la Educación de la UNLP. Es autora de diversos trabajos sobre temas de historia, teoría y política educacional. Ha ocupado diversos cargos ejecutivos en el área educativa, tanto en la gestión universitaria como en el ámbito gubernamental. Actualmente investiga y coordina trabajos de historia, teoría y política de la educación. Es investigadora del CONICET, Directora del Doctorado en Educación y Profesora Titular de la cátedra Historia de la Educación Argentina y Latinoamericana de la UNLP.

Rapsodia en agosto pone así de relieve las interrupciones y luego las reposiciones en la transmisión que ha sido franqueada, en ocasiones, pero que está presente entre los vínculos familiares, y que además ofrece distintos modos y posibilidades de tramitar el dolor, la carencia, lo fraterno, la injusticia y el cuidado. Por ello, esa obra ofrece una mirada de notable sensibilidad para pensar la transmisión. Esa perspectiva nos hace evocar lo que sucedió en la Argentina en el tiempo previo, durante y *a posteriori* de la dictadura que comenzó en 1976. Pero también, instala una reflexión más extensa acerca del vínculo que se establece cuando la transmisión opera –por que se la deja rodar o porque se la retacea– en el vínculo entre generaciones.

Detengámonos en el concepto de transmisión. La noción de *transmisión*, según Kaes, es un significante connotado por una dirección del tiempo; una transmisión es siempre un proceso que se realiza en la duración, supone una inscripción temporal; es decir, evoca un transporte en el tiempo, por una prolongación, transporte en el cual la educación ha operado como un soporte privilegiado para la construcción de una memoria y –en particular– de una memoria compartida. La subjetivación, la humanización se producen a lo largo de los tiempos, y la noción de procesos históricos de subjetivación es necesaria; en tanto inscripción en una continuidad temporal más densa ensancha los márgenes de la vivencia personal –como en los modos de pensarse y actuar individual y colectivamente.

El libro que ustedes están abriendo es un trabajo muy necesario para discusiones trascendentes de la sociedad contemporánea. El objetivo de la investigación que le dio origen fue estudiar la incidencia de las políticas de memoria, en los procesos de transmisión de memorias, sobre la última dictadura militar, que tuvieron lugar en las escuelas secundarias, transcurridos treinta años desde el inicio de la transición democrática.

La transmisión de las memorias sobre la dictadura que se produce en las escuelas está enmarcada en un conjunto de políticas que indican aquello que es puesto oficialmente en la transmisión. El trabajo de Martín Legarralde analiza tanto las políticas de memoria que no fueron pensadas como políticas educativas (por ejemplo, la evolución de las conmemoraciones públicas por "la Noche de los Lápices"), como aquellas políticas educativas que pueden ser analizadas como políticas de memoria (por ejemplo, la inclusión de temas relativos a la última dictadura militar en el curriculum de la educación secundaria). Las políticas de memoria, las políticas educativas y sus intersecciones son el escenario de los procesos de transmisión escolar de las memorias. Si bien no son las únicas definiciones acerca de los temas, sentidos y relatos que se transmiten en las instituciones educativas, son las que portan la sanción oficial y por lo tanto se acoplan a la dimensión instituyente de las escuelas.

Este trabajo expone con mucha claridad que pensar la transmisión como intervención humana en el espacio educativo demanda un recorrido cultural que abarque, por un lado, viejas y también inéditas características, un reconocimiento de la densidad del tiempo presente y del escenario contemporáneo, en el que el tiempo escolar convive con otros que lo tensionan y le exigen revisiones y reformulaciones. Ello implica reafirmar una vez más lo complejo de la constitución de las identidades de edad y también una creencia en la posibilidad de generar nuevas articulaciones entre las generaciones en proyectos educativos comunes.

En el período estudiado, las políticas de memoria procuraron tener una incidencia particular en las escuelas. Las narrativas públicas acerca de lo sucedido durante la dictadura, los modos de nombrar, las conmemoraciones y las prescripciones curriculares se fueron conformando y delimitando paulatinamente. En este marco, la política educativa se constituyó en una arena privilegiada de confrontación entre actores políticos y sociales que son portadores de diferentes narrativas sobre el pasado. La configuración de estas narrativas permite analizar las confrontaciones, disputas y rearticulaciones de las memorias sobre la dictadura que tienen circulación en el sistema educativo.

Pero este libro no se limita a mostrar los modos en los que se llevó adelante la tarea del deber de memoria; muestra las tensiones, las disputas, las contraposiciones y los vacíos que se producen en esas tramas de la memoria. El sistema educativo y en especial las escuelas secundarias se convirtieron en un espacio institucional que se liberó del monopolio propuesto sobre las memorias en circulación y se habilitaron otros actores con capacidad para poner en la transmisión escolar (aunque no curricular) sus relatos sobre la dictadura.

Esto no significó una inmediata democratización de la circulación de memorias, sino un cambio en la lógica de las memorias en disputa en el espacio escolar. Las memorias en conflicto que ya existían en el espacio público tuvieron en el avance de la transición democrática, mejores condiciones para expresarse en las escuelas, pero además se produjo un cambio en la correlación de fuerzas: la memoria oficial cambió su contenido y la que hasta ese momento había sido la memoria oficial de la dictadura pasó rápidamente a convertirse en una memoria subterránea (Pollak, 2006)[1]

---

1. Pollak, Michael (2006) *Memoria, olvido, silencio. La producción social de las identidades frente a situaciones límite.* La Plata: Editorial Al Margen

obligada por la sanción oficial de un relato institucionalista que impedía cualquier justificación de la interrupción del orden constitucional.

Kurosawa lo expresaba del siguiente modo: *"quisiera transmitir el tipo de heridas que dejó la bomba atómica en el corazón de nuestra gente, y cómo se fueron cicatrizando. Yo recuerdo bien el día de la explosión, y todavía hoy no puedo creer que aquello haya ocurrido en la realidad de este mundo. Pero lo más terrible es que los japoneses ya lo echaron al olvido".* [2] Aquí, el lugar del otro no es un espacio topográficamente establecido sino que es un espacio y un tiempo que se produce en el tejido que los unos hacen para buscar al otro. El lugar del otro es un asunto que se construye entre palabras, gestos, miradas e historias puestas en común.

Ahora bien, en la medida en que la educación se produce siempre en la brecha del tiempo, la transmisión se produce –consciente o inconscientemente– desde la densidad del presente, interrogando a la vez el pasado, herencias parciales, historias locales, identidades generales y particulares. La pregunta es, por un lado, qué seleccionar de ese pasado, qué recuperar, cómo tejer una relación entre fragmentos de ese pasado y el presente. Por otro lado, el problema de la transmisión se vincula con el problema de las formas de filiación generacionales. Esa filiación *generacional* que el sistema educativo ensaya día a día constituye el reconocimiento de la posición de los sujetos en el orden de las generaciones.

En cuanto a las narrativas, en el contexto del trabajo de la CONADEP, los Juicios a las Juntas y una mayor circulación pública del tema se expusieron la "teoría de los dos demonios" y la "narrativa de la víctima inocente". Aunque no llegaron a clausurar la proliferación de sentidos que otros actores pudieron sostener, se convirtieron en dos modos emblemáticos de narrar la represión.

En cuanto a los actores, junto con los propios funcionarios que actuaban como agentes enunciadores a través de las normas y regulaciones, los primeros años del gobierno radical habilitaron a algunos organismos de derechos humanos, estudiantes, la Iglesia y las editoriales como productoras de relatos sobre el pasado reciente. Esta pluralización convirtió al sistema educativo en un campo de confrontación entre diferentes memorias que se manifestó al menos en dos planos: por una parte, distintos actores trataron de lograr legitimidad y constituir un relato hegemónico en el proceso de transmisión, es decir, producir un relato que fuera dominante en la construcción de representaciones en las nuevas generaciones; pero por otro lado, se trató de lograr reconocimiento estatal para estos relatos,

---

2. La afirmación está extraída de "Rapsodia en agosto y la bomba de Nagasaki". Tokio, 1990: García Márquez y Akira Kurosawa, una conversación de amigos.

puesto que ese reconocimiento podría generar mejores condiciones para legitimar esas narrativas (por ejemplo, a través de regulaciones curriculares, recursos económicos, políticas editoriales, etc.).

La otra marca definitoria de este período fue que el sistema educativo, y en particular las escuelas secundarias, se constituyeron en escenario de una militancia por las memorias, tal como este libro muestra muy documentadamente. Las disputas mencionadas cobraron el carácter de confrontaciones en las que las organizaciones estudiantiles se constituyeron en actores portadores de una memoria específica, que también se asociaba a la construcción de su propia identidad. Se produjo así la fusión entre la narrativa de la víctima inocente, la apertura de los centros de estudiantes y las marchas del 16 de septiembre.

La transmisión no es entonces una reproducción idéntica e incesante de lo mismo, sino un acto donde se pasa la cultura, se deja un legado, y donde también aparece algo nuevo. Al contrario de muchas pretensiones en torno a encontrar recetas y métodos que pudieran ser replicables y que garantizaran la producción de los mismos resultados, Hassoun[3] sostiene que una transmisión lograda es una transmisión interrumpida en algún punto, una transmisión que deja aparecer la diferencia, y que permite que la generación siguiente recree ese legado de una forma original y única. Esto es algo que merece ser destacado porque muchas veces la generación adulta valora negativamente los modos en que los jóvenes se vinculan con el pasado, con la cultura, con los otros, con lo común. En ocasiones, quienes han dejado de ser jóvenes entienden que ellos tenían modos más profundos y comprometidos, más auténticos y productivos de vincularse con la política, los problemas sociales, la historia y el futuro. Esa misma actitud conduce a una mirada impugnatoria hacia una generación que reactualiza con luz propia su afán por la vida, su propuesta hacia el futuro, su selección de lo que es "en común".

Siempre, por otra parte, hay algo desconocido de una generación joven para la generación adulta y también en el sentido inverso. Ese desconocimiento, esa diferencia, puede ser percibida como amenaza o como promesa, puede motivar el rechazo o la ausencia de encuentro, o puede convertirse —ese desacuerdo— en la base para un trabajo común. El espacio intergeneracional debe pensarse hoy como un trabajo de *reconocimiento* de esas diferencias, pero también de los *dilemas comunes* que atraviesan a la sociedad en su conjunto. El reconocerse y ser reconocido como parte de un vínculo donde prevalece el deseo de vida, permite tomar lugar en

---

3. Hassoun J. (1996), *Los contrabandistas de la memoria*. Buenos Aires: Ediciones de la Flor.

la cadena de las generaciones, y permite no sucumbir a la sumisión de la violencia.

Este libro lo muestra de manera contundente. La transmisión no puede predecir qué hará la nueva generación con ella, en todo caso producirán una escritura propia, un proyecto, una tarea que será –en alguna medida– una reescritura, pero también una creación singular.

Introducción:
¿Qué hacer con el pasado traumático en la escuela?

Simulacros y reivindicaciones

El día 16 de septiembre tiene un significado particular en la ciudad de La Plata. Desde 1984 se producen en la ciudad, movilizaciones estudiantiles en conmemoración de la "Noche de los Lápices". Ese día en 2015 coincidieron dos hechos: en un acto en el Teatro Argentino, el entonces gobernador de la provincia de Buenos Aires anunció que impulsaría una Ley de Boleto Educativo y la presentó como una medida que venía a cumplir con el objetivo por el que luchaban los jóvenes desaparecidos en el operativo de la "Noche de los Lápices". Dijo en esa oportunidad: *"Este día de reivindicación de la lucha de estudiantes desaparecidos en la Noche de los Lápices, se convierte en este nuevo derecho presente y que tenemos que ampliar hacia el futuro"* (Diario *La Nación*, 16/09/2015). Ese mismo día, en una escuela secundaria platense, el equipo directivo llevó adelante un "simulacro" de golpe de Estado anunciando a los alumnos en el patio de la escuela, una serie de medidas que recordaban las intervenciones autoritarias de la dictadura.

Podemos ver en estos hechos una muestra de lo compleja que resulta la circulación de memorias sobre la dictadura que se produce en nuestro sistema educativo, y de lo activas que resultan las controversias que la atraviesan. Si nos aproximamos a los acontecimientos, veremos que existe una trama de disputas, sentidos contrapuestos y modos de transmisión que se ponen en juego desde las macropolíticas estatales hasta las micropolíticas del aula. ¿De dónde viene el interés de actores tan distintos por abordar el tema? ¿Cómo es que el tema de la dictadura provoca acciones y discursos tan dispares casi cuatro décadas más tarde? ¿Qué explica que ese interés tome como escenario privilegiado el sistema educativo y las escuelas secundarias?

Este libro trata de ofrecer respuestas a estas preguntas. Lo que el lector podrá encontrar aquí es la edición para libro de una tesis doctoral, resultado de un trabajo de investigación de casi una década. Las inquietudes que dieron lugar a esta investigación surgieron de los intercambios producidos en el seminario "Hacia una pedagogía de la memoria" organizado en el año 2007 por la Comisión Provincial por la Memoria (CPM). En aquella oportunidad, gracias a la generosa invitación del equipo del Programa Jóvenes y Memoria de la CPM tuve oportunidad de compartir un panel en el que se plantearon reflexiones sobre el lugar de los jóvenes en la construcción y circulación de memorias sobre la última dictadura militar. Algunas de las principales preguntas que traté de responder en mi tesis fueron formuladas en aquella instancia.

En los años siguientes pudimos abordar esos interrogantes en investigaciones desarrolladas con el equipo de la CPM, que implicaron la realización de entrevistas y encuestas a alumnos y profesores de distintas localidades de la provincia de Buenos Aires, participantes del Programa Jóvenes y Memoria.

Además, a partir del año 2008 me desempeñé en el ámbito de la gestión educativa provincial, lo que me permitió conocer de cerca los desafíos involucrados en la implementación de la nueva escuela secundaria obligatoria y en la reformulación del currículum del nivel. Este conocimiento agregó a mis preguntas iniciales un conjunto de interrogantes sobre cómo pensamos y definimos como sociedad, los sentidos del pasado que la escuela debe poner a disposición de las nuevas generaciones.

En el curso de mi investigación en el marco del Doctorado en Ciencias de la Educación de la Facultad de Humanidades y Ciencias de la Educación de la Universidad Nacional de La Plata (FaHCE-UNLP), estas preguntas se fueron anudando. Su intersección me llevó a tratar de reconstruir la historia de las memorias que encontrábamos en circulación en las escuelas. Esas memorias están conformadas por retazos, fragmentos de enunciaciones producidas en distintos momentos de nuestra historia reciente que son —inadvertidamente— revisitados por profesores y estudiantes en las situaciones escolares de transmisión.

La secuencia de capítulos que sigue responde a un orden diferente del proceso de la investigación. Las preguntas iniciales condujeron a un amplio trabajo de campo, llevado a cabo por un equipo de investigación del que formé parte. A través de encuestas, entrevistas y observaciones, buscamos responder al lugar que ocupan las memorias sobre la dictadura en la formación de los jóvenes como sujetos políticos. Algunos análisis de estos materiales son presentados en los capítulos 5 y 6 de este libro. Sin embargo, una exploración en profundidad sobre el papel de las escuelas en esta configuración, me llevó a revisar la historia de las memorias de la dictadura, en su enunciación y transmisión escolar. Este recorrido histórico se encuentra en los capítulos 1 a 4 de este libro. El último capítulo busca recuperar una lectura de conjunto en el que analizo las situaciones de transmisión en perspectiva histórica, y abordo los dilemas que enfrentamos como sociedad en relación con dicha transmisión.

El problemático escenario de las relaciones entre educación y memoria

El filósofo alemán Theodor Adorno sostuvo en 1966 que la principal tarea de la educación era desactivar los factores subjetivos que habían hecho posible los campos de concentración del nazismo. ¿Se debe formular el mismo imperativo ético y político para el sistema educativo argentino después de la última dictadura militar? Distintos estudios han mostrado el papel que cumplió la educación sistemática en la formación de la identidad nacional y los sujetos políticos en la Argentina (entre otros: Pereyra, 2007; Cucuzza, 2007; Escudé, 1990; De Amézola, 2006; Dussel, 1997; Cattaruzza, 2007). Estos trabajos coinciden en afirmar que la enseñanza de la historia cumplió un papel fundamental para cargar esas identidades con concepciones del pasado nacional siguiendo el relato histórico formulado por Bartolomé Mitre durante la segunda mitad del siglo XIX.[1]

Si bien cada gobierno intentó, con suerte diversa, construir una imagen del pasado para legitimar sus posiciones en el presente, la última dictadura militar marcó un punto de inflexión en este aspecto. En la Argentina de las últimas décadas se ha debatido sobre el papel de la educación en la formación de una ciudadanía democrática y en el apuntalamiento de la democracia recuperada que, entre otras cosas, debía apoyarse en imágenes, interpretaciones y tomas de posición sobre el pasado dictatorial (Southwell, 2001).

En el contexto de la reforma educativa de la década de 1990, se especificó el rol de las escuelas en la formación de los ciudadanos y se introdujeron contenidos curriculares relacionados con la historia reciente tanto en las materias de Historia (De Amézola, 2006: 245 y ss.) como en Formación Ética y Ciudadana (Siede, 2013).

Por otra parte, desde 1988 se establecieron en el calendario escolar, fechas conmemorativas referidas a acontecimientos ocurridos durante la

---

1. Se trató de un relato fundado en los principios del liberalismo, que exaltaba la figura de los líderes del movimiento de independencia (particularmente San Martín y Belgrano) y calificaba a Rosas como un tirano. Este relato simplificador debía funcionar como fundamento moral y político para la formación de los sectores dirigentes en los Colegios Nacionales a partir de 1863 (Tedesco, 2009; Dussel, 1997; Quattrocchi Woisson, 1995; De Amézola, 2006; Cattaruzza, 2007).

dictadura. Ese año la Legislatura de la provincia de Buenos Aires dispuso que el 16 de septiembre fuera recordado como el "Día de la afirmación de los derechos del estudiante secundario" en relación con los sucesos de "la Noche de los Lápices". Medidas similares se adoptaron con relación al 24 de marzo como recordatorio del golpe de Estado de 1976 y con el 2 de abril en relación con el desembarco de tropas argentinas en las Islas Malvinas en 1982.

A partir de 2003 las políticas institucionales de memoria –especialmente políticas educativas– cobraron mayor intensidad, impulsadas por las luchas por la verdad y la justicia protagonizada por el movimiento de derechos humanos,[2] y se multiplicaron más allá de lo curricular. Con la Ley de Educación Nacional del año 2006 se reformularon las prescripciones curriculares, produciendo un reposicionamiento de la formación de la ciudadanía en las escuelas y del lugar de los sentidos sobre el pasado reciente en dicha formación.

Este rápido inventario de las políticas adoptadas a partir de 1983 muestra una preocupación permanente de gobiernos de distinto signo por la formación de sujetos políticos, en la que ha tenido un papel destacado el abordaje de temas y contenidos relacionados con la última dictadura militar.

Junto con ello, es posible identificar en el amplio campo de las políticas de memoria, la intervención de otros actores que, con mayor o menor autonomía, también pusieron en marcha iniciativas que tuvieron como eje la transmisión escolar de las memorias. Desde 1984 distintos organismos de derechos humanos realizaron actividades de capacitación docente y produjeron materiales de divulgación. A partir de 2001, la Comisión Provincial de la Memoria (organismo creado en 1999 por iniciativa parlamentaria en la provincia de Buenos Aires) puso en marcha el Programa Jóvenes y Memoria que tuvo un impacto continuo y creciente, implicando a cientos de escuelas secundarias de toda la provincia en el tratamiento de estas temáticas.

El repertorio de actores e iniciativas que podemos mencionar, nos muestran un escenario complejo para la enunciación, circulación y transmisión de memorias sobre la dictadura en las escuelas secundarias. Esto nos permite afirmar que las disputas sociales por la legitimación de sentidos

---

2. Entre estas políticas se puede mencionar la puesta en marcha del proyecto "A 30 años", implementado por el Ministerio de Educación de la Nación en 2006. A partir de allí, también, la implementación del Programa de Educación y Memoria en el ámbito del Ministerio Nacional de Educación y la conformación de una red de educación y memoria con la participación de equipos provinciales que trabajan en la temática.

sobre el pasado dictatorial tienen como escenario privilegiado al sistema educativo.

Sobre los conceptos de memoria y transmisión

El campo temático abordado en este libro se refiere a la transmisión escolar de memorias sobre la última dictadura militar en la Argentina. Algunos aspectos de esta transmisión han sido estudiados en investigaciones sobre la enseñanza de la Historia (entre otros: Born, 2010; Carretero, Rosa y González, 2006; De Amézola, 2006; De Amézola, Carlos y Geoghegan, 2006; Demasi, 2004; Reyes Jedlicki, 2004; Carvalho, Lorenz, Marchesi y Mombello, 2004; Finocchio, 2007; Alonso, 2006). También se ha investigado sobre las asignaturas que tienen por función la formación ciudadana (Quintero y De Privitello, 2007; Siede, 2013). Otros estudios han abordado la introducción en el calendario escolar de conmemoraciones referidas a acontecimientos ocurridos durante la dictadura (Lorenz, 2002; Lorenz, 2004; De Amezola, 2006; Higuera Rubio, 2010; Haedo, 2014).

Aun cuando este conjunto de investigaciones ha producido un conocimiento valioso sobre los modos en que se produce la enseñanza del pasado reciente en las escuelas, en este libro me interesa pensar en las escuelas como espacios de disputa por las memorias de la dictadura (y en ese sentido, la enseñanza de la historia y de la formación ciudadana participan de esas disputas como formas de conocimiento especializado), y de confrontaciones sobre diversos modos de transmisión (considerando a la enseñanza como una forma específica de transmisión).

En la Argentina, ya desde 1976 el Estado puso en marcha políticas de memoria sobre la dictadura militar (Jelín, 2009; Jelín, 2002), muchas de las cuales involucraron a las escuelas. Los sentidos asignados al período dictatorial también fueron foco de disputas entre actores que tuvieron distintos papeles en los acontecimientos, y que confrontaron a partir de sus identidades políticas presentes (Jelín, 2000) poniendo en juego diversas interpretaciones sobre el pasado.

Elegí referirme a estos procesos utilizando el concepto de "transmisión", aludiendo a formas de pasaje y reproducción de un conjunto de contenidos de la cultura. Reservo el concepto de "enseñanza" para referirme a acciones de transmisión intencionales, más o menos planificadas y orientadas por las prescripciones curriculares y los saberes docentes.

En cambio, el concepto de "transmisión" abre un campo de problemas relacionados con las expectativas y representaciones de quienes participan en la transmisión sobre aquello que se intenta transmitir y sobre las recepciones de aquello que se transmite. Esas representaciones no siempre coinciden con las apropiaciones efectivas de los elementos de la cultura que son puestos en la transmisión (Frigerio y Diker, 2004).

Algo similar sucede con los conceptos de historia y memoria. Si bien se ha escrito mucho y se han producido intensos debates sobre las relaciones, tensiones y conflictos entre ambos campos, me refiero en este libro a cierto consenso establecido a través del uso de los conceptos, reservando el término "historia" para referir a un tipo de conocimiento, producido según reglas metodológicas por un campo de agentes especializados y constituido como una disciplina, en tanto con "memoria" aludo a las enunciaciones sobre el pasado producidas por distintos agentes sociales en una trama de relaciones actuales. Así, la memoria (o las memorias, en plural) designan un fenómeno social amplio, que además es particularmente tributario de sus condiciones presentes de producción, en tanto la historia se refiere específicamente a un tipo de conocimiento disciplinar. Desde ya, se han reconocido relaciones de distinto tipo entre ambas: de complementariedad, de confrontación, de rechazo u oposición.

Estos conceptos servirán a lo largo de este libro, para identificar los modos en que se articularon en distintos momentos, la transmisión y la enseñanza, la memoria y la historia, en torno de la experiencia política traumática de la última dictadura militar en la Argentina.

MARTÍN R. LEGARRALDE

— PARTE I —

Una historia de las memorias para uso escolar

Capítulo 1

La dictadura militar escribe su memoria (1976-1983)

Los años previos

Algunos de los sentidos que irían a nutrir las memorias sobre la última dictadura militar a partir de 1976 comenzaron a producirse y a circular antes del golpe del 24 de marzo. Las memorias como fenómenos sociales son enunciaciones sobre el pasado producidas en el presente por distintos agentes sociales. Estas enunciaciones (que conforman "relatos" o "narrativas", y que cobran estabilidad en el tiempo) responden a los intereses e identidades de esos agentes sociales en un presente dado. Esta idea puede rastrearse hasta la obra de Maurice Halbwachs, quien concebía la memoria como una producción de distintos grupos sociales que reforzaban, por sus lazos en el presente, el recuerdo de sus experiencias comunes (Halbwachs, 2004a).

La proclama militar del 24 de marzo de 1976 sostenía que la toma del poder por parte de las Fuerzas Armadas había sido una reacción necesaria para llenar un "vacío de poder". Dos años antes, en su primer número, la revista *Evita Montonera*, señalaba que, tras el fallecimiento de Juan D. Perón, en el país se observaba un "vacío de poder" que conduciría a consecuencias políticas extremas. La idea de un golpe de Estado circulaba entre distintos actores políticos de la época como una tendencia histórica inevitable.

La interpretación del golpe aparecía en estos dos textos como una respuesta al "caos político" imperante. La enunciación de las primeras narrativas sobre el acontecimiento echaron mano de estos sentidos disponibles. Otros actores compartían esta lectura, como lo revelan las anticipaciones ofrecidas por los medios gráficos de la época. Por ejemplo, el 13 de febrero de 1976 una editorial del diario *La Nación* decía:

> Las fuerzas militares hacen destacar reiteradamente que nadie podrá decir en el futuro que las Fuerzas Armadas no hicieron todo lo posible por

impedir la interrupción del régimen institucional. Pero advierten también que, por el contrario, si continuaran absteniéndose de llenar el *vacío de poder* que el estado de cosas parecería estar determinando podrían ser acusadas por el juicio de la historia de prescindencia culposa. (Citado en Novaro y Palermo, 2006: 18-19, la cursiva es nuestra)

La naturalización de la violencia política fue también un antecedente del golpe y estuvo disponible para la construcción de sentidos acerca de los acontecimientos. Esta naturalización contaba con una larga historia de prácticas institucionalizadas (aunque, claro, no legalizadas) dentro de las Fuerzas Armadas, de manera que cuando se desplegó el sistema de represión ilegal, el ejercicio de la violencia sobre distintos grupos de la sociedad contaba con el precedente de la asociación entre violencia y disciplinamiento que la propia institución militar había ejercido hacia su interior desde el siglo XIX y que había aplicado en más de una oportunidad al resto de la sociedad (Calveiro, 2013).

Desde el Cordobazo (mayo de 1969) los grandes medios de comunicación habían presentado las acciones armadas de las organizaciones guerrilleras como respuestas a la represión y a la interrupción del Estado de derecho, pero esto cambió a partir del regreso al orden constitucional en 1973. Desde la presidencia de Héctor J. Cámpora, la cobertura periodística predominante catalogó a estas acciones armadas como ataques a las instituciones legales. Los medios de comunicación impugnaron entonces el uso de la violencia planteando su "ilegitimidad" (Franco, 2012: 42). Entre los actores que sostenían esta posición se encontraban los partidos políticos tradicionales, pero también el propio Perón, quien insistía que debía cesar la acción de la guerrilla (Franco, 2012: 43).

Pero en 1975, al calor de la represión clandestina y con las noticias cotidianas sobre las víctimas de la Triple A y las bandas parapoliciales, se produjo un nuevo cambio en las interpretaciones públicas predominantes sobre la violencia política. Tanto los medios de comunicación como los políticos, sindicalistas y dirigentes sociales, reemplazaron la concepción de la violencia como un enfrentamiento entre "extremismos" de derecha e izquierda, por una interpretación según la cual se enfrentaban bloques de fuerzas "subversivas" y "antisubversivas" (Franco, 2012: 297).

En este contexto, la juventud era presentada como un grupo social relacionado con la violencia. La juventud era el sector que se resistía a su reencuadramiento dentro de las estructuras partidarias tras el retorno de Perón al poder. La asociación entre "juventud" y "violencia" aparecía en la prensa más conservadora como un rasgo que podía aplicarse tanto a las acciones de las organizaciones guerrilleras como a los actos de desobediencia o insubordinación dentro de la familia, la Iglesia o el sistema educativo (Franco, 2012: 205). Cualquier toma de posición autónoma por parte de los jóvenes podía ser calificado como una forma de violencia.

A la vez, los jóvenes eran vistos como un grupo social manipulable, que fácilmente podía ser engañado por el "discurso subversivo" para llevar adelante acciones violentas (Franco, 2012: 54). Esto hacía que el sistema educativo –en especial la educación secundaria y universitaria– fuera considerado como un espacio de penetración de las "ideas subversivas", y por lo tanto como un destinatario privilegiado de las políticas represivas (Franco, 2012: 255).[1]

Estas imágenes públicas sobre la juventud tuvieron su contraste en el campo de las políticas educativas. Durante el breve gobierno de Héctor J. Cámpora (del 25 de mayo al 13 de julio de 1973) se suprimió de la educación secundaria la asignatura "Educación Democrática" (que había sido implantada en 1956 por la autodenominada Revolución Libertadora) y se destinaron las horas correspondientes al dictado de Estudios de la Realidad Social Argentina (ERSA), aunque a cargo de los mismos docentes.[2]

En sus considerandos, el decreto que establecía esta modificación sostenía que a través de la educación, la sociedad debía crear las "condiciones deseables para el desarrollo de la conciencia nacional y social del niño y del joven". Por eso, con metodologías flexibles y variadas, los alumnos adquirirían "compromisos consigo mismo, con el pueblo, con la nación y con el mundo al que pertenece(n)". La materia asumía que todo joven estaba animado por impulsos positivos que debían ser puestos "al servicio de la acción constructiva". El contraste entre esta concepción de los jóvenes, su papel en relación con los conceptos de pueblo y nación, y las expresiones que los asociaban a la violencia política y al caos institucional resulta notable.

Sin embargo, el mensaje contenido en la creación de ERSA fue desactivado tras la muerte de Perón. Con la designación de Oscar Ivanissevich como Ministro de Educación en 1974, el discurso público predominante

---

1. Como contrapartida, en los años previos al golpe, las Fuerzas Armadas no eran mencionadas prácticamente por los medios de comunicación en relación con el clima de violencia política. Las pocas menciones las indican como víctimas de esa violencia y, hacia 1975, como las potenciales restauradoras del orden social (Franco, 2012: 223). Esta imagen fue alimentada por un sector de las Fuerzas Armadas que se volvió hegemónico desde el retorno de Perón a la presidencia. El "profesionalismo prescindente" (posición doctrinaria de las Fuerzas Armadas encabezada por Videla) sostenía que los militares debían asumir un rol profesional y abstenerse de participar como un actor político más. Así se forjó la idea de que el enfrentamiento entre la izquierda guerrillera y la derecha paraestatal no comprometía a las Fuerzas Armadas como institución (Novaro y Palermo, 2006: 31).

2. Decreto N° 384/73 del 28 de junio de 1973.

identificó a los jóvenes como el sujeto que había que disciplinar, y el sistema educativo como uno de los ámbitos privilegiados para ese disciplinamiento.

Ivanissevich había sido Ministro de Educación de Perón en 1948 y era un cuadro de la derecha peronista (Puiggrós, 2006: 166). Su principal labor consistió en desplazar y perseguir a los sectores de la izquierda peronista de las áreas de educación y cultura, en especial de la conducción de las universidades, y restablecer la normativa que prohibía la participación política de los estudiantes en el nivel medio.

Ya en febrero de 1974, la Subsecretaría de Educación puso en marcha una comisión para revisar los objetivos, contenidos y actividades propuestas para ERSA. Esta comisión elaboró una propuesta que, sin cuestionar las definiciones originales de la materia, desplazó sus conceptos principales reformulando el propósito general de la asignatura: "Proponer que el adolescente tome conciencia de la dignidad de la persona humana, comprenda la importancia político-social de su conducta, jerarquice los valores espirituales y asuma la responsabilidad de su destino trascendente".

Relatos del golpe y la "guerra antisubversiva" en las políticas educativas del Proceso

Con estos sentidos disponibles los funcionarios del gobierno militar elaboraron la justificación del golpe de Estado del 24 de marzo de 1976: se trataba de una reacción necesaria para poner fin al caos y la subversión. La necesidad de una reacción represiva del Estado había sido ya enunciada por Perón en 1973 frente a los ataques del Ejército Revolucionario del Pueblo (ERP) (Franco, 2012: 126), pero en el caso del discurso militar desde fines de 1975, la intervención represiva no solo estaba destinada a eliminar la subversión sino también a superar el caos social (Franco, 2012: 147).

De este modo, las primeras memorias sobre el golpe de Estado se confunden y entrelazan con la producción de sentidos que hicieron posible el golpe mismo (Novaro y Palermo, 2006: 34). Los responsables del golpe sostuvieron que se vieron obligados a tomar el poder para conducir una guerra contra la "agresión marxista internacional", argumento que recibió sanción oficial en los documentos fundacionales de la dictadura en los que se plasmó lo que se conoció como la "doctrina de la guerra" (Novaro y Palermo, 2006: 87).

MARTÍN R. LEGARRALDE

Una vez enunciada públicamente como doctrina oficial, esta narrativa[3] de la "guerra" fue asumida como una interpretación compartida por otros actores políticos, incluyendo en algunos casos a las propias organizaciones guerrilleras (Novaro y Palermo, 2006: 78), líderes de partidos políticos tradicionales, medios de comunicación, dirigentes sindicales, entre otros. A muchos de estos actores, esta narrativa les permitía interpretar las acciones represivas y el conflicto político derivado de ellas como algo que comprometía exclusivamente a las organizaciones guerrilleras y a las Fuerzas Armadas, y asumir que estas últimas contaban con el apoyo de la sociedad.

El 31 de marzo de 1976, solo cinco días después del golpe, el ministro de Educación Ricardo Bruera firmó una resolución que establecía nuevas pautas para la fijación de los contenidos de ERSA.[4] Los cuestionamientos a esta materia por parte de los funcionarios educativos habían comenzado antes del golpe, tanto en el orden nacional como en distintas provincias (Rodríguez, 2012: 77), pero las nuevas pautas se presentaban como una solución urgente ante la inminencia del comienzo de las clases y las previsibles dudas de docentes, directivos y funcionarios sobre el destino de una materia tan identificada con la política educativa del peronismo.

La resolución redefinía el sentido de ERSA, al colocar como objetivo de la materia:

> Iniciar al alumno en el conocimiento de los ideales de vida y de las instituciones de las distintas épocas históricas a fin de posibilitar el desarrollo de su capacidad de comprensión del presente y de los valores de la moral cristiana, de la tradición nacional y de la dignidad del ser argentino.

Esta enunciación contrastaba, lógicamente, con el considerando de 1973 que ubicaba a la materia en el marco de los instrumentos que debía ofrecer el sistema educativo al joven "para adquirir compromisos consigo mismo, con el pueblo, con la nación y con el mundo al cual pertenece". Su nueva redacción derivaba de los objetivos enunciados en el "Acta fijando el propósito y los objetivos básicos para el Proceso de Reorganización Nacional".

Las pautas de marzo de 1976 dejaban librada la determinación provisoria de los contenidos al trabajo coordinado de los profesores de ERSA, de Historia y de Geografía, los que a su vez estaban sujetos a los previsi-

---

3. A lo largo de este libro, utilizamos en distintos momentos el término "narrativa". Nos referimos con este concepto a conjuntos de enunciados que expresan memorias sobre la dictadura, y que cobran estabilidad a lo largo del tiempo más allá de su contexto inicial de enunciación.

4. Resolución Ministerial N° 3/76.

bles mecanismos de control a través de los directores y los inspectores de las escuelas. En junio de 1976 un decreto reemplazaba definitivamente ERSA por la materia Formación Cívica,[5] cambio que había sido reclamado incluso por los medios de comunicación desde los días del golpe (Tedesco, 1982: 63).

Las modificaciones iniciales a ERSA fueron muy significativas. La gestión educativa nacional del Proceso se propuso cambiar la orientación de la formación de los sujetos políticos en las escuelas secundarias. Esta formación tenía un componente de interpretación de los acontecimientos históricos recientes y de la política contemporánea, y constituía una prescripción curricular sobre los sentidos disponibles para la construcción y circulación de memorias.

A comienzos de 1977 la gestión educativa del gobierno militar estableció nuevos objetivos pedagógicos para la primaria y la secundaria. La compatibilización de los objetivos educativos entre las provincias y el nivel nacional, fijada a finales de 1976 en el Consejo Federal de Educación (CFE), era la oportunidad para presentar los fundamentos de una reorganización estructural del sistema educativo que redujera progresivamente la duración de la escuela primaria (denominada en el documento como "escuela de la infancia" o de la "niñez") y extendiera el ciclo básico de la media ("escuela de la pubertad"). La organización en niveles también anticipaba la intención de descentralizar por completo el sistema educativo y proponía el establecimiento de contenidos mínimos que fueran un piso común para las definiciones provinciales y locales.

Para el ciclo básico de la escuela media, la formación cívica y moral "...canalizará los intereses y preocupaciones hacia una selección ajustada de ideales –sobre la base de modelos– acordes con los valores supremos de la nacionalidad".[6]

La iniciativa de Bruera solo tuvo el efecto de revisar contenidos de materias ya existentes en los planes y programas para la educación primaria y secundaria. Si bien introducía contenidos que provenían de los postulados conservadores de la Iglesia católica y referencias al marco doctrinario del Proceso, el ministro no lograba apoyos sólidos dentro del gobierno. Había sido acusado de "blando" y de no comprometerse suficientemente con los objetivos del Proceso (Novaro y Palermo, 2006: 195) por lo que en mayo de 1977 Bruera debió renunciar.

---

5. Decreto N° 1259/76.
6. Resolución N° 284/77.

Tras un período en el que la Junta Militar deliberó al respecto, Bruera fue reemplazado por Juan José Catalán.[7] En octubre, el Ministerio de Educación publicó el folleto "Subversión en el ámbito educativo (conozcamos a nuestro enemigo)". Este documento era parte de una iniciativa de distintas áreas del gobierno por establecer una versión oficial de los acontecimientos, fijar una caracterización del "enemigo" y comprometer a las instituciones y a los distintos actores sociales en la lógica de una "guerra". Pineau *et al.* (2006: 66) atribuyen la autoría del documento al recientemente creado Ministerio de Planificación (septiembre de 1976), a cargo del "duro" general Ramón Díaz Bessone. El folleto fue de lectura obligatoria en las escuelas, tal como rezaba la resolución[8] que establecía su circulación:

1 - El folleto titulado "Subversión en el ámbito educativo (Conozcamos a nuestro enemigo)" se distribuirá en todos los establecimientos educacionales a través de los organismos competentes en este Ministerio.

2 - Las autoridades de los respectivos establecimientos serán responsables de la difusión del contenido del folleto a que se refiere el apartado anterior entre todo el personal docente y administrativo.

3 - En la medida que lo permitan las características de los diferentes niveles de la enseñanza, se darán a conocer también a los educandos los conceptos incorporados al folleto de la presente resolución.

4 - El personal de supervisión controlará el cumplimiento de lo dispuesto en la presente resolución. (Resolución 538/77)[9]

---

7. A comienzos de 1977 la Junta Militar solicitó a Bruera que expusiera una síntesis de lo actuado en el Ministerio de Educación así como una propuesta a futuro para el área. Si bien en las actas secretas de la Junta no se detalla la exposición del ministro que tuvo lugar el 14 de abril, ésta debe haber resultado insatisfactoria, o incluso precedida por la decisión de su remoción. En el acta de la reunión siguiente, el 19 de abril de 1977 se consigna al punto "Relevos en el Ministerio de Educación", y en el acta del 25 de abril se enuncian "Criterios para la selección del titular del Ministerio de Educación" (Ministerio de Defensa, 2014). De acuerdo con Canelo (2016), el nuevo ministro, Juan José Catalán, había formado parte de la "Sociedad de Estudios y Acción Ciudadana" (SEA), "logia que contaba con más de mil miembros en todo el país, asesoraba a la dictadura redactando 'planes de acción política y cultural' financiada por empresarios y banqueros (Álvarez, 2007; Morresi, 2010)".

8. Resolución N° 538/77.

9. Se ha documentado para 1978 una revisión de la circulación y las posibles consecuencias del uso del folleto, a partir de una nota de la gobernación de Tucumán dirigida al Ministerio del Interior. En dicha nota se advierte que el folleto podría tener una consecuencia no deseada que es su uso para la propagación del comunismo. El Ministerio del Interior revisó el folleto a partir de esta nota y remitió otra en junio de 1978 al Ministerio de Educación para que se considere una revisión de la edición del folleto o su retiro de circulación (Pineau *et al.*, 2006: 67-69).

El folleto exponía el argumento oficial sobre la "subversión" y obligaba a su lectura y difusión entre el personal docente y los estudiantes. Además tenía pretensión de indicar los comportamientos adecuados frente a la sospecha de conductas subversivas. Este documento introducía en las escuelas una formulación oficial de la "narrativa de la guerra":[10]

> Así es como en el país hemos de hablar de guerra, de enemigo, de subversión, de infiltración, términos estos poco acostumbrados en la historia argentina contemporánea y sobre todo en ámbitos como el de la educación y la cultura; pero esa es la cruda realidad y como tal se debe asumir y enfrentar: con crudeza y valentía. (Ministerio de Cultura y Educación, 1977: 5)

Esta narrativa interpelaba a los distintos actores sociales y educativos para posicionarlos en esa guerra. Conocer los modos de acción de la subversión obligaba a participar de la guerra como vigilantes y denunciantes de la conducta de los otros.

La noción de "guerra" planteada en el documento anunciaba el argumento de la "guerra irregular", "guerra sucia" o "guerra total" que formaría parte de esta narrativa, sobre todo en el contexto de la transición a la democracia, cuando resultasen inocultables los crímenes de la dictadura. El folleto decía:

> 1) El pensamiento de CLAUSEWITZ ha sido superado, hay una concepción de la guerra más total, menos militar, con infinidad de matices. Es así como el comunismo internacional hace la guerra y a veces derrota a Occidente, pese a ser más fuerte, pues seguimos aferrados a la nostálgica ilusión de paz. (Ministerio de Cultura y Educación, 1977: 11)

Según el folleto, el comunismo utilizaba formas de la guerra que excedían las reglas convencionales de una confrontación bélica. El agresor internacional, encarnado por la subversión local, era el responsable del carácter irregular de la guerra.

---

10. Denominamos "narrativa de la guerra" a un conjunto de enunciados que relatan los acontecimientos del golpe de Estado y el gobierno militar como el resultado de una guerra, que se diferenciaba de otras conflagraciones armadas, por tratarse de una guerra irregular o "guerra sucia". En estas enunciaciones, la intervención de los militares en la vida política fue una respuesta necesaria al ataque sufrido por la sociedad argentina proveniente de la "agresión marxista internacional". Dado el carácter irregular o "sucio" de la guerra, los medios para responder que tenían las Fuerzas Armadas también eran irregulares. Estos enunciados explicitan y justifican el uso de la represión ilegal como respuesta a las acciones de las organizaciones guerrilleras. La "narrativa de la guerra" fue enunciada reiteradamente por miembros del gobierno militar, justificando el golpe y la represión. Tras la recuperación de la democracia, la misma narrativa fue sostenida tanto por los represores como por sus cómplices y quienes se identificaban políticamente con ellos.

Por otra parte, esta idea de guerra extensa, fuera de los marcos tradicionales, también se inscribía en el contexto de la "Guerra Fría" a través de la "doctrina de la Seguridad Nacional" según la cual, aún cuando no fueran visibles las consecuencias directas del choque, toda la sociedad estaba inmersa "en un conflicto de características y modalidades de difícil comprensión para nuestras mentes" (Ministerio de Cultura y Educación, 1977: 12)

El folleto se refería al ámbito educativo como campo en el que se desplegaba la "acción subversiva",[11] y por lo tanto, donde se debía llevar adelante la "guerra contra la subversión". Esta argumentación se apoyaba en una asociación entre las organizaciones de estudiantes secundarios y universitarios (la Unión de Estudiantes Secundarios, la Juventud Universitaria Peronista, la Juventud Guevarista) con las "organizaciones subversivas" (Montoneros, ERP).

El documento se basaba en ese sentido construido entre 1974 y 1976 que trasladó la confrontación desde la cuestión de la legalidad e ilegalidad de las prácticas de violencia política hacia una confrontación entre estilos de vida, un ser nacional esencial, y la subversión inspirada en una ofensiva internacional. Esto resultaba notable en varios pasajes del folleto en los que la caracterización del "enemigo" presentaba una continuidad entre actividades legales de reclamo o protesta (por ejemplo, las asambleas estudiantiles) y actividades ilegales (acción armada, colocación de explosivos, etc.). Como señala Franco (2012), esta reconfiguración de la confrontación en el discurso público no fue producida por los militares, sino que se generó en las expresiones de distintos actores políticos en los años previos al golpe, aunque luego el gobierno militar lo sostuvo como la interpretación oficial de la violencia.

Finalmente, el documento postulaba el papel que debía jugar la transmisión intergeneracional en esta "guerra":

> En este orden de ideas, la docencia cumple un rol prioritario, en razón de que, sin perder de vista la evolución moderna de las ciencias y las ideas, ella ejerce una responsabilidad primaria, una acción de transmisión generacional, por la cual se efectiviza la continuidad de nuestra cultura tradicional y de la filosofía que la orienta. Vale decir que, a los educadores,

---

11. "a. La estrategia y el accionar político de la subversión, considera a los ámbitos de la cultura y de la educación, como los más adecuados para ir preparando el terreno fértil hacia la acción insurreccional de masas, ya que por medio de su acción en ellos, pretende orientar subjetivamente la conciencia de los futuros dirigentes del país, lo que le permitirá desviar el sistema político de la Nación hacia el marxismo que sustenta" (Ministerio de Cultura y Educación, 1977: 45).

les cabe el calificativo de "custodios de nuestra soberanía ideológica". (Ministerio de Cultura y Educación, 1977: 60)

Concluía este razonamiento poniendo a la historia en el centro de la transmisión, en tanto que sostén de "los valores básicos de nuestra civilización, a la luz de: la Constitución y los principios republicanos en que se funda (...)" (Ministerio de Cultura y Educación, 1977: 60).

Con una estructura argumental similar, aunque sin las prescripciones sobre su difusión y tratamiento, otro folleto titulado "Marxismo y subversión. Ámbito educacional", editado por el Estado Mayor General del Ejército, también tuvo circulación en las escuelas. Este documento formaba parte de una serie elaborada por el Ejército destinada a abordar el tema en relación con un conjunto de ámbitos (por ejemplo, el ámbito "laboral", el "religioso", etc.). En cada caso, el folleto presentaba una historia de organizaciones políticas que culminaba con la conformación de los grupos guerrilleros, caracterizaba la situación previa al golpe de 1976 y la inmediatamente posterior.

En muchos pasajes, este documento reproducía los contenidos del anterior. Lo que quizás constituye su rasgo más original es que presentaba a la "subversión" como un fenómeno generalizado que atravesaba una diversidad de ámbitos sociales. Además, mostraba al gobierno *de facto* como un punto de inflexión a partir del cual distintos sectores sociales pudieron oponerse activamente a la "subversión".

Estos documentos fueron distribuidos y ampliamente difundidos en las escuelas. Existen testimonios de que las autoridades educativas y militares esperaban que profesores, directores e inspectores denunciaran actividades subversivas complementando de alguna manera las acciones de inteligencia y represión de los grupos de tareas.[12]

A pesar de que pertenecía al círculo político que había logrado ganar posiciones en 1977 dentro del gobierno militar, en octubre de 1978 Catalán fue reemplazado por Llerena Amadeo, en medio de una renovación casi completa del gabinete que tuvo lugar con la asunción de Videla en su segundo período presidencial por designación de la Junta Militar. Con este cambio, Videla buscaba ampliar la base de apoyos políticos cediendo un espacio de gobierno históricamente demandado por la jerarquía de la Iglesia Católica (Puiggrós, 2006: 170-171) ya que el nuevo ministro era un cuadro del sistema de educación privada religiosa.

---

12. Es especialmente elocuente el testimonio de Rubén Cucuzza sobre el coronel Valladares según el cual, en una reunión de rectores y directores de escuelas convocada por el coronel, fueron violentamente amenazados por no aportar la suficiente cantidad de denuncias de subversivos en sus escuelas (Pineau *et al.*, 2006: 56-57).

Llerena Amadeo avanzó en las prescripciones sobre los contenidos de la asignatura Formación Cívica modificando su denominación, que en 1980 pasó a llamarse "Formación Moral y Cívica".[13] Esta modificación tenía como fundamento apelar a la "formación integral" de la persona, y por lo tanto se incluía la formación moral. La asignatura se enmarcaba en

(...) una concepción ética fundada en la ley natural que reconoce:

- La persona humana como un ser único, indivisible, incomunicable e irrepetible que busca continuamente su perfección, perfección que sólo puede obtenerla en el medio social, hacia el cual el hombre está orientado y donde actualiza todas sus potencialidades.

- La vida social no como resultante de procesos históricos ni como dato mecánico sino como tarea moral fruto del esfuerzo en común de todos los miembros de la comunidad.

- La persona que se encuentra hoy amenazada por principios materialistas y disociadores que la desorientan y desubican tanto en su vida interior como en sus actividades sociales.

- Por todo ello resurge, con clara nitidez, el derecho de los jóvenes a la educación moral y la ineludible responsabilidad de los educadores. (Resolución N° 1614/80)

Estos fundamentos pivoteaban entre la introducción de un marco religioso conservador y argumentos de pluralidad confesional. Sin embargo, un análisis de las propuestas editoriales a las que dio lugar esta asignatura permiten afirmar que impulsó una "resacralización de la enseñanza" (Kaufmann y Doval, 2006: 204). La materia se inscribía en una selección de acontecimientos del pasado que revelaba las continuidades en las que el gobierno militar buscaba posicionarse:

Dicha concepción es coherente con el pasado argentino que se inscribe también en el espacio espiritual europeo y se manifiesta en actos fundacionales concretos constituyentes del ser ético-político de la patria vg. en la Revolución de Mayo, en el Congreso de Tucumán, en la voluntad definitoria de próceres arquetípicos de la nacionalidad como San Martín y Belgrano y en la Constitución nacional. (Resolución N° 1614/80)

Con esta operación de inscripción del presente en una selección de acontecimientos del pasado, el reemplazo de ERSA por Formación Cívica y más tarde por Formación Moral y Cívica tuvo entre sus usos la cons-

---

13. Decreto N° 2.620/80.

trucción y transmisión de una particular memoria, puesta al servicio de la legitimación del relato militar junto con otras prescripciones curriculares.[14]

La asignatura no detallaba una narrativa concluida sobre el presente del gobierno militar y la reorganización política y social que pretendía. Sin embargo, sus contenidos ponían a disposición de profesores y estudiantes un conjunto de sentidos e interpretaciones parciales a partir de los cuales era posible pensar en el golpe de Estado y el régimen militar como una respuesta a la "subversión" y a la "agresión marxista internacional".

El lugar que ocupó la materia Formación Moral y Cívica en la construcción y transmisión de una memoria sobre la dictadura en las escuelas fue el de exponer un conjunto de valores esenciales que definirían al "ser nacional" y que se encontraban amenazados. Esas mismas amenazas eran mencionadas entre los contenidos mínimos de la asignatura en distintas partes.[15]

Por su parte, la materia "Historia" también sufrió una fuerte modificación en 1980 a partir de una resolución de Llerena Amadeo.[16] Los contenidos mínimos de la materia para el 3° año, que debían ser aplicados a partir de 1981, abarcaban la historia argentina desde la Confederación Argentina hasta el presente, y se enmarcaban en la "Historia Universal" con énfasis en la historia europea de los siglos XIX y XX. Entre los objetivos de la materia, se establecían:

---

14. Este fue un uso posible de la asignatura aunque no se presentaba como uno de los propósitos de la misma. El currículum de la educación secundaria incluía al menos desde 1870 una asignatura de contenidos difusos, destinada a construir sentidos sobre el presente político. Primero, "Instrucción Cívica" en los distintos planes de estudios de los colegios nacionales desde su etapa fundacional. Durante el peronismo, "Doctrina Nacional y Cultura Ciudadana". "Educación Democrática" en el contexto de las políticas de "desperonización" de la Revolución Libertadora y hasta 1973; más tarde ERSA durante el peronismo de 1973 a 1976, "Formación Cívica" durante la gestión de Bruera en la dictadura, y finalmente "Formación Moral y Cívica" durante la gestión de Llerena Amadeo, con un énfasis en los contenidos religiosos. Sobre este último período, el análisis que realizan Kaufmann y Doval sobre los manuales revela que el énfasis puesto sobre temas religiosos pretendió "la resacralización de la enseñanza en el ámbito de las escuelas no confesionales", cohesionando a los sujetos "en torno a valores universales y perennes, propios de sociedades occidentales y cristianas (religión, fe, trascendencia)" (Kaufmann y Doval, 2006: 204).

15. En 1984, en una nota publicada en la Revista *El Periodista*, Roxana Morduchowicz incluía testimonios de un estudiante dirigente de la Federación de Estudiantes Secundarios: "Claro que me acuerdo. Repetíamos una y otra vez: 'Todo gobierno se establece a partir de una fuerza que lo posibilite'. Conversábamos sobre la 'eficacia' de la Doctrina de la Seguridad Nacional o leíamos el último capítulo del libro de texto Agresión y derrota final de la subversión marxista" (Revista *El Periodista*, 11/12/1984).

16. Resolución N° 1709/80.

MARTÍN R. LEGARRALDE

Lograr que el alumno: (...)

6- Aprecie la organización política y social de la Nación Argentina como resultado de la búsqueda y afirmación de valores tales como: la libertad, la justicia, la paz, la seguridad, el orden, el derecho, verificando su presencia en el proceso de nuestra independencia y en el curso de la organización y afianzamiento de las instituciones argentinas. (...)

8- Desarrolle el sentimiento de nacionalidad a través del conocimiento y de la valoración del pasado histórico, apreciando las tradiciones sociales, políticas y culturales, e interpretando estos elementos como constitutivos del ser nacional, suscitando hacia ellos sentimientos de lealtad y amor. (...)

10- Valore todos los factores que configuran el proceso histórico a fin de que comprenda el error de los determinismos, en especial el de las concepciones materialistas que niegan la libertad y la trascendencia espiritual del hombre. (Resolución N° 1709/80)

Estos objetivos debían lograrse a través del tratamiento de temas que incluían referencias a la historia argentina del siglo XX, y en particular, a acontecimientos ocurridos desde el golpe de Estado de 1930:

La Argentina a partir de 1930:

a. Los gobiernos desde 1930 hasta la Revolución de 1943. Génesis y desarrollo del peronismo. La Revolución Libertadora. Evolución posterior. La agresión y derrota de la subversión marxista. La Argentina en el mundo. (...)

La gestión de Llerena Amadeo no omitió de los contenidos escolares las referencias al golpe militar y la represión sino que apostó por la imposición, circulación y transmisión de un relato justificatorio de estos acontecimientos (Born, 2010: 47) y que resultaba (a pesar de ser una mención sintética) enteramente coherente con la "narrativa de la guerra".[17]

Esta voluntad de legitimar explícitamente al gobierno militar a través de la escuela era consistente con la "confianza" de las autoridades en su estrategia para lograr un cambio en la imagen internacional a partir de 1978, con la preparación del Mundial de Fútbol y el anuncio de la "victoria definitiva sobre la subversión". En ese marco de confianza, Videla acordó la visita de una misión de la Comisión Interamericana de Derechos

---

17. Todas estas modificaciones curriculares del nivel secundario tuvieron sus correlatos en las gestiones provinciales. En algunos casos, éstas podían "aplicar" las reformas nacionales a las escuelas secundarias que estaban bajo su jurisdicción, o efectuar modificaciones y reformas propias. En el caso específico de la provincia de Buenos Aires, el nivel secundario había sufrido una reforma en 1977, y en 1978 el ministro provincial Solari firmó una resolución mediante la cual indicaba un cambio de nombres de las materias de la secundaria de la provincia para ponerlas en sintonía con la reforma nacional (Rodríguez, 2012: 79).

Humanos (CIDH) para 1979 (Novaro y Palermo, 2006: 119). Posiblemente, el férreo monopolio militar sobre el discurso público generó en el gobierno la expectativa de cierto control sobre las representaciones que circularían en ámbitos tan disímiles como el sistema educativo o la comunidad internacional.[18]

La visita de la CIDH fue decidida como resultado convergente de la insistencia de algunos organismos como la Asamblea Permanente por los Derechos Humanos (APDH) y de la estrategia de un sector militar que consideraba que la CIDH finalmente avalaría la situación en la que se había librado y finalizado la "lucha antisubversiva". Durante su visita, la CIDH inspeccionó distintas instituciones, realizó entrevistas y recibió denuncias.

Sin embargo, la visita de la CIDH tuvo un impacto distinto al esperado por la cúpula militar. En los meses previos a la llegada la Comisión en septiembre de 1979, se desmontó gran parte de los centros clandestinos de detención (CCD) y se mantuvieron febriles gestiones para tratar de construir una posición pública acerca de las desapariciones y la "lucha antisubversiva". Sin embargo, la CIDH recibió más de cinco mil denuncias de desapariciones y elaboró un informe lapidario sobre la situación de los derechos humanos en la Argentina.

La visita de la CIDH constituyó un momento clave en la formulación de otras narrativas sobre la dictadura. Como veremos en los capítulos siguientes, fue en este contexto que otros enunciadores comenzaron a delinear narrativas que desmentían lo sostenido por el relato de la "guerra sucia". Sin embargo, en lo inmediato, las nuevas enunciaciones solo circularon en un espacio reducido, al interior de las organizaciones de derechos humanos, y no lograron penetrar al principio el bloqueo de los medios de comunicación, y mucho menos constituirse en narrativas en circulación en contextos institucionales como las escuelas.

Es así que hasta 1980 el gobierno militar pareció controlar eficazmente los discursos en circulación en el espacio público. Los medios de comunicación evitaban publicar críticas a la dictadura en casi todos los temas con excepción del económico, sobre el que se escuchaban algunas voces disonantes (Born, 2010: 45; Novaro y Palermo, 2006: 57-58). Desde 1978, sin embargo, el propio discurso público de los jefes militares contenía respuestas veladas a las críticas que recibían desde el exterior por las denuncias sobre desapariciones, torturas y asesinatos (Novaro y

---

18. A partir de 1979 la jefatura del Ejército abogó por capitalizar el anuncio de la victoria final sobre la subversión como fundamento de la etapa de consolidación del Proceso (Novaro y Palermo, 2006: 119). Puede pensarse entonces que las menciones explícitas a la "guerra antisubversiva" como un contenido curricular compartieran el tono consagratorio del anuncio de la victoria final contra el "enemigo subversivo".

MARTÍN R. LEGARRALDE

Palermo, 2006: 279-280), las que fueron catalogadas por las autoridades como parte de una "campaña antiargentina", concitando apoyos en la sociedad (Franco, 2016: 42). Además, tal como señala Franco (2016) la información sobre desapariciones y sobre algunas de las características típicas del dispositivo de represión clandestina, llegaban a los medios de comunicación (en algunos casos, muy explícitamente), lo que sugiere más que desconocimiento, una escasa disposición política para construir el tema de la represión y los desaparecidos como un problema público (Franco, 2016: 64).

El informe de la CIDH, finalmente, fue presentado a las autoridades militares en abril de 1980, y aunque la Junta Militar impidió su circulación completa, habilitó que se publicaran las conclusiones y recomendaciones, que eran muy explícitas en relación con la represión clandestina, las desapariciones y su inscripción en una violación sistemática de los derechos humanos en el país.

A partir de 1981 se hizo cada vez más frecuente que circularan en el espacio público cuestionamientos a la represión, a la interrupción del orden constitucional y a la política económica (Novaro y Palermo, 2006: 220). Por una parte, tanto las autoridades militares como algunos líderes políticos afines consideraban que la etapa de la "lucha antisubversiva" debía concluirse con la resolución de las "secuelas" de la represión (por ejemplo, con una clara definición del estatus jurídico de los desaparecidos, la información a los familiares acerca del destino de los desaparecidos y el esclarecimiento de los "excesos" identificados en los casos más escandalosos) (Franco, 2016: 82).

Por otra parte, un análisis de los libros de texto de historia argentina autorizados para su uso en escuelas secundarias dependientes del nivel nacional[19] muestra la inclusión de contenidos de historia reciente que habían sido mencionados sólo lateralmente en ediciones anteriores. Las referencias al período previo al golpe y al papel de los militares en dicha coyuntura reproducían un argumento según el cual la Argentina había sido víctima de una agresión externa, aún cuando proviniera de sus propios ciudadanos. De este modo, la frontera geográfica se transformaba en frontera ideológica, y la "subversión" se convertía en "agresión externa" (Born, 2010: 48-49). Los textos escolares posteriores a la reforma curricular

---

19. "En lugar de las comisiones del suspendido CNE [Consejo Nacional de Educación], en 1979 se creó a nivel nacional la Comisión Orientadora de los Medios Educativos dependiente de la Secretaría de Educación que tenía injerencia principalmente a nivel medio y superior, cuyas funciones eran determinar la aprobación o la observación de textos, bibliografía y otros medios didácticos, y elaborar listas del material recomendado" (Pineau *et al.*, 2006: 59).

de Historia de 1979-1980 usaron el lenguaje oficial para referirse a la circunstancia previa al golpe y para el golpe mismo.

Como ha mostrado Born (2010), esta línea argumental se revelaba incluso desde el título que recibía en los libros de texto la sección correspondiente: "'Agresión y derrota de la subversión marxista' (Etchart *et al.*, 1981; Cosmelli Ibañez, 1982; Astolfi, 1982), 'Agresión Marxista a la Argentina' (Drago, 1981), 'La subversión y el terrorismo (...) Derrota militar de la subversión' (Miretzky *et al.*, 1981), 'Agresión y derrota de la agresión terrorista' (Lladó *et al.*, 1983)" (Born, 2010: 50).

En todos estos libros el énfasis estaba puesto en describir el surgimiento de las organizaciones armadas de izquierda, filiadas en una iniciativa continental (extranjera) para llevar adelante acciones terroristas que provocaran insurrecciones y revoluciones. La explicación que ofrecían los libros remitía a la idea de un movimiento orquestado, no espontáneo y sin relaciones con la situación social y política de los países latinoamericanos (Born, 2010: 50-51).

La agresión de estas organizaciones se había desencadenado en la Argentina a partir del Cordobazo de 1969 o del secuestro y asesinato de Aramburu en 1970. La subversión había logrado un lugar en el gobierno en 1973 pero tras ser expulsados por Perón en 1974 había intensificado su papel de agresor externo, aprovechando luego la debilidad de Isabel. Esta situación justificaba ampliamente la intervención militar de 1976 que tenía dos objetivos simultáneos: la derrota de la subversión y el restablecimiento del orden político y social frente a una realidad caótica (Born, 2010: 51-52). Los apartados de estos textos concluían afirmando la derrota completa de la subversión hacia 1980, junto con el fuerte apoyo social que acompañó la acción de las Fuerzas Armadas para rechazar los métodos violentos del extremismo.

El relato presentado por los libros posicionaba con tonos valorativos claros a dos contendientes en el marco de una guerra: por una parte, la "subversión" con todos sus atributos negativos; por la otra, las Fuerzas Armadas, con un rol heroico y un destino victorioso (Born, 2010: 53). Así, podemos afirmar que acompañando las políticas oficiales, desde 1980 distintos vectores[20] reforzaron en el contexto escolar una narrativa de la "guerra sucia" como memoria oficial sobre el gobierno militar. Esta narrativa no ocultaba el trasfondo represivo, incluso justificaba que la represión se

---

20. La noción de "vectores de memoria" fue expuesta por Henry Rousso (1990) para aludir a ciertos productos culturales que cristalizan imágenes sobre el pasado y hacen que algunos rasgos de esas imágenes cobren estabilidad más allá del paso del tiempo o de su uso en distintos contextos. Monumentos, documentos, fotografías, filmes o libros, entre otros, pueden revestir el papel de "vectores de memoria".

hubiera producido más allá de los límites legales, pero no decía nada sobre las denuncias por violaciones a los derechos humanos, las desapariciones y detenciones clandestinas que ya circulaban en el ámbito internacional, y que habían sido sistematizadas durante la visita de la CIDH en 1979.

Malvinas: la memoria de la otra guerra

La guerra de Malvinas constituyó otro punto de inflexión en las políticas oficiales de memoria de la dictadura. Diversos trabajos (Novaro y Palermo, 2006; Guber, 2001; Palermo, 2007) muestran que la Junta Militar comandada por Galtieri hizo uso de la toma de las Islas Malvinas el 2 de abril de 1982 para recuperar el apoyo popular que el gobierno había perdido por la crisis económica y los reclamos por la reapertura política.

La ocupación militar de las islas y las acciones diplomáticas y bélicas siguientes fueron designadas en el discurso público oficial como "recuperación" de las Islas Malvinas (Guber, 2001: 22). Como en el caso del golpe de Estado de 1976 y el plan represivo, la explicación oficial se apoyó en sentidos y demandas preexistentes, que eran parte de las referencias identitarias de sectores muy heterogéneos (entre los que podían contarse, incluso, algunas de las víctimas de la represión).

Entre el 2 de abril y el 14 de junio de 1982 la "causa Malvinas" se reactivó como una cantera de sentidos que fue explotada con intensidad por Galtieri y las cúpulas militares, pero también por otros actores políticos y sociales. Líderes políticos, dirigentes sindicales y periodistas destacados, sostuvieron el papel simbólico de Malvinas como prenda de unidad de una sociedad que podía superar sus divisiones anteriores frente al enemigo común (Guber, 2001: 39-40).[21]

Una de las características recurrentes del discurso oficial sobre Malvinas durante el conflicto fue la apelación a los lazos de filiación y a la idea de la "Argentina-familia". Esta idea tuvo muchas expresiones, como que la ocupación de las Islas fue protagonizada por "hijos" y "nietos", jóvenes argentinos que dejaban en el continente al resto de su familia, y por lo tanto enlazaban a las Islas en ese vínculo filial. Los jóvenes soldados se convertían en el discurso público replicado por los medios de comunicación, en "hijos" comunes de toda la sociedad. También existieron múltiples referencias a la idea de "familia" en los discursos de Galtieri y en las ex-

---

21. Una lectura atenta de las declaraciones de los dirigentes sindicales y políticos en los días que siguieron al 2 de abril permite matizar el apoyo brindado a los militares. En muchos casos estas declaraciones mostraban un apoyo a la "causa Malvinas" pero una reticencia a alentar a los militares, manteniendo una posición crítica frente a otras políticas del gobierno de Galtieri (Guber, 2001: 41-42).

presiones de otros actores sociales y políticos (Guber, 2001: 53-54). Estas apelaciones a los lazos filiales y a la familia muestran un tono común con lo que se sostenía en el ámbito educativo, a través de las imágenes sobre la familia que se difundían desde la asignatura Formación Moral y Cívica.

Malvinas era un tema que tenía una historia propia en la política educativa argentina. Desde la década de 1930 existieron iniciativas de divulgación de información relacionada con la afirmación de los derechos argentinos sobre las Islas. Tal fue el caso del proyecto de ley presentado por Alfredo Palacios en 1934, para que el gobierno tradujera e imprimiera el libro *Les Îles Malouines* de Paul Groussac destinando ejemplares a bibliotecas escolares y a su lectura obligatoria en las escuelas (Guber, 2001: 75-76). Sin embargo, esto no alcanza para sostener que el origen de la difundida interpretación nacionalista del reclamo de soberanía sobre las Islas Malvinas haya sido producida exclusivamente por el sistema escolar (Guber, 2001: 101-102).

La toma militar de las Islas y la guerra subsiguiente no fueron concebidas por gran parte de sus contemporáneos como un acontecimiento enmarcado en la dictadura. Con excepción de algunos casos notables,[22] la recuperación de las Malvinas era entendida como una empresa que comprometía a toda la sociedad, aún cuando fuera conducida por el gobierno militar.

Empero, tras la rendición argentina el 14 de junio, en distintos ámbitos se registró un rechazo de "Malvinas" como tema y como acontecimiento, considerado a la vez irracional y vergonzoso. Guber (2001) sostiene que este ocultamiento en la inmediata posguerra tuvo que ver con que la sociedad tendió a identificar Malvinas y la guerra con el Proceso y con sus crímenes (Guber, 2001: 118).

Por su parte, el sistema educativo fue un espacio intensamente utilizado para difundir las posiciones oficiales sobre la ocupación militar y los reclamos de soberanía sobre Malvinas. También fue utilizado para reforzar y complementar acciones de legitimación de las posiciones militares. En las escuelas se llevaron a cabo simulacros de evacuación frente a amenazas de potenciales bombardeos, se realizaron colectas, la redacción de cartas destinadas a los soldados con mensajes de aliento y el refuerzo de rituales patrióticos históricamente sostenidos en el ámbito escolar.

Pero el tratamiento escolar de la temática cambió después de junio. En septiembre de 1982 se estableció que debía reforzarse en la enseñanza de

---

22. Julio Cortázar declaró en aquel momento: "Lo que necesitaba en estos momentos el pueblo argentino no era que el Ejército y la Marina entraran en las Malvinas sino en los cuarteles" (citado en Novaro y Palermo, 2006: 411).

Formación Moral y Cívica un conjunto de contenidos relacionados con la convivencia, la Constitución Nacional y la familia.[23] Se destacaban temas ya consignados en 1980 pero tomando distancia de la orientación católica de la regulación anterior. Era una especie de modernización de algunos enunciados, que enfatizaban más en la ética que en la moral, agregaban menciones a la "mujer" desde una perspectiva que hacía referencia a la "dignidad", detallaban la necesidad de estudiar la Constitución Nacional e incluían la importancia de la integración de los pueblos americanos. Estas modificaciones se explicaban en el contexto de la inmediata posguerra, cuando ya los militares habían asumido la inevitable transición hacia un gobierno civil y constitucional.

En el mismo mes, el Ministerio de Educación estableció una actualización de la bibliografía indicada para la materia "Historia".[24] La intensificación de su abordaje "contribuirá al cumplimiento del objetivo de favorecer el mejor conocimiento y comprensión de los vínculos que nos unen con las naciones latinoamericanas".

La comisión que trabajó en esta actualización bibliográfica tenía como misión "presentar ante los educandos la gestación del ideario americanista". La nueva selección de textos era encabezada con un recorrido histórico acerca de los fundamentos del latinoamericanismo desde la afirmación de su origen hispánico. Podemos ubicar este giro hacia el reconocimiento de la solidaridad latinoamericana en el marco de interpretación del conflicto que se impuso en las semanas posteriores a la rendición, tal como señalan Novaro y Palermo (2006):

> Los estados más poderosos y prepotentes se habían salido con la suya, contra los más débiles que, como la Argentina y los países latinoamericanos que la apoyaron, habían defendido una causa justa. De este modo, las pautas básicas de interpretación de los acontecimientos permanecieron intocadas: no se avanzaría fácilmente en la comprensión de la naturaleza del crimen y del error en que había incurrido la Argentina al invadir las islas. En lugar de una reflexión crítica, comenzó a operar una sutil sustitución de las palabras, que se extendería en los meses siguientes a muchos otros planos: la "gesta de Malvinas" era ahora la "aventura" o más directamente la "locura de Galtieri". (Novaro y Palermo, 2006: 463)

---

23. Resolución N° 1298/82.
24. Resolución N° 1285/82.

Los días finales del régimen militar. La "guerra sucia" como argumento exculpatorio

Las narrativas combinan un núcleo estable de enunciaciones con su adaptación a los distintos momentos y situaciones en las que son enunciadas. La narrativa de la "guerra sucia" volvió a ser enunciada en el espacio público en el contexto de la retirada del régimen militar.

Tras la derrota en la guerra de Malvinas, el frente militar entró en un ciclo de descomposición acelerada, lo que entre otras cosas le impidió poner condicionantes para la transición a un gobierno democrático. Entre julio de 1982 y diciembre de 1983, el gobierno militar hizo intentos por cubrir su retirada mientras la cúpula castrense lidiaba con las tensiones entre distintas facciones de las Fuerzas Armadas. Uno de los temas que más preocupaba a los mandos medios era la multiplicación de denuncias por violaciones a los derechos humanos, tanto en el plano nacional como en el internacional.

En abril de 1983, el régimen publicaba el "Documento Final" del Proceso, un folleto en el que se volvía a enunciar el argumento central de la narrativa de la "guerra sucia", pero ya no para exaltar a las Fuerzas Armadas victoriosas, sino como respuesta a las acusaciones por la represión y los desaparecidos. El folleto decía:

> La República Argentina, a partir de mediados de la década del 60, comenzó a sufrir la agresión del terrorismo que, mediante el empleo de la violencia, intentaba hacer efectivo un proyecto político destinado a subvertir los valores morales y éticos compartidos por la inmensa mayoría de los argentinos. (Documento Final, 1983)

Según el documento, esa agresión consistió en la acción de la guerrilla rural durante una primera etapa, que luego dejó lugar a la guerrilla urbana y la actividad terrorista. El gobierno constitucional recuperado en 1973 fue infiltrado por estas organizaciones, pero tras la llegada de Perón a la presidencia, las instituciones de gobierno respondieron a la agresión guerrillera convocando a las Fuerzas Armadas. Las operaciones en Tucumán primero, y en todo el país más tarde, tomaron la forma de una guerra irregular o no convencional. Los militares debieron tomar el poder frente a la disolución moral del gobierno civil para derrotar definitivamente a la subversión.

Este relato se intercaló con argumentos exculpatorios, en los que se trataba de integrar la información que ya circulaba sobre las desapariciones, la represión, las fosas comunes, etc., ya sea como el producto de la acción de las propias organizaciones guerrilleras, ya como el resultado de excesos y errores de los agentes del orden.

Este documento expresaba una reformulación de la narrativa de la "guerra sucia" que esta vez se enunciaba para dar respuesta a las denuncias que arreciaban sobre la represión ilegal. A diferencia de enunciaciones justificatorias anteriores, en este momento circulaban en los medios de comunicación y en las declaraciones públicas, críticas y acusaciones al gobierno militar por su responsabilidad en las desapariciones y la represión.

Esto permitió que se identificara el argumento recurrente de la "guerra sucia" como un relato maniqueo, que ocultaba o presentaba de una manera falsa los acontecimientos históricos. En agosto de 1984 el Centro de Estudios Legales y Sociales (CELS) publicó el trabajo "El mito de la 'Guerra Sucia'", en el que se exponían las falsedades del relato militar. El documento partía de ubicar el discurso del gobierno militar en el marco de la "Doctrina de la Seguridad Nacional" como una concepción de la situación internacional según la cual en el mundo se desarrollaba una "Tercera Guerra Mundial". Este contexto funcionaría como la justificación de la intervención militar, y también determinaría el argumento de que la acción de las Fuerzas Armadas pretendió librar esa guerra dentro del país.

El documento del CELS reconstruyó el conjunto de argumentos de la narrativa de la "guerra sucia", a partir de la recopilación de sus notas principales en más de cien discursos de jerarcas militares y miembros del gobierno dictatorial. Los discursos extractados demuestran que la narrativa de la "guerra sucia" fue sostenida no solo en documentos oficiales, sino que fue la estructura argumental común sobre la que se organizaron las expresiones de las autoridades militares a lo largo del Proceso. El trabajo del CELS demostraba, por otra parte, que la narrativa de la "guerra sucia" tuvo una existencia doctrinaria, es decir, que su estabilidad argumental, visible en una multiplicidad de enunciaciones, no sólo era una reconstrucción de los historiadores o los analistas, sino que se trató de enunciados (discursos, documentos, leyes, decretos) que tuvieron consecuencias reales para las posiciones adoptadas por los militares con la puesta en marcha del aparato represivo y el despliegue de las prácticas del terrorismo de Estado.

En la etapa de descomposición del poder militar, las últimas enunciaciones de la narrativa de la "guerra sucia" encontraban unos pocos adherentes, pero sobre todo el rechazo y la crítica que provenían de los políticos, los militantes de organismos de derechos humanos y un clima social de distanciamiento de los responsables de la dictadura. Sin embargo, esta misma narrativa se encontraba plenamente instalada en el ámbito escolar a través de distintos medios: las prescripciones curriculares vigentes, los libros de Historia o los documentos oficiales.

Las resistencias que encontró esta narrativa son, por definición, más difíciles de documentar. Algunos testimonios indican que, en la trama de vínculos cotidianos de las escuelas, las directrices de los funcionarios educativos del gobierno militar se podían neutralizar. Sin embargo, más difícil es encontrar en estos testimonios, evidencias acerca de la producción y circulación de narrativas alternativas a la generada por el régimen.

La "memoria oficial" en la escuela durante la dictadura

En el tiempo que duró el Proceso se produjo la construcción y difusión de una memoria oficial que tomó la forma de la narrativa de la "guerra sucia". Michael Pollak (2006) aludía a la "memoria oficial" para referirse a la conformación de una memoria colectiva nacional producida por operaciones de negociación y encuadramiento, frente a las cuales las memorias de los grupos subalternos (marginados, excluidos) adoptan la forma de "memorias subterráneas", que "prosiguen su trabajo de subversión en el silencio y de manera casi imperceptible afloran en momentos de crisis a través de sobresaltos bruscos y exacerbados" (Pollak, 2006: 18)

El gobierno militar se apropió de discursos preexistentes para narrar los acontecimientos. El golpe de Estado fue presentado como el resultado inevitable del "vacío de poder", y la represión fue la respuesta necesaria de las Fuerzas Armadas a una "agresión terrorista" ejercida sobre la sociedad argentina. En las formulaciones del tramo final del Proceso, la narrativa de la "guerra sucia" incorporó alusiones a los "errores y excesos" para integrar argumentos justificatorios frente a las acusaciones por la violación a los derechos humanos.

Fue ésta una memoria oficial que se expresó como un discurso monolítico en el sistema educativo, ya que no se encuentran variantes significativas a esta interpretación de los acontecimientos en los materiales en circulación. ¿Fue posible para los actores disidentes poner en circulación alguna forma de "memoria subterránea" en las escuelas? Es difícil saber si esto sucedió efectivamente durante la dictadura.[25] La eclosión de narrativas diversas en la inmediata posdictadura hace pensar que sus argumentos principales ya estaban disponibles en algunos círculos, y cobraron forma en el ciclo

---

25. Aún en un plano conjetural, sería aventurado esperar que entre los actores escolares se enunciaran relatos disidentes del oficial, teniendo en cuenta que, para aquella época, actores políticos y sociales organizados y con capacidad para formular enunciaciones públicas (partidos políticos, iglesias y confesiones religiosas, medios de comunicación, entre otros) no habían producido narrativas alternativas a la de la "guerra sucia", sino que habían tomado lugar en sus pliegues enunciativos reclamando, por ejemplo, información sobre los desaparecidos, al tiempo que valoraban la "lucha antisubversiva" (Franco, 2016).

final de desintegración del poder militar, entre la derrota en Malvinas de junio de 1982 y la entrega definitiva del poder en diciembre de 1983. La narrativa de la "guerra sucia" expresó la intención del gobierno militar de encuadrar la memoria colectiva nacional en una memoria oficial. Su eficacia puede pensarse en dos planos: por un lado, logró integrarse con diversos aspectos del dispositivo escolar a través del férreo control ejercido sobre los libros que podían utilizarse en las escuelas, sobre la ideología que sostenían los docentes y los estudiantes y sobre sus prácticas políticas. Por otro lado, la proliferación de enunciaciones de esta narrativa tuvo como consecuencia que, aún después del retiro de los militares del poder, algunos de los vectores que sostenían la memoria de la "guerra sucia" siguieran en circulación en las escuelas.[26]

---

26. Por ejemplo, los libros de historia editados durante la dictadura se mantuvieron en uso en las escuelas hasta 1988.

Capítulo 2

De la pluralidad a la impunidad (1983-1990)

La "teoría de los dos demonios" como la nueva memoria oficial

El año 1983 estuvo marcado por una prolongada transición. Los militares postergaron todo lo posible la entrega del poder a un gobierno civil para condicionar el tratamiento de los crímenes y violaciones a los derechos humanos. Desde la derrota en Malvinas, un gobierno carente de legitimidad perdió la poca eficacia de que disponía para controlar a los actores económicos, por lo que en un contexto internacional adverso, la crisis se intensificó sin que hubieran serias intenciones del gobierno de resolver alguna de sus consecuencias más graves.

El 10 de diciembre de 1983 se produjo la asunción de Raúl Alfonsín como presidente constitucional. Pocos días después, Alfonsín tomó una decisión que interrumpió la estrategia militar para lograr impunidad: envió al Congreso un proyecto de ley que modificaba el Código de Justicia Militar, estableciendo que el Consejo Supremo de las Fuerzas Armadas debía informar a la Justicia Federal sobre cualquier demora en los procesos de juzgamiento a los acusados por violaciones a los derechos humanos. Esto permitió que las causas por la represión pasaran de la justicia militar a la civil, y que fueran juzgados y condenados en 1985 los miembros de las tres primeras Juntas de la dictadura (Cavarozzi, 2006: 72). Previamente, el Congreso Nacional aprobó la Ley 20.040 que derogó la ley de autoamnistía por la que el gobierno militar había pretendido que se consideraran extintas las acciones penales derivadas de las violaciones a los derechos humanos cometidas entre 1976 y 1982.

En este momento crucial se pusieron en escena distintos relatos que reinterpretaban la situación previa al golpe de Estado, el golpe mismo y las características de la dictadura, a la vez que intentaban integrar en esos relatos al conjunto creciente de denuncias sobre los secuestros, torturas, desapariciones y asesinatos que habían perpetrado los grupos de tareas bajo la planificación, el comando y el amparo del gobierno militar.

Estas narrativas también se organizaron a partir de los sentidos entonces disponibles, pero sobre todo fueron impulsadas por la circulación de información que no pudo ser negada con eficacia por los perpetradores y los responsables, dada su cantidad, la presencia pública de sobrevivientes y la acumulación de evidencias. En octubre de 1982, el Centro de Estudios Legales y Sociales (CELS) a través de una investigación, permitió la visibilización de tumbas colectivas sin identificación en el cementerio de Grand Bourg, y en los meses siguientes se hicieron públicos descubrimientos del mismo tipo en otros cementerios (Novaro y Palermo, 2006: 485).

Frente a estas evidencias, que coronaban la multiplicación de denuncias por desapariciones, el gobierno de Alfonsín acuñó en sus primeros meses una narrativa que se diferenciaba de los postulados del anterior gobierno militar. Frente a la idea de que el golpe de Estado y la represión debían interpretarse como una "guerra", el alfonsinismo sostuvo que se trató del enfrentamiento entre dos actores violentos, dos extremismos, dos "demonios", mientras que la sociedad que pasivamente los rechazaba, resultó víctima de una violencia simétrica[1] que provenía tanto de la guerrilla como de los militares.

Esta representación de la dictadura, que ha sido denominada "teoría de los dos demonios" (Crenzel, 2008), constituyó un relato que desplazaba a la "narrativa de la guerra" del campo de la enunciación oficial. La posición de los exponentes gubernamentales cambió de lugar: si durante la dictadura el discurso de las autoridades fue la "narrativa de la guerra", a partir de diciembre de 1983 la narrativa oficial pasó a contener los elementos de lo que se denominaría "teoría de los dos demonios".

Además, este desplazamiento estaba revestido de legitimidad. Frente al "*show* del horror" (Feld, 2015) –la exhibición hasta el hartazgo en los medios de comunicación de las evidencias de la represión– la "narrativa de la guerra" se quedaba sin fundamentos empíricos y éticos para amplios sectores de la sociedad.

---

1. La consistencia como objeto histórico de esta narrativa es discutida por Marina Franco quien sostiene que la "teoría de los dos demonios" es fundamentalmente una construcción de sus detractores, que tienden a dotar de coherencia a una serie de enunciaciones producidas sobre todo entre 1983 y 1985, pero en las que sus enunciadores no reconocerían tal relato (Franco, 2015: 24). Este argumento probablemente sería aplicable a todas las narrativas, ya que su consistencia no depende tanto de una coherencia inicial, vinculada con un enunciador que planifica un relato, sino que es el resultado de una operación de análisis de distintos enunciados que circulan en un momento histórico determinado y que se relacionan con los intereses, intenciones o acciones de determinados actores sociales y políticos.

MARTÍN R. LEGARRALDE

Los decretos 157 y 158 firmados por Alfonsín el 13 de diciembre de 1983, revelaban la urgencia del gobierno por fijar la política oficial en la materia, y ponían en términos normativos la idea de que el Estado, como encarnación de la sociedad, debía juzgar por igual a la cúpula de las organizaciones guerrilleras y a las juntas militares.[2]

El 15 de diciembre, mediante otro decreto, Alfonsín creó la Comisión Nacional sobre la Desaparición de Personas (CONADEP), una comisión de notables, intelectuales y religiosos de distintos cultos, cuya misión era recibir, sistematizar y estudiar un conjunto de denuncias sobre el plan represivo de la dictadura, con el foco puesto en la metodología de las desaparición forzada de personas. La labor de la CONADEP otorgó una fuerte legitimidad a las acusaciones sobre las violaciones a los derechos humanos y constituyó una base importante en las investigaciones que permitieron juzgar a los comandantes de las tres primeras Juntas Militares, otorgando renovada visibilidad a los organismos de derechos humanos como actores políticos en la disputa por las memorias sobre la dictadura.

En ese clima, el 4 de julio de 1984 se emitió un programa de televisión en el que se adelantaban las conclusiones del trabajo de la CONADEP, tras una serie de intensas negociaciones entre miembros de la Comisión, funcionarios y militares. Por una decisión del gobierno, el programa se emitió con una introducción del ministro del Interior Antonio Troccoli, destinada a compensar la mirada del informe de la CONADEP que estaba centrado en denunciar el terrorismo de Estado.

La introducción de Troccoli buscaba calmar los ánimos de los militares, y presentó con mayor detalle la "teoría de los dos demonios" (Crenzel, 2011). En su discurso, Troccoli tomaba elementos de las enunciaciones militares contenidas en la "narrativa de la guerra". El enemigo que había provocado la escalada de violencia era la "subversión marxista internacional", un enemigo interno inspirado por el exterior. Pero a la vez se distanciaba de la doctrina oficial de la dictadura porque cuestionaba la represión, no como un conjunto de excesos esperables en una guerra

---

2. El decreto 157/83 establecía la "necesidad de promover la persecución penal" contra Eduardo Firmenich, Fernando Vaca Narvaja, Ricardo Obregón Cano, Rodolfo Galimberti, Roberto Cirilo Perdía, Héctor Pedro Pardo y Enrique Gorriarán Merlo, integrantes de la conducción de Montoneros y el ERP. Por su parte, el decreto 158/83 establecía que debía someterse a juicio sumario ante el Consejo Supremo de las Fuerzas Armadas, "a los integrantes de la Junta Militar que usurpó el gobierno de la Nación el 24 de marzo de 1976 y a los integrantes de las dos juntas militares subsiguientes, Teniente General Jorge R. Videla, Brigadier General Orlando R. Agosti, Almirante Emilio E. Massera, Teniente General Roberto E. Viola, Brigadier General Omar D. R. Graffigna, Almirante Armando J. Lambruschini, Teniente General Leopoldo F. Galtieri, Brigadier General Basilio Lami Dozo y Almirante Jorge I. Anaya".

irregular, sino como una violencia simétrica a la ejercida por los grupos guerrilleros. El tercer componente de esta narrativa era una sociedad inerme, espectadora, que si había impugnado al comienzo la violencia de izquierda, también había sido víctima de la violencia militar.

La narrativa de la "víctima inocente" en las primeras denuncias

En el caso de los organismos de derechos humanos, su interpretación del golpe, la represión y el gobierno militar había comenzado a circular de manera más visible en el espacio público en 1979, cuando la visita de la CIDH les permitió acceder a los medios de comunicación del ámbito local. En 1980, la publicación del informe de la CIDH y el otorgamiento del Premio Nobel de la Paz a Adolfo Pérez Esquivel permitieron que la repercusión internacional de las denuncias por violaciones a los derechos humanos en la Argentina tuviera también resonancias en el contexto local (Jelín, 2015: 200).

En la comunidad conformada por estos organismos existía gran claridad acerca de la inscripción del terrorismo de Estado en el contexto de la Doctrina de la Seguridad Nacional, lo que permitía enmarcar las violaciones a los derechos humanos en un plan sistemático de persecución política a organizaciones guerrilleras y más en general, a sectores de la militancia política, social y sindical.

Sin embargo, la eclosión del tema en los medios de comunicación incluyó el ocultamiento de la militancia política de las víctimas de la represión.[3] Así, fue tomando forma la narrativa de la "víctima inocente" que adquirió su formulación paradigmática en el libro y luego la película "La Noche de los Lápices".

El propio programa televisivo que presentaba avances sobre la investigación de la CONADEP fue estructurado, en gran medida, sobre el énfasis en el carácter a-político de las víctimas. Los testimonios seleccionados se presentaban como una sucesión de golpes de azar, como la consecuencia de un poder represivo arbitrario, que elegía a sus víctimas sin considerar su involucramiento en las organizaciones guerrilleras o la militancia política.

El discurso público construido por los organismos de derechos humanos en este período estuvo condicionado por la necesidad de sortear el argumento que había instalado la dictadura (y que la "teoría de los dos

---

3. La omisión de la identidad política de los desaparecidos fue una condición que inicialmente estuvo determinada por el predominio social de la "narrativa de la guerra", impuesta públicamente por la dictadura. La representación de las víctimas de la represión como personas sin una militancia política fue necesaria frente a la acusación de "subversión" que tanta adhesión había logrado en la sociedad a lo largo del Proceso (Lorenz, 2004: 102).

demonios" no hacía más que confirmar) de que la represión era una respuesta a una violencia política previa ejercida por quienes luego fueron sus víctimas. Este argumento había sido utilizado para echar un manto de sospecha sobre las víctimas y deslegitimar sus denuncias, explicando que esos testimonios podían ser falsos en la medida en que respondieran a intenciones "políticas".[4]

En este marco, durante 1984 se produjeron una serie de intervenciones clave de política educativa que reconfiguraron la circulación de memorias en las escuelas. En marzo de ese año el Ministro de Educación y Justicia del gobierno de Alfonsín, Carlos Alconada Aramburu, firmó una resolución mediante la cual se modificaba el nombre y los contenidos de la materia "Formación Moral y Cívica" por "Educación Cívica". Esta temprana modificación curricular fue impulsada por docentes y académicos nucleados en el Taller de Educación del Centro de Participación Política (grupo conformado en el seno del Movimiento de Renovación y Cambio de la UCR en 1982) (Diaz, 2009: 97).

El programa de esta asignatura comportaba cambios significativos en relación con los contenidos establecidos por el gobierno militar. Ponía el acento en dos temas: por un lado la institucionalidad democrática y su interrupción (que estaba mencionada en los programas de la dictadura solo como un estudio formal de la Constitución) con referencia explícita a la noción de "golpes de Estado"; y por el otro abordaba con cierto detalle la noción de "derechos humanos".[5] Esta última definición, tal como señala Siede (2013), no remitía sin embargo, al contexto de la transición democrática. En los nuevos programas se indicaba el tratamiento del tema de los derechos humanos pero con una escasa inscripción en el marco de su violación durante la dictadura.

---

4. Marina Franco (2015) señala aquí una de las tensiones internas de la posición del alfonsinismo. Al mismo tiempo que el propio Alfonsín y algunos de sus ministros sostenían una interpretación de la represión como la respuesta estatal a la violencia de las organizaciones guerrilleras con sus mismos métodos, también otorgaba un grado importante de responsabilidad a estas organizaciones. Sin embargo, esto dejaba poco margen para sostener la inocencia de las víctimas de la represión. Esta contradicción atravesó gran parte de los pronunciamientos e incluso de las decisiones políticas del alfonsinismo entre 1983 y 1985.

5. Sobre la elaboración y los debates en torno de los programas de Educación Cívica en el contexto de 1984 resultan esclarecedores los testimonios relevados por Siede (2013). De acuerdo con protagonistas de estas redefiniciones, existía una tensión subyacente entre la urgencia con que había que abordar una materia tan claramente relacionada con el período de la dictadura, el contexto de miedo y las polémicas públicas sobre las responsabilidades por la violencia política, y la novedad de conceptos como "terrorismo de Estado" o "derechos humanos" en el ámbito educativo argentino (Siede, 2013: 124 y ss.).

A partir de estas definiciones curriculares se conformó en el ámbito del Ministerio de Educación un "Grupo de Apoyo a los Docentes de Educación Cívica", teniendo en cuenta que el gobierno radical dio continuidad a los docentes que estaban a cargo de la anterior materia Formación Moral y Cívica. El Grupo de Apoyo elaboró materiales que desarrollaban los distintos temas enunciados en el programa de la materia, los cuales fueron presentados en reuniones provinciales con los docentes con la intención de brindar mayores precisiones y orientaciones para su trabajo en el aula. En estos materiales es posible encontrar explicaciones sobre los enfoques y los alcances de los conceptos utilizados. En particular, en el "Documento N° 2", el enfoque institucionalista se expresa tanto en una valoración del "estilo de vida" democrático como en una crítica a los quiebres del orden constitucional, aclarando que la materia no se propone desarrollar un enfoque histórico sino una reflexión sobre el presente. Así dice el documento:

TEMA: QUIEBRA DEL ORDEN CONSTITUCIONAL

Pautas metodológicas sugeridas

Teniendo en cuenta que los objetivos de la materia no apuntan al conocimiento histórico de los hechos, sino a la comprensión cívica, es necesario que la unidad sea enfocada a partir de actividades que permitan la valoración de la democracia como criterio de vida. Por lo tanto, el punto de partida es siempre la realidad inmediata y vivencial. (Ministerio de Educación y Justicia, 1984a: 19)

Leída en relación con el momento de su publicación, esta enunciación es sumamente llamativa. Sus autores –académicos y docentes que habían asumido la tarea de revisar las prescripciones curriculares introducidas por la dictadura– abordaban el tema de la quiebra del orden constitucional explicitando que no debía adoptarse una mirada histórica, algo difícil de aislar en el año 1984.

Es posible imaginar que esta aclaración se debía al temor que podía despertar en los docentes y las familias un tratamiento demasiado frontal de la cuestión del golpe de Estado en el año 1984, así como al hecho de que esos profesores habían ejercido la docencia durante el período anterior. De todos modos, a continuación, el documento se enmienda:

Objetivos específicos:

- Comprender y analizar los acontecimientos históricos que se oponen al orden institucional establecido.

- Comparar hechos históricos con la legislación vigente. (...)

Actividades sugeridas:

- Recrear la situación vivida en el último acto electoral a partir de la información conocida por el grupo, lectura de diarios del momento, revistas u otros medios, etc.

- Indagar sobre las causas que generan dicha situación.

- Retroceder en el tiempo indagando las sucesivas causas de cada "Golpe de Estado", buscando las características generales y los rasgos reiterados o distintivos de cada uno (...). (Ministerio de Educación y Justicia, 1984a: 18)

El "Documento N° 4" estaba enteramente dedicado a la temática de los derechos humanos. De acuerdo con Siede (2013), este documento presentaba la violación a los derechos humanos con el eufemismo de "hechos dolorosos", aunque admitía que el concepto remitía tanto a la "tortura, represión, desaparecidos", como a "educación, salud, alimentación, trabajo, vivienda".

Otro rasgo propio de la política educativa de la temprana transición a la democracia fue la pluralización de los actores que intervenían en este campo. Por ejemplo, un hecho central de la política educativa del alfonsinismo fue la convocatoria a un Congreso Pedagógico, en coincidencia con el centenario de la Ley 1420, y que se proponía como una amplia movilización de los actores sociales, políticos y educativos para generar nuevas bases para el sistema educativo argentino. También se rehabilitó la formación de centros de estudiantes mediante la derogación de la normativa prohibitiva preexistente, e inclusive, a partir de la conformación de estos centros, las nuevas regulaciones preveían la participación de los estudiantes como actores con capacidad de realizar demandas a las autoridades educativas.

Además, algunas de las normas de 1984 mostraban la intención de habilitar la participación de organismos de derechos humanos en el campo de la política educativa. Ese fue el caso de la Asamblea Permanente por los Derechos Humanos (APDH), autorizada en el mes de octubre a organizar unas "Jornadas Nacionales de Derechos Humanos en la Educación: Enseñanza y Práctica".[6]

La APDH fue fundada durante los inicios del plan represivo en diciembre de 1975. Reclutó a un conjunto de personalidades políticas, culturales e intelectuales que logró persistir tras el golpe de 1976. Su composición heterogénea también determinó una posición pública enfocada en la defensa de los derechos humanos tal como estaban consagrados por la Declaración Universal de 1948. Esto significó que, en contraste

---

6. Véase: APDH (1984) *Jornadas Nacionales Derechos Humanos en la Educación: Enseñanza y Práctica.*

con otros organismos integrados por sobrevivientes, familiares o incluso desprendimientos de la propia APDH, como el CELS, sus posiciones públicas fueran más moderadas e institucionalistas (Jelín, 2003).[7]

Las Jornadas de 1984 convocaron a docentes y estudiantes, sobre todo del nivel secundario, y produjeron conclusiones y propuestas para el trabajo sobre la temática de los derechos humanos en la educación secundaria. La actividad contó con la convocatoria de la APDH junto con organizaciones sindicales docentes (la Confederación de Trabajadores de la Educación de la República Argentina – CTERA,[8] la Unión de Maestros Primarios – UMP, la Unión de Maestros Especiales – UME, la Asociación de Docentes y Técnicos de Enseñanza Diferenciada – ADYTED, la Asociación de Docentes de Enseñanza Media y Superior – ADEMYS y la revista *Perspectiva Universitaria*). Además, contó con el auspicio de la gestión educativa nacional, provincial, de la ciudad de Buenos Aires, la Organización de Estados Americanos (OEA), la CIDH, UNESCO, UNICEF, la Unión de Docentes Argentinos (UDA) y la Asociación de Graduados en Ciencias de la Educación (AGCE). Las adhesiones al evento también fueron importantes y diversas: incluían desde el presidente Raúl Alfonsín hasta centros de estudiantes de escuelas secundarias de la ciudad de Buenos Aires y de la provincia de Buenos Aires.

A partir de las jornadas, la APDH elaboró una publicación en la que se detallaban las condiciones de realización, las conclusiones y el sentido general de la actividad. Allí podía leerse la posición de varios organismos de derechos humanos: la contextualización de la represión en el marco de la Doctrina de la Seguridad Nacional y la situación de la Argentina como país dependiente:

> Docentes y estudiantes conviven en la misma sociedad, y las violaciones de derechos perpetradas en ella son materia compartida: la represión bajo

---

7. En particular, la actitud de la APDH frente a la política de derechos humanos del alfonsinismo fue de colaboración:

   "Del otro lado, la APDH, entidad que reunía a personalidades de la política, la cultura y líderes de opinión muy diversos (incluso algunos bastante conservadores), fue la que más colaboró con la política oficial: de ella procedían Graciela Fernández Meijide y otros miembros activos de la CONADEP, así como el socialista Alfredo Bravo, quien aceptó el cargo de subsecretario de Educación. Pero ello le costaría gran parte de su prestigio e influencia entre sus pares" (Novaro, 2009: 56).

8. La APDH llegó a tener una vinculación muy firme con la CTERA. Desde sus cuadros fundadores, como Alfredo Bravo, quien fue uno de los primeros secretarios generales de CTERA y miembro fundador de la APDH, hasta sus fuertes puntos de contacto en el período de la transición a la democracia. Por ejemplo, Wenceslao Arizcuren, Secretario General de CTERA en 1985 había sido además fundador de la APDH en Río Negro (*El Periodista*, 26/09/1985).

la dictadura militar con su secuela de asesinados, presos y torturados, y el terror que conllevan; la resultante incapacidad de crear un saber crítico, de reflexionar sobre las causas, de explicar la represión en su marco real –la doctrina de la seguridad nacional–, de comprender la incidencia en el ámbito educativo de nuestra condición de país dependiente, la exigencia perentoria de aprender para que nunca más. (APDH, 1984: 3)

La referencia a la Doctrina de la Seguridad Nacional permite advertir la temprana perspectiva de algunos organismos de derechos humanos que inscribieron la represión en el contexto de un plan sistemático, lo cual contrastaba con la afirmación de los "errores y excesos" como justificación esgrimida por los militares y con la afirmación de motivos basados únicamente en la "perversión" de los perpetradores. En el mismo sentido se expresaba Simón Lázara, miembro de la APDH, en la apertura de las Jornadas:

Necesitamos comprender que la utilización de todo el poder del Estado para la violación sistemática de los Derechos Humanos, que el terrorismo de Estado, no fueron hechos aislados ni circunstanciales, ni la obra de la imaginación delirante de algún oficial, ni la acción de mentes enfermas; que la tortura y la represión, el extrañamiento y el exilio, la entrega y la subordinación del país a los intereses hegemónicos internacionales, fueron producto de un plan orgánico, sistemático y eficiente, puesto en práctica a partir del 24 de marzo de 1976 y que, aún hoy, tiende su sombra sobre el futuro argentino. (APDH, 1984: 7)

Si se tiene en cuenta que participaron de la Jornada docentes y estudiantes, es muy significativo este relato sobre la dictadura producido a escasos meses de concluida. La consideración del terrorismo de Estado y del plan sistemático de represión desmentía el argumento de la "teoría de los dos demonios" que sostuvo como doctrina oficial el alfonsinismo desde el inicio de su gobierno.

El discurso de Lázara, además, indicaba que persistía una confrontación sobre la continuidad de la Doctrina de la Seguridad Nacional. El gobierno de Raúl Alfonsín se vio presionado permanentemente por sectores militares, interesados en limitar la acción de la justicia en la investigación de las violaciones a los derechos humanos. Lázara daba cuenta en sus palabras de las prácticas de intimidación, amenazas y las operaciones de inteligencia que continuaban en torno a la militancia estudiantil y en general, en relación con el funcionamiento del sistema educativo.

Las conclusiones de las comisiones presentaban un conjunto de demandas para salir de la parálisis que había provocado la política educativa de la dictadura. Insistían en la necesidad de rehabilitar el pleno funcionamiento de los centros de estudiantes y legitimar su participación en las decisiones educativas. Las Jornadas, además, subrayaban que el sistema educativo era un espacio privilegiado para el ejercicio de los derechos humanos y para limitar de alguna manera las condiciones que hicieron posible la represión.

El sistema educativo, y en especial las escuelas secundarias, se convirtieron en un espacio institucional que se liberó del monopolio que el gobierno militar había ejercido sobre las memorias en circulación y se habilitaron otros actores con capacidad para poner en la transmisión escolar (aunque no curricular) sus relatos sobre la dictadura.

Esto no significó una inmediata democratización de la circulación de memorias en el ámbito educativo, sino un cambio en la lógica de las memorias en disputa en el espacio escolar. Las memorias en conflicto que ya existían en el espacio público tuvieron ahora mejores condiciones para expresarse en las escuelas, pero además se produjo un cambio en la correlación de fuerzas: la memoria oficial cambió su contenido y la que hasta ese momento había sido la memoria oficial de la dictadura fue siendo desplazada paulatinamente al lugar de una "memoria denegada",[9] obligada en esta etapa por la sanción oficial de un relato institucionalista que impedía cualquier justificación de la interrupción del orden constitucional.

Por otra parte, el control que había ejercido el Estado sobre los libros de texto durante la dictadura se limitó, y esto generó una actualización curricular de hecho, promovida por la reacción de las editoriales frente al cambio en la memoria oficial, con la modernización de los textos escolares (Born, 2010). Sin embargo, esta reacción no fue inmediata sino que se demoró casi hasta el final del gobierno de Alfonsín.

Las reediciones de los textos escolares mantuvieron en general el tono que habían tenido durante los últimos años de la dictadura, e incluían algunos nuevos párrafos sobre el retorno de la democracia, matizando el relato sobre el propio gobierno militar. Estos textos se hacían eco del argumento de los "excesos" para explicar la represión (Born, 2010). Se

---

9. Podría discutirse hasta qué punto la "narrativa de la guerra" constituyó una memoria subterránea en el sentido indicado por Pollak (2006). Esta narrativa dejó de ser oficial porque distintas agencias estatales la rechazaron explícitamente, y porque los documentos oficiales sostuvieron otra explicación de los acontecimientos. Sin embargo, esto no convierte automáticamente a la "narrativa de la guerra" en una memoria subterránea, ya que al menos durante los años de la inmediata posdictadura, amplias capas de la sociedad sostuvieron interpretaciones del golpe y la represión que los justificaban en los términos de la "narrativa de la guerra". Ludmila Da Silva Catela emplea la noción de "memoria denegada" para referirse a los argumentos justificatorios de la represión del tipo de la narrativa de la "guerra sucia", pero en un momento posterior, cuando durante el gobierno de Néstor Kirchner la narrativa oficial se fusionó con la de los organismos de derechos humanos (Da Silva Catela, 2010).

MARTÍN R. LEGARRALDE

mencionaba por primera vez a los desaparecidos, y se los enunciaba como víctimas de los excesos. También se mantenía el argumento de que la represión fue motivada por la "agresión marxista internacional" o por la "subversión", aunque se contrapesaba este argumento con el señalamiento de la desproporción de la respuesta militar.

"La Noche de los Lápices" y el 16 de septiembre en las escuelas secundarias

En el contexto del denominado "*show* del horror" en el que la prensa amarilla se ocupó de mostrar hasta el hartazgo los testimonios sobre las torturas, las tumbas NN y los aspectos más siniestros del plan represivo, distintos actores construyeron una narración sobre los acontecimientos de la "Noche de los Lápices" que constituye el paradigma de la narrativa de la "víctima inocente".

La historia relata el secuestro de seis adolescentes, desaparecidos la noche del 16 de septiembre de 1976 en La Plata, y de un sobreviviente, Pablo Díaz, secuestrado más tarde. Todos ellos eran estudiantes secundarios y habían participado en las luchas por el boleto escolar. Así narrado, el relato ha funcionado durante más de veinte años como metonimia del terrorismo de Estado llevado adelante por el régimen de facto. En innumerables ocasiones, no sólo en cada aniversario, se remite a La Noche de los Lápices como el ejemplo que cuenta la Historia del pasado reciente del país. (Raggio, 2010: 7)

Se ha planteado que este relato en particular cumplió la función de narrar la represión a los estudiantes secundarios, así como otros relatos funcionaron como arquetipos de la represión a otros grupos (Da Silva Catela, 2003). En términos judiciales, la narrativa de la "víctima inocente" tuvo una gran eficacia para contrarrestar lo que postulaban la "narrativa de la guerra" y la "teoría de los dos demonios". Esta eficacia se debió, sobre todo, a sus fundamentos empíricos, a las pruebas en las que se basaba: "¿Qué 'guerra justa' se libra contra adolescentes desarmados que sólo pelean por el boleto escolar? Y, por otro lado, ¿de qué 'dos demonios' estamos hablando?" (Raggio, 2010: 11).

La narrativa de la "víctima inocente" se caracterizaba por narrar a los desaparecidos y a las víctimas de la represión como no responsables de hechos atribuidos a la subversión o al terrorismo. Para ello, debió eclipsar la identidad y la militancia política de las víctimas de manera de evitar que esta identificación los conectara con algún tipo de responsabilidad por atentados y acciones armadas de las organizaciones guerrilleras. La omisión de la militancia política de las víctimas, que se puede rastrear hasta las primeras denuncias de los familiares, se comprende si se toma en cuenta que se produjeron por primera vez durante la dictadura misma. Este fue un rasgo que se acentuó con la circulación pública del relato, en la medida en que se trató de una memoria que confrontaba con la "teoría de los dos demonios" y la "narrativa de la guerra".

Por otra parte, como ha mostrado Raggio (2010), el relato de "la Noche de los Lápices" fue construido como un acontecimiento unificado por la sistematización de denuncias que efectuaron los organismos de derechos humanos en distintos momentos. En el Informe *Nunca Más*, la CONADEP publicó el relato consolidado del acontecimiento, fechado el 16 de septiembre de 1976 y utilizó la expresión "Noche de los Lápices" en 1984 (Raggio, 2010: 28).

La circulación pública del relato se volvió intensa a partir del testimonio de Pablo Díaz y de las madres de Claudia Falcone y Claudio de Acha, en mayo de 1985, durante el juicio a las Juntas Militares. Los diarios reseñaron esos testimonios y dieron a conocer detalles del acontecimiento. Desde ese momento, Pablo Díaz comenzó una actividad militante de propagación del relato que se asociaba con la recuperación de la militancia estudiantil secundaria y universitaria. Dio charlas y participó de gran cantidad de actividades organizadas por grupos y centros de estudiantes de escuelas secundarias y universidades entre 1986 y 1988 (Lorenz, 2004). En el proceso de construcción de este relato, Pablo Díaz se enunciaba a sí mismo como sobreviviente que asumía la responsabilidad de narrar lo que sus compañeros desaparecidos no podían ya contar (Raggio, 2010).

La construcción inicial de estos relatos, junto con los que aportaron los familiares en sede judicial, marcaron el caso de Pablo Díaz como el "único" sobreviviente del episodio. A raíz de esta marca distintiva, su testimonio funcionó como una narración sin contrastes ni matices, y fue requerido casi como una memoria definitiva del acontecimiento.

Otra instancia de consolidación de la narrativa como memoria emblemática se produjo con la publicación del libro "La Noche de los Lápices" de María Seoane y Héctor Ruiz Núñez. El libro otorgaba al relato mayor coherencia, enhebrando aspectos del testimonio de Díaz y los planteos contenidos en el Informe *Nunca Más* de la CONADEP, además del registro literario que buscaba verosimilitud con imágenes que completaban la continuidad de la historia (Raggio, 2010). En julio de 1986, después de entrevistar a Pablo Díaz, los autores lanzaron la publicación de la primera edición del libro.

En ese mismo año se estrenó la película *La Noche de los Lápices*, de Héctor Olivera, elaborada sobre la base del libro. La película se presentó como un relato basado en un hecho real pero que recurría a los recursos cinematográficos de la ficción. La búsqueda de verosimilitud fue sumamente exitosa. Un efecto notable del film ha sido el de convertirse prácticamente en una "prueba" de los hechos, es decir, en una fuente más que en una representación posible del acontecimiento. En cierto sentido, la película ocupó el lugar de la "verdad histórica" a través de su enorme circulación (Raggio, 2010). Su proyección en televisión en septiembre de 1988 fue vista por tres millones de personas (Lorenz, 2004: 111-112).

El relato emblemático de "la Noche de los Lápices", sostenido por la militancia de Pablo Díaz, el libro y la película, entroncó con la recuperación de la militancia estudiantil y la derogación de la normativa que impedía la organización de centros de estudiantes. La fecha del 16 de septiembre se asoció a ese emblema y a esa militancia, generando una conmemoración sostenida por las prácticas de los propios estudiantes secundarios (Lorenz, 2004).

Entre 1984 y 1988 el gobierno de la provincia de Buenos Aires concedió asueto a las escuelas secundarias para la participación en las marchas y en 1988 se incluyó en el calendario escolar de la provincia de Buenos Aires el 16 de septiembre como "Día de la Reafirmación de los Derechos del Estudiante Secundario" a través de la Ley N° 10.671 (Raggio, 2004).

Las leyes de impunidad cierran un ciclo

Durante 1986 la crisis económica se mostró difícil de manejar para el gobierno de Alfonsín. La legitimidad social lograda en los primeros meses de su gobierno en el terreno de la acción política, y en especial en relación con el juicio a las Juntas Militares y la creación de la CONADEP, dejó paso a una serie de dilemas que resultaron visibles para los actores políticos del período.

Para el gobierno, la apuesta de los años 1984 y 1985 fue que el juicio a las cúpulas militares canalizara las demandas sociales por el juzgamiento de los crímenes de la dictadura y permitiera cerrar ese capítulo. Por ello, cuando los tribunales dieron curso a nuevas denuncias que exploraban las responsabilidades intermedias sobre el aparato represivo, el gobierno intentó distintas acciones que interrumpieran o al menos limitaran la acción de la justicia.

Es por eso que el año 1986 puede ser indicado como el momento de cierre del ciclo de la transición en cuanto a la iniciativa del Poder Ejecutivo para avanzar en el plano de la justicia contra los represores. El gobierno de Alfonsín deseaba instalar para la sociedad en general y para los organismos de derechos humanos en particular, que las acciones emprendidas entre 1983 y 1985 fueran consideradas como la respuesta definitiva a las demandas de justicia.

En cambio, tanto el movimiento de derechos humanos como algunos actores judiciales, iniciaron una nueva fase de denuncias por desapariciones, torturas, apropiación de niños y por la instrumentación del aparato de represión ilegal. Como respuesta, funcionarios del gobierno presionaron sobre los juzgados, pero sobre todo, en las Fuerzas Armadas amplios sectores se movieron para condicionar públicamente al gobierno. Los militares acusados en distintos juicios durante 1986 fueron acompañados a declarar por sus compañeros de armas, como demostraciones de fuerza.

Ante el temor de que las causas abiertas y los juicios se mutiplicaran y se prolongaran en el tiempo, manteniendo activo un campo de tensiones políticas que el gobierno se proponía cerrar, en diciembre de 1986 el Ejecutivo envió al Congreso un proyecto de ley de Punto Final, que establecía la caducidad de las causas que no hubieran tenido avances en los 60 días siguientes a la aprobación de la ley.

Los organismos de derechos humanos rechazaron la iniciativa y se movilizaron para que el Congreso no aprobara la ley que, sin embargo, fue votada favorablemente en diciembre de 1986. La Ley de Punto Final tuvo el efecto paradójico de activar las causas presentadas y ampliar la presentación de nuevas denuncias.

Por su parte, en las Fuerzas Armadas la situación abierta por la sanción de la ley incrementó la preocupación. A la vez que acentuó las tensiones internas entre distintos niveles de la oficialidad por la atribución de responsabilidades, desembocó en movimientos de presión sobre el gobierno, el más explícito de los cuales fue el levantamiento de Semana Santa de 1987. A mediados de abril de ese año, la citación a militares en causas por violaciones a los derechos humanos desencadenó nuevas reacciones. Un grupo de militares comandados por el teniente coronel Aldo Rico tomó la Escuela de Infantería de Campo de Mayo. Esta sublevación fue rechazada por un amplio espectro del campo político y provocó movilizaciones espontáneas de la población a plazas en muchos puntos del país.

El episodio culminó con la concesión realizada por el gobierno radical a los militares sublevados: el presidente en persona concurrió el domingo 19 de abril a Campo de Mayo (donde se encontraban los amotinados) y escuchó de los propios militares sus reclamos y demandas. A continuación, los militares sediciosos se entregaron y Alfonsín pronunció un discurso frente a una multitud congregada en Plaza de Mayo en el que sostuvo:

Compatriotas... ¡Felices Pascuas! Los hombres amotinados han depuesto su actitud. Como corresponde, serán detenidos y sometidos a la justicia. Se trata de un conjunto de hombres, algunos de ellos héroes de la guerra de Malvinas, que tomaron esta posición equivocada y que han reiterado que su intención no era provocar un golpe de Estado. Pero de todas formas, han llevado al país a esta conmoción, a esta tensión, y han provocado estas circunstancias que todos hemos vivido de la que ha sido protagonista fundamental el pueblo argentino en su conjunto.

Para evitar derramamientos de sangre, di instrucciones a los mandos del ejército para que no se procediera a la represión y hoy podemos todos dar gracias a Dios: la casa está en orden y no hay sangre en la Argentina.

Le pido al pueblo que ha ingresado en Campo de Mayo que se retire, es necesario que así se lo haga. Y le pido a todos ustedes, vuelta a sus casas, a besar a sus hijos, a celebrar las Pascuas en paz en la Argentina.

Este discurso centrado en la idea de pacificación, frente a una conmoción generada por una actitud "equivocada", situaba a los militares sublevados en el lugar de héroes de Malvinas, que no tenían intención de atacar a la democracia. Alfonsín evitaba cuidadosamente entrar en consideraciones sobre el pasado inmediato, poniendo en evidencia la estrategia oficial de dar por cerrada la atribución de culpas a los militares.

En mayo de ese mismo año el Poder Ejecutivo envió al Parlamento el proyecto de ley de Obediencia Debida, cuya aprobación obtuvo en junio con apoyo de fuerzas políticas provinciales y sectores del peronismo. El propio Alfonsín presentó la ley como una respuesta a la multiplicación de juicios pero también, a las presiones que se evidenciaron en la sublevación militar de Semana Santa.

La Ley de Obediencia Debida establecía que no resultaban punibles los delitos cometidos por miembros de las Fuerzas Armadas con grado por debajo de coronel, durante el período 1976-1983, con el argumento de que sus acciones respondían a las órdenes explícitas o implícitas recibidas de la comandancia de las fuerzas. Esto dio lugar al desprocesamiento de gran cantidad de militares acusados de violaciones a los derechos humanos en los meses siguientes.

¿Cuáles fueron las consecuencias de estas decisiones del gobierno en la circulación de memorias sobre la dictadura? El ciclo abierto con los juicios a las Juntas Militares y la creación de la CONADEP daba paso a una serie de concesiones a los represores que parecían no estar tan lejanas de las interpretaciones del propio gobierno acerca de la resolución política del tema: poner fin a la proliferación de juicios y concentrar las responsabilidades en las cúpulas militares.

La posición oficial ahora revelada por las leyes de Punto Final y Obediencia Debida tendía a acercarse a la doctrina de los excesos y los errores en una guerra irregular. Ya no se trataba de contrabalancear la violencia ejercida por los militares con la violencia ejercida por las organizaciones guerrilleras, sino de presentar a los militares (especialmente a los de rango bajo y medio) como personas inmersas en una guerra por medios no convencionales, en la que actuaban bajo las órdenes de quienes ya habían sido condenados.

Memorias de la dictadura en los comienzos del menemismo: impunidad, reconciliación y resistencia

En 1989 se precipitó el final del gobierno radical. En el mes de enero un intento de copamiento del regimiento de La Tablada terminó con la desaparición y ejecución de militantes del Movimiento Todos por la Patria (MTP) y la muerte de conscriptos y militares. El hecho puso en evidencia una vez más la debilidad de la política militar de Alfonsín, a la vez que dio aliento a quienes defendían la tesis del "rebrote subversivo".

Junto con ello, la crisis económica desatada desde mediados de la década llegó a su punto máximo y determinó el llamado anticipado a elecciones presidenciales en las que resultó triunfador el candidato peronista, Carlos Menem. Su asunción también se adelantaría, para descomprimir la crisis política que se sumaba al estallido social.

Durante su primer período presidencial (1989-1995) Menem buscó cerrar los frentes de conflicto que habían amenazado y finalmente habían logrado desbancar a Alfonsín. Entre ellos, la permanente tensión entre el gobierno civil y el frente militar constituía una amenaza que había marcado las políticas de derechos humanos de la presidencia radical, y que había dado lugar a la sanción de las leyes de Punto Final y Obediencia Debida.

Menem expuso durante la campaña de 1989 el argumento de la reconciliación y el olvido. Su tesis fue que la consolidación de la democracia exigía el perdón y la reconciliación de una sociedad dividida, y que, por lo tanto, la siguiente etapa institucional del país debía apoyarse en la liquidación lisa y llana de la judicialización de las violaciones a los derechos humanos cometidas durante la dictadura.[10] En esa línea, una de las primeras medidas del gobierno de Menem fue la sanción del indulto a los excomandantes y un conjunto de miembros de organizaciones guerrilleras.[11]

---

10. El indulto formaba parte de su programa de campaña desde el comienzo. De acuerdo con Novaro (2009), Menem había ya indicado que habría perdones presidenciales que incluirían no solo a los comandantes condenados sino también a los militares carapintadas que habían actuado contra el gobierno de Alfonsín (Novaro, 2009: 327).

11. Los indultos se produjeron en dos etapas. En primer término, Menem indultó a los militares carapintadas. En una segunda etapa, el indulto comprendió a los miembros de las Juntas

El contexto político-ideológico de estos indultos fue reforzado por una serie de actos simbólicos de "reconciliación" de facciones enfrentadas en otros momentos de la historia argentina: el presidente impulsó la repatriación de los restos de Juan Manuel de Rosas, y se entrevistó con el ex-almirante Isaac Rojas, reconocido antiperonista que había protagonizado la Revolución Libertadora de 1955 (Novaro, 2009: 347 y ss.).

Los indultos fueron una concesión que reforzaba el poder militar, pero también condujeron a una paulatina desactivación de la presencia política de las Fuerzas Armadas coincidente con una reestructuración interna en la que iban perdiendo protagonismo los sectores que habían reclamado la anulación de la vía judicial. Los pases a retiro de militares involucrados en la represión, la renovación de los cuadros y el achicamiento que se impuso a las Fuerzas Armadas como al resto de las estructuras estatales, terminaron por desmontar la amenaza golpista aunque con el costo de asumir una posición oficial que instalaría un discurso sobre la reconciliación y el olvido como condiciones para la democracia, a la vez que iniciaba su gobierno garantizando la impunidad de los crímenes de la dictadura (Novaro, 2009: 380).

Estas decisiones y el discurso público con el que Menem las acompañó fueron naturalmente resistidas por el movimiento de derechos humanos y por otros actores sociales y políticos que las interpretaron como un retroceso. Entre quienes se opusieron al indulto, se encontraban incluso legisladores oficialistas y sindicatos que concurrieron a la convocatoria lanzada por los organismos de derechos humanos a una movilización que reunió a más de 500.000 personas, en septiembre de 1989. La movilización incidió en la decisión de separar los indultos en dos etapas: la primera (en octubre de 1989) benefició a los carapintadas y a los oficiales procesados por la represión que no habían sido comprendidos por la ley de Obediencia Debida y también a los líderes guerrilleros (con la excepción de Firmenich), y la segunda (en diciembre de 1990) que comprendió a los ex-comandantes de las Juntas Militares y a Firmenich.

Luces y sombras en la transmisión de memorias durante la recuperación democrática

La retirada del gobierno militar abrió un período de circulación de interpretaciones y significados acerca de lo ocurrido durante la dictadura.

Militares y a Mario Firmenich. De acuerdo con Novaro (2009), este último indulto formó parte de una estrategia para desactivar las adhesiones que reunía dentro de las Fuerzas Armadas el líder carapintada Mohamed Alí Seineldín (Novaro, 2009: 380).

Aumentó la visibilidad de los crímenes cometidos durante la represión ilegal, lo que obligó a distintos actores a pronunciarse acerca de las violaciones a los derechos humanos.

El balance del período de transición democrática en términos de las memorias de la dictadura, nos permite ver una pluralización de los actores y las narrativas, en comparación con la imposición autoritaria de una única narrativa oficial de la etapa anterior, tanto en el espacio público más general como en el ámbito educativo en particular. En contraste con el monopolio que había sostenido el gobierno militar, el alfonsinismo habilitó a una serie de actores desde el comienzo mismo de su gobierno, como enunciadores legítimos de relatos sobre el pasado reciente. Por otra parte, esa legitimidad no fue producida solo por el reconocimiento oficial sino que también fue conquistada por estos enunciadores (organismos de derechos humanos, familiares de víctimas, sobrevivientes, militantes) a partir de sus propias prácticas (denuncias, testimonios, organización) que en muchos casos incluyeron la acción educativa.

En cuanto a las narrativas, en el contexto del trabajo de la CONADEP, los Juicios a las Juntas y una mayor circulación pública del tema, se expusieron de manera articulada la "teoría de los dos demonios" y la "narrativa de la víctima inocente". Aunque no llegaron a clausurar la proliferación de sentidos que otros actores pudieron sostener, se convirtieron en dos modos emblemáticos de narrar la dictadura y la represión.

En cuanto a los actores, junto con los propios funcionarios que actuaban como agentes enunciadores a través de las normas y regulaciones, durante los primeros años del gobierno radical los organismos de derechos humanos, organizaciones estudiantiles y las editoriales pugnaron por constituirse en productoras de relatos sobre el pasado reciente. Incluso fue posible que sobrevivientes como Pablo Díaz encontraran que sus testimonios tenían amplia repercusión en el ámbito educativo.

Esta pluralización hizo del sistema educativo un campo de confrontación privilegiado entre diferentes memorias, que se manifestó al menos en dos planos: por una parte, distintos actores trataron de lograr legitimidad y constituir un relato hegemónico en el proceso de transmisión, es decir, producir un relato que fuera predominante en la construcción de representaciones del pasado por parte de las nuevas generaciones; pero por otro lado, se trató de lograr reconocimiento estatal para estos relatos, puesto que este reconocimiento podría generar mejores condiciones para legitimar sus narrativas (por ejemplo, a través de regulaciones curriculares, recursos económicos, políticas editoriales, etc.).

La otra marca definitoria del período fue que el sistema educativo, y en particular las escuelas secundarias, se constituyeron en escenario de una militancia por las memorias. Las disputas mencionadas cobraron el carácter de confrontaciones en las que las organizaciones estudiantiles se constituyeron en actores portadores de una memoria específica, que también se asociaba a la construcción de su propia identidad. Se produjo en ese contexto la articulación entre la narrativa de la "víctima inocente", la apertura (o reapertura) de centros de estudiantes y las marchas del 16 de septiembre.

Estas características, que podríamos sintetizar como una multiplicación de los agentes enunciadores y de las enunciaciones sobre la dictadura, junto con la centralidad de la temática en la agenda pública, se mantuvieron hasta los primeros años del gobierno menemista. Entonces, la sanción de los indultos inició una nueva etapa en el discurso oficial, al mismo tiempo que las tomas de posición sobre los crímenes de la dictadura cedían su lugar central en la agenda a otros temas, referidos a la crisis económica y social.

Capítulo 3

Tiempos de disputas por la transmisión (1993-1999)

Las memorias en la Ley Federal de Educación y los CBC

La crisis institucional que caracterizó la sucesión presidencial de 1989 tiñó la consideración de múltiples planos de la vida social. Desde la temprana transición a la democracia, el gobierno de Alfonsín había abierto expectativas de refundación del sistema educativo con la convocatoria a un Congreso Pedagógico Nacional (1986-1988). El hecho mismo de que sus conclusiones no contaran con la participación de los sindicatos docentes, inmersos en acciones de protesta contra el gobierno radical, era un indicio de una profunda crisis educativa.

A partir de este diagnóstico, en 1993 el Congreso sancionó la Ley Federal de Educación (LFE), a pesar de las resistencias de los sindicatos docentes y de los proyectos alternativos presentados por la oposición política. La LFE establecía una reorganización profunda del sistema educativo. Ciertamente, la Argentina no había contado nunca en su historia con una ley orgánica de educación que abarcara todos los niveles e involucrara al sistema educativo en su conjunto, que incluyera tanto la jurisdicción nacional como las provinciales.[1]

La LFE constituyó una reforma estructural del sistema que reordenaba distintos aspectos que se habían ido conformando desde fines del siglo XIX por agregación. El caso paradigmático de este ordenamiento fue el

---

1. El proceso que llevó a la sanción de la LFE con su redacción definitiva es complejo y su análisis excede el marco de este libro. Sin embargo, cabe mencionar que, contra algunas imágenes instaladas, el texto final de la LFE no fue el resultado de una imposición del Poder Ejecutivo, sino que incorporó modificaciones, agregados y temas promovidos por legisladores del oficialismo y la oposición, sindicatos y gobiernos provinciales. La compleja trama de negociaciones para la aprobación final de la LFE debe ser tenida en cuenta, en la medida en que su texto reúne las preferencias y postergaciones de un grupo amplio y heterogéneo de actores, aunque luego haya quedado identificada con la voluntad omnímoda del menemismo (Hoya, 2016).

nivel secundario, que quedó reestructurado por la subdivisión entre el tercer ciclo de la Educación General Básica (EGB) (que pasaba a formar parte de la educación obligatoria) y el nivel Polimodal –(no obligatorio).[2]

A partir de esta reorganización de la estructura, la LFE requería un procedimiento para la redefinición del currículum. El Consejo Federal de Educación aprobó en diciembre de 1993 una resolución que establecía las orientaciones y la propuesta metodológica para acordar contenidos básicos comunes (CBC) correspondientes a cada ciclo y nivel del sistema educativo. Los CBC actuarían como base para que cada provincia elaborara un diseño curricular de cada nivel y modalidad. Finalmente, la LFE preveía un tercer nivel de definición curricular que era el institucional: cada escuela debía contar con un proyecto curricular institucional en el que se profundizaran y especificaran tanto los CBC como los diseños curriculares de las jurisdicciones.

Los CBC eran definidos en esa resolución de la siguiente manera:

Los Contenidos Básicos Comunes son la definición del conjunto de saberes relevantes que integran el proceso de enseñanza en todo el país, concertados en el seno del CFCyE dentro de los lineamientos de la política educativa nacional. (Art. 56, inc. a)

Como tales constituyen la matriz básica para un proyecto cultural nacional, a partir de la cual cada jurisdicción continuará actualizando sus lineamientos o diseños curriculares (Art. 56, inc. a y Art. 59, inc. b) Ley 24.195), dando paso a su vez a diversos, pero compatibles proyectos curriculares institucionales; y que serán permanentemente revisados a partir de estos proyectos curriculares institucionales y de los lineamientos o diseños jurisdiccionales. De esta manera, la definición de los CBC se convierte en una herramienta estratégica para permitir la organización de un Sistema Educativo descentralizado e integrado, que anticipe un porve-

---

2. A partir de esta definición de estructura contenida en la LFE, cada provincia podía optar por distintas formas de implementación. En algunas provincias, el tercer ciclo de la EGB fue separado de los ciclos 1 y 2 y del nivel Polimodal, constituyendo un nivel y un conjunto de instituciones aparte. En otros casos, se "extendió" virtualmente la escuela primaria, constituyendo instituciones que abarcaban los tres ciclos del nivel EGB, de 1° a 9° años, y luego un nivel Polimodal de tres años separado (en estos casos, como el de la provincia de Buenos Aires, la reforma fue acusada de "primarizar" la educación secundaria). Otras provincias asociaron el 3° ciclo de la EGB al nivel Polimodal, conformando una estructura de seis años de EGB 1 y 2 y otros seis años de EGB 3 y Polimodal; y, finalmente, hubo instancias de implementación en las que se mantuvo un híbrido entre la vieja estructura de primaria de siete años y secundaria de cinco años, en la que el 3° ciclo de la EGB se implementó pero separando el 7° año (a cargo de maestros) del 8° y 9° (a cargo de profesores). Además, hubo jurisdicciones que se negaron a implementar los cambios de estructura (como la Ciudad de Buenos Aires) y otras que iniciaron su implementación pero volvieron atrás.

MARTÍN R. LEGARRALDE

nir construido a partir de la fertilidad creadora de un país con realidades diversas y sentido de Nación. (Resolución Nº 33/93)

Este procedimiento implicaba una instancia formal y sistemática de recopilación de antecedentes (definiciones curriculares anteriores de las jurisdicciones, enmarcadas en el paso de la "divergencia necesaria"), y la consulta y solicitud de producción de bloques de contenidos a "programas, proyectos, universidades, academias, asociaciones profesionales, cámaras empresarias, gremios y otros; para recoger sugerencias y/o transferencias derivadas de investigaciones en curso, y que voluntariamente distintos equipos de profesionales estén interesados acercar al proceso de concentración de Contenidos Básicos Comunes" (Resolución N° 33/93).

Junto con esta expectativa de una participación regulada de actores especializados, se postulaba la contratación de especialistas para la elaboración de producciones destinadas a ser insumos para los CBC:

Contratación de trabajos estipulando previamente términos de referencia: la Secretaría de Programación y Evaluación Educativa del Ministerio de Cultura y Educación solicitará la elaboración de tres tipos de documentos a especialistas de reconocido prestigio, para garantizar un proceso de construcción de Contenidos Básicos Comunes; que a partir de los acuerdos recoja sugerencias de muy diversos campos, respetando sus lógicas (...). (Resolución Nº 33/93)

Los tres tipos de documentos indicados serían: (1) propuestas desde las ópticas disciplinares; (2) propuestas por niveles educativos; y (3) criterios para la formulación de documentos curriculares compatibles en las jurisdicciones.

La instancia de síntesis de estos aportes estaba en manos de la Secretaría de Programación y Evaluación Educativa, en la fase denominada "convergencia necesaria". Allí se compatibilizarían los aportes contratados, los aportes solicitados a instituciones y actores especializados y las intervenciones de las provincias.

En estos pasos tuvieron un papel clave los especialistas contratados por el Ministerio de Educación, que fueron los que redactaron el cuerpo central de los contenidos y definieron su estructura más estable. Sobre este punto, existen posiciones contrapuestas, ya que hay quienes consideran que el mecanismo de consultas buscó legitimar unos contenidos ya diseñados y que no habilitó realmente la participación de una pluralidad de actores, mientras que algunos de sus protagonistas valoran la intención que animó los procesos de consulta, más allá de sus posibles limitaciones (Siede, 2013: 169).

Una materia que fue propuesta en este marco fue Formación Ética y Ciudadana. Esta materia retomaba la saga de asignaturas que había llegado a conformar Educación Cívica durante el alfonsinismo, pero incorporaba una definición más técnica, académica y disciplinar de contenidos que sus versiones anteriores. La materia aparecía tanto en los CBC para la EGB aprobados en 1995 como en los del nivel Polimodal aprobados en 1997.

El autor de la formulación básica de estos contenidos para la EGB, a partir de una síntesis de las consultas y discusiones desarrolladas, fue Carlos Cullen.[3] Entrevistado por Siede, Cullen señala que las referencias más "históricas" no estaban tan presentes en la definición de los CBC de Formación Ética y Ciudadana, más allá de constituir un telón de fondo de las reuniones que se llevaban a cabo. Su tratamiento se dejaba a los contenidos específicos del área de Ciencias Sociales y a la materia Historia en el nivel Polimodal (Siede, 2013: 171).

Los CBC de Formación Ética y Ciudadana para el Polimodal se organizaban en cinco bloques, dos de los cuales estaban destinados a definir contenidos procedimentales y actitudinales. Los otros tres bloques de contenidos conceptuales eran el bloque 1 "derechos humanos", el bloque 2 "la vida democrática" y el bloque 3 "la sociedad justa".

El bloque 1 referido a los derechos humanos no incluía menciones explícitas a su violación sistemática durante la última dictadura militar. Las posibles inclusiones de contenidos referidos a este tema estaban mencionadas como "Los derechos humanos, su historia y su significación actual", o "Historia de los movimientos de derechos humanos. Vigencia y violación de los derechos humanos en la historia argentina". Por su parte, el bloque referido a la vida democrática continuaba el énfasis institucionalista de los contenidos que habían formado parte de materias similares: el estudio de la Constitución Nacional, la Constitución Provincial, el sistema de gobierno, etc.

Si bien el grado de detalle de los contenidos de Formación Ética y Ciudadana era mayor que el que se había establecido en 1984 para Educación Cívica, se abandonaron las referencias históricas concretas a la dictadura como punto de apoyo para el tratamiento de las temáticas relacionadas con los derechos humanos y el sistema democrático. Tal como señala Siede: "Esta fundamentación [de los contenidos de Formación Ética y Ciudadana] expresa una concepción amplia de los derechos

---

3. Cullen elaboró el documento que funcionó como primera síntesis de los aportes para los CBC del nivel Inicial y la EGB. En 1995, tras una fuerte embestida de la Iglesia Católica, liderada por grupos de la Universidad Católica de La Plata, Cullen renunció y en su lugar fue designado Juan E. Belderrain (Siede, 2013: 174).

humanos, más apegada a las tendencias internacionales del momento que a las resonancias locales del movimiento de defensa de derechos humanos frente a la dictadura finalizada en 1983" (Siede, 2013: 176).

Esto determinó que el texto de los CBC para esta materia quedara relativamente al margen de las disputas por las memorias de la dictadura. En todo caso, la creciente incidencia de concepciones de los derechos humanos que tomaban distancia del contexto histórico reciente, podría ser interpretado también como una consecuencia indirecta de una memoria oficial centrada en las nociones de reconciliación y olvido sobre la dictadura.

En el caso de los CBC para Historia en el nivel Polimodal, estos se encontraban subsumidos dentro del área Ciencias Sociales. En el bloque 3, referido a la Argentina contemporánea, se incluían referencias generales a la historia argentina desde fines del siglo XIX:

> Los proyectos políticos en disputa durante la primera mitad del siglo XIX. La formación del Estado Nacional. Diferentes formas de relación entre el Estado y la sociedad desde 1880. Procesos históricos de configuración del Estado. Políticas públicas. Cambios en los regímenes políticos. Procesos democratizadores y procesos autoritarios. Rol de los actores políticos. Pensamiento político y social en la Argentina contemporánea: autores y corrientes significativas. La cultura política argentina: continuidades y transformaciones. Formas de ciudadanía política en la Argentina contemporánea. La experiencia política de los países del Mercosur.

De acuerdo con De Amézola (2012), estos CBC para la materia Historia implicaron un cambio frente a la tradición de la enseñanza de la historia en la Argentina, ya que corrían el foco de la historia política del siglo XIX (que había sido el enfoque dominante hasta ese momento) hacia la historia del siglo XX. Este cambio sería el resultado de dos hipótesis que alimentaron el trabajo de los equipos curriculares: en primer lugar, que la historia de la segunda mitad del siglo XX era una fuente de explicación del presente, y más precisamente, que el estudio de los procesos históricos de la última dictadura militar era un componente importante de la formación de ciudadanos democráticos. En este aspecto, las tendencias que alimentaron los cambios curriculares en Historia y Formación Ética y Ciudadana expresaron dos enfoques muy diferentes acerca del sentido del abordaje escolar de la última dictadura militar y su relación con el presente.

El tema de la última dictadura militar fue abordado tanto por una materia que contaba con un campo disciplinar específico (la materia "Historia") como por una materia que carecía de una única disciplina de referencia pero que tenía una historia curricular prolongada, y que se proponía la formación para la ciudadanía política (la materia "Formación Ética y Ciudadana").[4] En el contexto del cambio curricular de la década de 1990, estos abordajes contrapuestos no dieron lugar a una disputa o confrontación por instalar un único sentido y uso del tema, sino que se presentaron como dos abordajes distintos, recontextualizados en cada caso, en materias diferentes, con objetivos y usos diferenciados. No parece haber habido una disputa por la ocupación de un territorio temático, sino más bien la demarcación de los límites entre dos enfoques que coexistieron en el currículum.

Las referencias genéricas incluidas en los contenidos de Formación Ética y Ciudadana podían dar lugar a un tratamiento de los temas referidos a la última dictadura militar desde una perspectiva histórica, aunque no lo prescribían. Las definiciones curriculares marcaban un cambio respecto del período alfonsinista: el tema de los derechos humanos se distanciaba de la historia de la dictadura y se relacionaba con aspectos de la coyuntura y el presente (la desigualdad social, la discriminación); mientras que, en el caso de los contenidos de Historia, las referencias a la historia de la dictadura ponían el acento en el régimen político y la interrupción institucional.

Si bien el proceso de cambio curricular que se inició con la Ley Federal de Educación abarcó casi toda la década en distintas provincias, y en algunas ni siquiera se completó, su lógica fundamental en relación con las memorias de la dictadura se correspondió con el espíritu de la primera presidencia de Menem. Aunque no incorporó explícitamente la retórica de la reconciliación, tampoco habilitó tan francamente la pluralización de los actores y relatos que fue característica del período anterior. Esta lógica no fue exclusiva de los temas referidos a las memorias del pasado dictatorial sino que caracterizó todo el campo de definición curricular: sólo algunos actores con gran capacidad de presión (como la Iglesia) lograron incidir realmente en los CBC federales o en los diseños curriculares de las provincias. En cambio, los sindicatos docentes, los organismos de derechos humanos o las organizaciones estudiantiles (por mencionar solo algunos de los actores interesados en la cuestión) estuvieron al margen de las definiciones curriculares, aún cuando muchas de ellas se produjeron realmente en el período siguiente, cuando la fase de repliegue de estos actores fue superada por un renacimiento del activismo.

---

4. Ivor Goodson analiza los procesos por los cuales se incluyen en el currículum nuevas temáticas que podrían ser abordadas desde distintos marcos disciplinares. Describe este proceso como el resultado de disputas entre distintos colectivos profesionales, que le dan forma al conocimiento escolar correspondiente, lo inscriben en una disciplina y definen sus abordajes predominantes (Goodson, 2013).

MARTÍN R. LEGARRALDE

En la reforma curricular de la década de 1990, el rasgo característico en términos de las disputas por las memorias estuvo marcado por una formalización de las instancias de enunciación que se presentaron como una apertura, pero en la práctica significaron una restricción para algunos actores; y que estuvo acompañada por un contexto en el que el peso de los "emprendedores de la memoria" (Jelín, 2002) fue mucho menor que en la etapa anterior.[5] En el plano de las definiciones curriculares, la diferencia de enfoques fue enunciada fundamentalmente por los especialistas a través de los contenidos. Entre ellos no parece haber habido una disputa o una confrontación abierta por la ocupación de un territorio curricular y disciplinar, sino más claramente la demarcación o delimitación de las diferentes perspectivas para el abordaje de la temática, que permitieron una coexistencia tanto en los textos curriculares como en la vida cotidiana de las escuelas.

La tendencia general fue la de una recuperación del control estatal sobre la circulación de relatos sobre el pasado a través de la regulación del currículum, en un proceso en el que las voces autorizadas resultaron los especialistas disciplinares, en detrimento de otros actores sociales. Por su parte, estos especialistas se dividieron los posibles abordajes de la temática en dos perspectivas: 1) por un lado, la perspectiva de los derechos humanos, que en la etapa anterior había estado asociada a la experiencia política de la dictadura marcada por la violación sistemática de estos derechos, y que ahora aparecía vinculada a problemáticas del presente y a su inscripción en los marcos normativos y éticos internacionales; 2) por el otro, la perspectiva de la interrupción del orden institucional democrático trabajada desde el enfoque de la historia política. ¿Qué memorias podían alojarse en esta división de temas y problemas? ¿En qué medida se podían recuperar las reflexiones referidas a la violación sistemática de los derechos humanos durante la dictadura, a su dimensión política y a sus consecuencias jurídicas?

---

5. De acuerdo con lo señalado por Ludmila Da Silva Catela (2006: 26), en la versión francesa de su texto "Memoria, olvido, silencio", Michael Pollak utiliza el concepto de "emprendedores" que es tomado del libro *Outsiders*, de Howard Becker. Pollak distingue entre los emprendedores que "generan referencias comunes", y los emprendedores que conservan o guardan dichas referencias. Con relación a esta distinción caben dos preguntas: por una parte, ¿es posible concebir esta distinción analítica como un criterio clasificatorio de los agentes o se trata más bien de una distinción de funciones con relación a la memoria (es decir, una función de producción, diferenciada de una función de conservación)? Por otra parte, ¿no correspondería distinguir una tercera función/agente que se relacione con la "transmisión" de memorias?

El punto de inflexión en la circulación de memorias: los veinte años del golpe

Este proceso de definición curricular se llevó a cabo a lo largo de los años que siguieron a la sanción de la LFE. En este mismo tiempo se produjo un cambio en la circulación pública de las memorias sobre la última dictadura militar que tuvo un punto de inflexión en torno al acto en conmemoración de los veinte años del golpe de Estado de 1976.

Desde comienzos de 1995, el tema de la última dictadura militar había vuelto a estar en la agenda política. En abril de ese año, el general Martín Balza, en ese entonces jefe del Estado Mayor General del Ejército, reconoció públicamente por primera vez la responsabilidad de su fuerza en la represión ilegal (Novaro, 2009: 472). A fines de 1995 comenzaron las actividades preparatorias para el acto del 24 de marzo del año siguiente. Los organismos de derechos humanos, después de una etapa de repliegue frente al agotamiento de la vía judicial, llevaron adelante una intensa labor para reunir voluntades y concretar un acto coordinado.

En el mismo contexto, se produjo la entrevista del periodista Horacio Verbitsky a Adolfo Scilingo, un militar que confesó su participación en los "vuelos de la muerte", hecho que tuvo una enorme repercusión pública. Si bien en el contexto de los juicios a las Juntas se habían producido declaraciones de militares y miembros de las fuerzas de seguridad que confirmaban los testimonios de las víctimas y los sobrevivientes, Scilingo relató con gran detalle las prácticas de tortura y asesinato, comprometiendo explícitamente a la oficialidad superior y a miembros de la Iglesia. Además, las declaraciones de Scilingo se produjeron cuando la intención del gobierno de "dar vuelta la página" parecía exitosa.

La publicación de la entrevista en el libro *El Vuelo* pocos meses antes de cumplirse veinte años del golpe, contribuyó a mantener en la consideración pública los crímenes cometidos por los represores.

En ese marco, el acto del 24 de marzo de 1996 tuvo una convocatoria masiva que superó las expectativas de los organizadores. En el acto se presentó públicamente la organización H.I.J.O.S., cuya aparición marcó un cambio hacia dentro del movimiento de derechos humanos ya que se trataba de una organización que reunía a los hijos de las víctimas de la dictadura, cuya posición renovaba generacionalmente las luchas de los familiares y sobrevivientes, pero además se proponía interpelar los relatos instalados, dando lugar a una narrativa que reconocía la identidad política de las víctimas, y que incluso afirmaba esa identidad como el fundamento de proyectos políticos que podían ser retomados.

La agrupación H.I.J.O.S. también implicaba un interés renovado por la transmisión entre las preocupaciones del campo de los derechos humanos. En términos de su posición generacional, H.I.J.O.S. se presentaba como "heredera" de la generación que había sido directamente golpeada por la represión.[6] Esa herencia implicaba que sus memorias se basaban en una transmisión revestida de legitimidad por el lazo filial. Incluso la propia transmisión era el fundamento de una nueva experiencia.

La creciente presencia en el espacio público de la temática luego del letargo impuesto por las políticas de reconciliación e impunidad, produjo un cambio en el clima social respecto de los crímenes de la dictadura que tuvo consecuencias en el sistema educativo, aún cuando no incidió directamente en las definiciones curriculares formales.

Desde 1996, el 24 de marzo fue incluido en el calendario escolar de la provincia de Buenos Aires como fecha a ser recordada. Esta decisión, prescripta por la Ley Provincial N° 11.782, indicaba que en todas las escuelas se debían "realizar actividades que contribuyan a la información y la profundización del conocimiento por parte de los educandos, del golpe de Estado perpetrado el 24 de marzo de 1976 y las características del régimen que el mismo impuso".

El artículo 2° señalaba:

Artículo 2º: Las actividades referidas en el artículo anterior se realizarán durante la semana de cada aniversario y tendrán una duración de una hora cátedra, asegurando el cumplimiento de los siguientes objetivos:

a) Afianzar en la juventud la cultura de la democracia, la libertad y el respeto por la dignidad de sus semejantes.

b) Condenar toda usurpación de los poderes surgidos legítimamente por imperio de la Constitución, poniendo el acento en un conocimiento profundo de lo prescripto en el artículo 3º de la Constitución de la Provincia de Buenos Aires (Reforma de 1994).

c) Divulgar las características que tuvo el régimen político vigente desde esa fecha hasta la recuperación de la democracia en diciembre de 1983, haciendo hincapié en la difusión de la sentencia de la Honorable Cámara Federal

---

6. La denominación H.I.J.O.S. designa a una red de organizaciones que se conformó a partir de 1995 en distintas regiones del país. En cada localidad, las organizaciones que conformaron H.I.J.O.S. adoptaron distintas características y sostuvieron debates fundacionales que marcaron su identidad posterior. En general, coincidieron en confrontar con las representaciones despolitizadas acerca de las víctimas del terrorismo de Estado, y con una posición más radicalizada en las demandas de justicia que el resto de los organismos. Para un detalle de las características fundacionales de H.I.J.O.S. véase Bonaldi (2006); Cueto Rúa (2008) y Cueto Rúa (2010).

de la Capital Federal por la cual fueron condenados los ex-comandantes en Jefe del denominado "Proceso de Reconstrucción (sic) Nacional".

d) Denunciar la comisión sistemática de delitos aberrantes, tales como el asesinato, la desaparición de personas, las detenciones ilegales y las torturas, constitutivas todas ellas de la práctica del terrorismo de Estado, como así también propender a que se conozcan los dictámenes elaborados por los organismos internacionales respecto al tema.

e) Renovar, junto a la memoria de lo ocurrido, el compromiso irrenunciable de evitar la repetición de acontecimientos similares en nuestro país.

f) Afianzar la valoración de los organismos defensores de los derechos humanos.

En sus fundamentos, la ley remitía al contexto del vigésimo aniversario del golpe de Estado y hacía referencia a que la necesidad de la transmisión en el caso argentino era comparable con lo que había sucedido tras los genocidios o grandes guerras a lo largo del siglo XX. Estas conmemoraciones eran una medida de la conciencia cívica democrática:

> Un índice incuestionable de la madurez de la conciencia cívica democrática de los países está señalado por la conciencia que se transmite entre generaciones acerca de los graves riesgos que entraña el olvido de su historia. Así lo testimonia el cultivo sistemático de la memoria de las trágicas secuelas de la guerra en aquellos países que fueron escenario de las grandes conflagraciones de este siglo o la devoción con la que se evoca a través de muy diversas iniciativas culturales a las víctimas de los grandes genocidios de la historia. (07/03/1998 - Diario de Sesiones - Honorable Cámara de Senadores de la Provincia de Buenos Aires)

En su presentación en la cámara de Senadores, el senador Sigal (del Frente Grande) reconocía la unanimidad que se había producido en la Comisión de Labor Parlamentaria e insistía sobre la importancia que tenía un proyecto de este tipo al poner en conocimiento de las nuevas generaciones la experiencia de la última dictadura, invocando la necesidad de generar condiciones para que "nunca más" se repitieran esos acontecimientos. Por otra parte, el senador Florio (de la UCR) conectaba el sentido de esta ley con la vigencia de los derechos humanos en el presente:

> En estos días y en estas horas han transcurrido algunos hechos que no se condicen con esta concepción profunda de la democracia. Hechos de represión, de violencia indiscriminada, como la que se vivió el 20 de febrero en la ciudad de La Plata, o como en estas horas que están transcurriendo en el distrito de Ezeiza, donde han sido violentamente reprimidos pobladores que reclamaban por la instalación de cables de alta tensión.

(07/03/1998 – Diario de Sesiones – Honorable Cámara de Senadores de la Provincia de Buenos Aires)

Finalmente, en su intervención, el senador Díaz Bancalari (del Partido Justicialista) trató de defender la ley, pero a la vez, de restar peso a las implicancias de la intervención del senador Florio, lo que dio por resultado una confusa referencia a la memoria completa, y a la necesidad de recordar también el clima de época que hizo posible el golpe, la deslegitimación de la democracia producida por los comunicadores y la confusión en que había caído la militancia juvenil al desconfiar de los partidos políticos como canales legítimos de participación.

El texto de la ley tomaba distancia de las notas centrales de la "teoría de los dos demonios", que había sido el relato asumido por gran parte de la clase política. No pretendía "equilibrar" la denuncia de la "comisión sistemática de delitos aberrantes" con el reconocimiento de la violencia guerrillera, e inscribía esta denuncia en el concepto de "terrorismo de Estado". Tampoco confinaba la rememoración al quiebre político institucional, sino que ponía en el centro la cuestión de la represión sistemática. Si bien no hacía mención explícita a la identidad política de las víctimas, tampoco obturaba este posible reconocimiento: a diferencia de otras intervenciones de política pública, no había en el texto de la ley ninguna idea relacionada con la narrativa de la "víctima inocente".

Esta ley, sancionada unos pocos días antes del aniversario del golpe, estaba marcada por el clima de época, un giro característico del período posterior a 1996. El creciente rechazo social al cierre de la temática pretendido por el gobierno menemista fue acompañado del franco debilitamiento del frente militar que ya no estaba en condiciones de imponer sus términos al gobierno civil, aunque, por otra parte, podía tener por ganada la batalla judicial.

Sin embargo, en el período final del menemismo también se produjo la reapertura de causas judiciales para delitos que no habían sido encuadrados en las leyes de impunidad: sobre todo, las investigaciones sobre la apropiación de niños dieron continuidad al juzgamiento de los represores.

Entonces, más allá de la intención del gobierno de instalar un sentido social compartido que avalara los indultos sobre la base de la necesidad de reconciliación y olvido, a partir de 1996 se fue abriendo nuevamente una brecha en el discurso público, con un protagonismo renovado del movimiento de derechos humanos. En el ámbito educativo fue posible reconocer esta tensión: si por un lado en el currículum la temática fue absorbida por la coexistencia entre la perspectiva histórica (contenida en los CBC de Historia) que se centraba en la interrupción del orden institucional y la perspectiva de los derechos humanos (contenida en los CBC de Formación Ética y Ciudadana) que ponía el acento en las referencias internacionales; por otro lado distintos actores sociales y políticos buscaron reflejar en el ámbito escolar el nuevo impulso que cobraba la militancia contra la impunidad. Huella de esto último fue la ley bonaerense que estableció las actividades recordatorias del golpe, cuya enunciación resulta mucho más explícita en relación con el terrorismo de Estado que las formulaciones curriculares que habían sido casi contemporáneas.

Un mapa de narrativas en disputa por su transmisión

Entonces, ¿qué es lo que permite hablar de "narrativas" sobre la última dictadura militar? Podemos ver un movimiento convergente entre dos planos: por un lado, la unidad de intereses de un conjunto definido de actores que se juega en el posicionamiento acerca de la interpretación de un pasado (conflictivo) en particular; por el otro, un relato que funciona como argumento básico pero que va incorporando elementos a medida que se confronta contra otras interpretaciones posibles, en un espacio discursivo atravesado por relaciones de poder que hacen que algunos de esos relatos se vuelvan hegemónicos, otros oficiales y otros subterráneos (Pollak, 2006) o denegados (Da Silva Catela, 2010). Pero no es posible decir que una narrativa es la expresión directa y única de los intereses de un conjunto de actores, ni al revés, que es un relato coherente preformado que define a un actor o conjunto de actores.

Algo similar sucede con la transmisión de esas narrativas. La transmisión es histórica, lo que quiere decir que se producen cambios en su dinámica, en su grado de institucionalización y en su distancia respecto de los acontecimientos que dan lugar a sus contenidos. Esto genera un mapa complejo: actores, narrativas y modos de transmisión se intersectan en una configuración que varía históricamente, producto de balances cambiantes en las relaciones de poder.

La narrativa de la "guerra sucia" fue elaborada con sentidos previamente instalados en las representaciones sociales acerca de la debilidad del régimen político (la democracia recuperada en 1973 y los conflictos internos del peronismo), y la confrontación entre "subversión" y "antisubversión". Estos sentidos no fueron una elaboración original del gobierno militar sino que se produjeron en el seno de las confrontaciones entre diversos actores políticos entre 1973 y 1976, con un fuerte protagonismo del propio peronismo. En tanto narrativa, fue ganando sofisticación. Al menos en su expresión en el ámbito educativo durante la dictadura, la narrativa de la "guerra" no contenía menciones explícitas al carácter "irregular", "sucio" o "clandestino", sino que presentaba el argumento de un modo de vida, valores y tradiciones nacionales amenazados por un enemigo externo (la "agresión marxista internacional"), que finalmente resultaría derrotada por las Fuerzas Armadas con el apoyo de la sociedad. Cuando las desapariciones, torturas y asesinatos resultaron inocultables, esta misma narrativa incorporó la afirmación de que en una guerra irregular resultaba inevitable que se cometan "errores y excesos" por parte de las fuerzas del Estado.

Esta narrativa se difundió por el sistema educativo (especialmente en la educación secundaria) a través de una intervención curricular que reemplazó la materia Estudios de la Realidad Social Argentina (ERSA) por Formación Cívica primero, y Formación Moral y Cívica después, y que instaló la idea de valores esenciales y de una tradición nacional amenazada; esta intervención curricular también implicó la formulación de contenidos de Historia en los que se presentaba al gobierno militar como la respuesta necesaria a la agresión marxista; finalmente, esta intervención curricular se complementó con la producción de materiales específicos, entre los que resultan emblemáticos los folletos "Subversión en el ámbito educativo" y "Marxismo y Educación", pero también la producción editorial destinada al uso escolar durante el período.

Con el final del gobierno militar y durante el gobierno de Raúl Alfonsín, se produjo una multiplicación de las memorias en disputa y una pluralización de los actores portadores de esas memorias, con la legitimidad suficiente para intervenir en la enunciación escolar. Entre diciembre de 1983 y los primeros meses de 1984 tomaron estado público distintos relatos que confrontaban con la narrativa de la "guerra sucia". La "teoría de los dos demonios", expresada en los decretos de juzgamiento de diciembre de 1983 y más tarde en las declaraciones de Antonio Troccoli (Ministro del Interior), sostenía que la represión había sido la respuesta a una violencia simétrica que la antecedió, cuyos responsables fueron las organizaciones guerrilleras. Para este relato, la "sociedad" fue testigo y víctima de la confrontación de esos dos demonios extremistas.

Por otro lado, ya desde el informe de la CONADEP, se pudo ver en circulación otro relato. Según éste, la identidad política de las víctimas de la represión no debía ser tomada como un dato relevante al momento de explicar lo acontecido. Otras marcas de identidad (particularmente su edad, su juventud) habían sido definitorias. Esto dio lugar a relatos que han sido caracterizados como la narrativa de la "víctima inocente", que explicaba especialmente el funcionamiento del aparato represivo que hizo víctimas a jóvenes estudiantes. El caso paradigmático de esta narrativa estuvo contenido en el relato en múltiples soportes de la "Noche de los Lápices".

Desde el punto de vista de su circulación en el espacio educativo, durante el gobierno de Alfonsín se produjo la coexistencia (y previsiblemente la confrontación, aunque no disponemos de estudios sobre la recepción) de estas narrativas. La narrativa de la "guerra sucia" tuvo una presencia inercial: si bien en el espacio público se transformó en una memoria cuestionada (en vías de constituirse en una memoria denegada), en el ámbito escolar fue sostenida por docentes identificados con el Proceso que continuaron en sus cargos después de la salida del gobierno militar, por estudiantes que compartían estos discursos en circulación en las familias y otros espacios, e incluso por los libros de texto cuyas modificaciones en el tratamiento de este tema demoraron hasta fines de la década de 1980 y fueron muy acotados.

La "teoría de los dos demonios" fue habilitada por el formalismo adoptado en los lineamientos curriculares. Si bien no tuvo una traducción lineal, en la inmediata posdictadura los programas de Educación Cívica y de Historia parecen ir en la línea de una sociedad interesada en recuperar la institucionalidad, después de haber sido testigo y víctima de una violencia simétrica.

En cuanto a la narrativa de la "víctima inocente", su enunciación en el ámbito escolar se produjo sobre todo por la vía del movimiento estudiantil. La rehabilitación de los centros de estudiantes y la fuerte identificación de los militantes estudiantiles con el relato de la "Noche de los Lápices" confluyeron en su instalación en el contexto escolar, al punto de que en 1988 la Legislatura de la Provincia de Buenos Aires reconoció el 16 de septiembre como una fecha de recordación oficial sobre la base de este relato.

Por otra parte, las políticas educativas analizadas no pueden ser conceptualizadas plenamente como "políticas de memoria", ya que su objetivo no siempre fue el de proponer, imponer, dar circulación o transmitir una narrativa específica sobre el pasado dictatorial. En cambio, lo que reúne a todas estas políticas es que inciden sobre la correlación de fuerzas de los actores y los relatos de un conjunto de memorias en disputa en el espacio escolar, produciendo un efecto de encuadramiento más fuerte en el período de la dictadura, y más abierto en la etapa posterior. Así, por ejemplo, la habilitación para la creación de centros de estudiantes en 1984 no fue en sí misma una política de memoria, pero permitió que los sujetos portadores y promotores de una narrativa específica (en este caso, el movimiento estudiantil secundario de la década de 1980) expresara con legitimidad una narrativa sobre la dictadura que, de otro modo, posiblemente se hubiera constituido en una "memoria subterránea" en los términos de Pollak (2006).

En paralelo a esta pluralización de las memorias y de los actores con legitimidad para sostenerlas, se produjo un retroceso en el plano judicial. Si el gobierno de Alfonsín se había mostrado decidido en el temprano juzgamiento a las Juntas, el poder remanente de las Fuerzas Armadas se volvió evidente cuando logró que el gobierno impulsara las leyes de Punto Final y Obediencia Debida.

Este retroceso se completó durante la primera presidencia de Carlos Menem, quien a pocos meses de asumir, firmó los decretos de indulto con los que consolidaba la impunidad. Los indultos fueron acompañados de una retórica de la "reconciliación" que ya había sido enunciada durante la campaña electoral: el menemismo se presentó a sí mismo como el actor político que había logrado la reconciliación de unitarios y federales (con la repatriación de los restos de Rosas y su inclusión en el billete de 20 pesos), la reconciliación entre peronistas y antiperonistas (con su visita a Isaac Rojas) y finalmente, la reconciliación entre los "dos demonios".

El virtual agotamiento de la vía judicial y el desplazamiento de los temas de la consideración pública dieron lugar al repliegue de los organismos de derechos humanos. Si bien siguieron con su lucha, debieron militar contra un discurso oficial de reconciliación y olvido, contando con menos visibilidad.

Junto con esta correlación de fuerzas en el campo de las memorias, la política educativa del menemismo produjo una reforma estructural del sistema educativo con una fuerte impronta tecnocrática. En lugar de las ambiciones de amplia participación que había exhibido el temprano alfonsinismo, la prioridad del menemismo estuvo puesta en la eficacia y la irreversibilidad de las reformas, poniendo en manos de especialistas y técnicos las decisiones cruciales de la política educativa.

Esto hizo que, frente a la multiplicación de actores y narrativas, la reforma educativa se caracterizara por una formalización de las referencias a los "derechos humanos" y un sesgo fuertemente institucionalista en el tratamiento de la historia reciente. Además de que el campo curricular, centrado en las producciones especializadas, produjera un relativo cierre del espacio de enunciación (con la virtual ausencia de las voces de los organismos de derechos humanos, los sindicatos, el movimiento estudiantil, etc.)

Sin embargo, entre 1995 y 1996 se produjo un punto de inflexión, tanto en la circulación pública de las memorias como en las dinámicas de su transmisión. El quiebre del pacto de silencio con las declaraciones de Scilingo en las que confesaba haber participado de los vuelos de la muerte, el amplio apoyo popular en la conmemoración de los veinte años del golpe de Estado y la aparición pública de la organización H.I.J.O.S., pusieron en tela de juicio el argumento de la "reconciliación" y la idea de que el rol de las instituciones –entre ellas la escuela– fuera consolidar la paz social y política sobre la base del olvido y el perdón.

Esta brecha abierta en el espacio público se expresó paulatinamente en el ámbito educativo. En la provincia de Buenos Aires, la Legislatura sancionó en 1996 una ley estableciendo la fecha del 24 de marzo como de recordatorio obligatorio del golpe y del terrorismo de Estado.

El fin de siglo dejaba un panorama complejo. Desde el punto de vista de las políticas oficiales, la tendencia predominante era la de transmitir una visión del pasado dictatorial como un período de quiebre institucional, con un énfasis en la superación de la confrontación política de la que no se ofrecían demasiados detalles. Esto era compatible con una memoria oficial relacionada con las nociones de "reconciliación" y "olvido", que tendía a restar importancia a cualquier intención de esclarecer o reabrir la consideración pública del período.

Sin embargo, después de una etapa de repliegue, los actores que sostenían otras memorias habían retomado la iniciativa. Tanto los tradicionales organismos de derechos humanos como la nueva militancia política y estudiantil y la organización H.I.J.O.S., con su específica identidad, impidieron que se consolidara el cierre político y simbólico pretendido por el menemismo en torno de la noción de "reconciliación". Si la vía judicial parecía trabada, el espacio social se mostraba cada vez más propicio para ganar apoyos.

Aunque carecemos de estudios en profundidad acerca de la circulación de estas memorias no oficiales en el ámbito educativo durante este período, lo cierto es que algunos de los actores con mayor presencia en las confrontaciones por la memoria eran también actores educativos: agrupaciones estudiantiles, sindicatos docentes, intelectuales e investigadores.

En el cambio de siglo se produjo una revitalización de las confrontaciones por las memorias de la dictadura y, simultáneamente, una recuperación del sistema educativo como arena de disputa.

Capítulo 4

Políticas educativas de memoria (2000-2013)

La fractura de la impunidad: los Juicios por la Verdad y el Día de la Memoria por la Verdad y la Justicia

Como vimos en los capítulos anteriores, la transmisión de las memorias sobre la dictadura ocurre en el espacio social bajo múltiples formas. Las escuelas son ámbitos en los que esta transmisión se produce en tensión con las reglas de juego de las políticas educativas, reglas que son tanto explícitas como implícitas, y en función de expectativas sociales sobre lo que debería ocurrir en ellas. Una parte de esas reglas está explicitada en los documentos de las políticas educativas, tanto en el currículum como en los programas y otras prescripciones.

El período que se abrió con el gobierno de la Alianza (1999-2001) trajo consigo una multiplicación de políticas y definiciones de los agentes estatales sobre el pasado dictatorial. Qué transmitir, cómo hacerlo, quiénes son las voces autorizadas, qué lugar deben ocupar los jóvenes en este proceso, son todas preguntas que atravesaron las políticas del período e hicieron del Estado una arena de intensa disputa por las formas de la transmisión.

A partir del cambio de siglo, la revitalización del movimiento de derechos humanos abrió una brecha en las políticas de impunidad y logró la reapertura de la vía judicial para el tratamiento de los crímenes de la dictadura; primero con los Juicios por la Verdad[1] y luego con la derogación de los indultos y de las leyes de Obediencia Debida y Punto Final.

---

1. A partir de los casos "Aguiar de Lapacó" y "Urteaga", se reconoció el derecho a saber la verdad de lo sucedido y a poner a disposición de la Justicia los casos en los que hubo delitos que no estaban comprendidos por las leyes de Obediencia Debida, Punto Final y los indultos (intervención de civiles, robo de bebés, etc.). Esto permitió que se iniciaran los "Juicios por la Verdad" que son procesos declarativos, de competencia federal, en los que se trata de ejercer la memoria colectiva y la memoria individual con el fin de reconstruir hechos históricos. Estos juicios comenzaron a tramitarse a fines de la década de 1990 y se

A partir de 2003, el gobierno nacional asumió un discurso público que otorgó una fuerte legitimidad a la continuidad de los juicios con consecuencias penales para los responsables de los delitos de lesa humanidad. Esta orientación general de las políticas estatales (que no estuvo exenta de contradicciones y retrocesos) fue el marco de políticas educativas, curriculares y de enseñanza que abordaron la temática de las memorias de la dictadura funcionando como un sistema de reglas y normas en relación con las cuales se posicionaron los actores escolares en los procesos concretos de transmisión.

Ya desde la segunda presidencia de Menem, el plano judicial había mostrado grietas en la estrategia de impunidad demandada por sectores militares y concedida por el gobierno. En 1998 los diputados Juan Pablo Cafiero y Alfredo Bravo presentaron un proyecto para la anulación de las leyes de Obediencia Debida y Punto Final. El Congreso rechazó esta anulación y solo procedió a su derogación, que al no tener efectos retroactivos, no tenía consecuencias reales sobre las causas. Sin embargo, esta presentación ponía en cuestión el cierre que el gobierno menemista había querido darle a la vía judicial para el tratamiento de los crímenes de la dictadura (Canelo, 2011).

Ese mismo año, los diputados Mario Cafiero y Marcelo López Arias presentaron un proyecto de "Ley de la Verdad", que establecía el derecho de cualquier ciudadano a conocer la verdad sobre la desaparición forzada de personas y el destino de los desaparecidos. Además, existía un conjunto de causas que no habían sido comprendidas por las leyes de Obediencia Debida y Punto Final (fundamentalmente el robo de bebés y de las propiedades de los desaparecidos), que involucraban no solo a militares de rango menor sino también a miembros de la oficialidad que habían sido indultados.

Finalmente, el 15 de octubre de 1998, en un fallo sobre el caso Urteaga (en el que el hermano de un desaparecido solicitaba, mediante un recurso de *habeas data*, conocer la verdad sobre la desaparición de su hermano) la Corte Suprema reconoció el derecho del apelante a disponer de la información requerida, por lo cual debían librarse los oficios a las correspondientes dependencias del Estado para que se garantizase el acceso a la información. Este fallo sentó jurisprudencia para la puesta en

---

pusieron en marcha a partir del año 2000. En principio, sus consecuencias penales debían determinarse en juicios derivados, y solo podían comprender a los delitos que no hubieran sido incluidos en los indultos o que no fueran contemplados por las leyes de Punto Final y Obediencia Debida. Sin embargo, mientras varios Juicios por la Verdad se estaban llevando a cabo, se derogaron estas leyes y se amplió el valor penal de las pruebas y los testimonios (Portela, 2005).

MARTÍN R. LEGARRALDE

marcha de los "Juicios por la Verdad", que no tenían consecuencias penales directas pero mantenían abierta la vía judicial con la intención de precisar información sobre el destino de los desaparecidos (CSJN, 2009: 114 y ss).

El clima social en relación con el pasado dictatorial había cambiado, y la revitalización de los juicios era síntoma de ello. Los organismos de derechos humanos reactivaron su labor en relación con las causas abiertas, y diferenciaron sus posiciones: un sector acentuó su acción en el plano institucional y se integró a redes internacionales, profesionalizando su perfil en el plano de la acción judicial y comunicacional (por ejemplo el CELS); otro sector enfocó su acción en los objetivos específicos del propio organismo, matizando las posiciones políticamente más desafiantes (como en el caso de Abuelas, Madres Línea Fundadora o la APDH); y un tercer sector profundizó la radicalización de sus posiciones políticas y sus vínculos con partidos de izquierda, haciendo uso de nuevas prácticas políticas (este fue el caso del sector de Madres de Plaza de Mayo liderado por Hebe de Bonafini y la agrupación H.I.J.O.S.) (Jelín, 2005: 550).

La crisis social y política de 2001 marcó un nuevo punto de inflexión en la agenda de los derechos humanos. Las movilizaciones populares en reclamo frente a la crisis fueron duramente reprimidas por las fuerzas de seguridad. En plena debacle institucional, los grandes medios de comunicación,[2] las agencias estatales y los funcionarios judiciales trabajaron para lograr la impunidad de los asesinatos cometidos en la represión a esas movilizaciones. Esta situación reactivó los vínculos entre la acción específica de los organismos de derechos humanos (en torno de las demandas de justicia por los crímenes de la dictadura) y el clima social de lucha contra la impunidad en el presente.

En este contexto el Congreso sancionó en agosto de 2002 la Ley N° 25.633, que instituye el día 24 de marzo como el "Día Nacional de la Memoria, por la Verdad y la Justicia". Entre otras especificaciones, esta ley indica al Consejo Federal de Educación y al Ministerio de Educación de la Nación que deberán acordar la inclusión en los calendarios escolares de jornadas alusivas a este "Día Nacional" para consolidar la memoria colectiva de la sociedad, generar sentimientos opuestos a todo tipo de autoritarismo y auspiciar la defensa permanente del estado de derecho y la plena vigencia de los derechos humanos.

---

2. Un caso emblemático es el conocido tratamiento dado por el diario *Clarín* a los asesinatos perpetrados por las fuerzas policiales en la represión a las manifestaciones de junio de 2002, continuando una posición que el diario había tenido durante todo el contexto de la crisis. Para un análisis de la línea editorial de los grandes medios en relación con la represión, y en especial del diario *Clarín*, véase el documental: "La crisis causó dos nuevas muertes" (Escobar y Finarvb, 2006).

El proyecto de ley tuvo un tratamiento somero en la Cámara de Diputados y fue aprobado sin modificaciones por el Senado. En Diputados, la presentación del proyecto es muestra elocuente del cambio en las referencias al abordaje de la dictadura. El diputado Eduardo Macaluse (del ARI) fundamentaba el proyecto de este modo:

> El 24 de marzo de 1976 se produjo un brutal golpe de Estado que sumió al país en una dictadura que duró ocho años y cuyo objetivo fue modificar de modo sustancial la organización del Estado y permitir una transferencia de ingresos de los sectores asalariados a los grupos más concentrados, como no se había visto en nuestro país.
>
> Es conveniente instituir un Día de la Memoria porque no sólo pretendemos que nuestros hijos sepan qué pasó sino también por qué sucedió.
>
> Muchas veces se denuesta con justicia a los responsables del genocidio, que fueron el brazo armado de esta dictadura, pero lamentablemente no siempre se recuerda a sus autores ideológicos, que fueron empresarios y profesionales orgánicos de ese sistema. Por supuesto, tampoco podemos obviar mencionar las responsabilidades de los Estados Unidos en ese golpe, tal como lo demuestran documentos que han sido desclasificados en ese país.
>
> Queremos que el 24 de marzo se recuerde no sólo como el Día de la Memoria sino que sea una jornada para que el conjunto de la sociedad reflexione y busque la verdad y la justicia por medio de la lucha. En nuestra opinión, plantear el 24 de marzo como día de la memoria es ejercitar meramente un ritual, por lo que pensamos que también debe constituirse en un espacio para que la sociedad entera procure con todas sus fuerzas organizadas que se conozca la verdad de lo acontecido y, fundamentalmente, que se castigue a los culpables. Creemos que ese es el verdadero ejercicio responsable y consecuente de la memoria. (17/04/2002 - Diputado Eduardo Macaluse - Honorable Cámara de Diputados de la Nación - Diario de sesiones)

La presentación de Macaluse recurría a nuevas referencias que no estaban presentes seis años antes, cuando se aprobó la ley que instituyó el 24 de marzo como conmemoración en el calendario escolar de la provincia de Buenos Aires. El diputado aludía a las responsabilidades civiles (en particular, de los poderes económicos), a los fundamentos económicos del golpe y la dictadura, y al papel de los Estados Unidos como promotor del golpe. Si bien la ley tuvo directa incidencia en el trabajo de las escuelas, Macaluse no hablaba sobre el papel de la educación. La única referencia próxima es la de que "pretendemos que nuestros hijos sepan qué pasó y por qué sucedió".

Por otra parte, la conexión de esta conmemoración con la revitalización de la vía judicial, fue enfatizada por la diputada Patricia Walsh (de la Izquierda Unida):

> Es verdad que en este país somos muchos los que tenemos memoria, los que exigimos la verdad y los que también reclamamos justicia. Nos parece justo llamar de este modo al 24 de marzo, sobre todo porque muchos en nuestro país seguimos reclamando juicio y castigo a los responsables del genocidio y la nulidad absoluta de las leyes de punto final y obediencia debida y de los decretos de indulto.
>
> Creemos que cuando la sociedad se expresa por la justicia y la verdad nos recuerda que está pendiente una deuda que el Congreso argentino algún día tendrá que pagar, y esa deuda solamente se pagará cuando logremos terminar con la impunidad mediante la nulidad de las normas que acabo de mencionar. (17/04/2002 – Diputada Patricia Walsh - Honorable Cámara de Diputados de la Nación – Diario de sesiones)

Para Walsh, la referencia al 24 de marzo como Día de la Memoria, por la Verdad y la Justicia debía ser enmarcada en las luchas por el juicio y castigo a los responsables del genocidio. Tampoco la diputada ponía a consideración las consecuencias específicamente educativas de la ley.

Finalmente, la ley resultó redactada de la siguiente forma:

Artículo 1 - Institúyese el 24 de marzo como Día Nacional de la Memoria por la Verdad y la Justicia en conmemoración de quienes resultaron víctimas del proceso iniciado en esa fecha del año 1976.

Artículo 2 - En el seno del Consejo Federal de Cultura y Educación, el Ministerio de Educación de la Nación y las autoridades educativas de las distintas jurisdicciones acordarán la inclusión en los respectivos calendarios escolares de jornadas alusivas al Día Nacional instituido por el artículo anterior, que consoliden la memoria colectiva de la sociedad, generen sentimientos opuestos a todo tipo de autoritarismo y auspicien la defensa permanente del Estado de Derecho y la plena vigencia de los Derechos Humanos.

Artículo 3 - Facúltase al Poder Ejecutivo nacional para disponer en los distintos ámbitos de su competencia la implementación de actividades específicas, en el mismo sentido que el dispuesto para la comunidad educativa en el artículo anterior de la presente ley.

A diferencia de lo que podemos ver en la ley provincial de 1996, esta otra establecía que el Consejo Federal de Educación debía disponer la inclusión de la conmemoración en los calendarios escolares. No estipulaba el tipo de actividades o contenidos a desarrollar, sino un objetivo que deberían cumplir: consolidar la memoria colectiva de la sociedad, generar sentimientos opuestos al autoritarismo y auspiciar la defensa del estado de derecho y los derechos humanos.

Una vez más, la conmemoración pública se materializaba en una intervención sobre las regulaciones escolares, marcando a las escuelas como un lugar de concreción de los rituales colectivos.

Los aniversarios del golpe y los programas educativos

Después de la transferencia de servicios educativos de 1992[3] y de la sanción de la Ley Federal de Educación en 1993, se volvió frecuente un tipo de intervención del Ministerio de Educación de la Nación en la labor de las escuelas, con una baja intensidad y con la mediación (colaboradora u obstaculizadora) de las gestiones educativas provinciales.

Si bien se ha señalado que frente a la descentralización el gobierno nacional contó con una serie de herramientas de "recentralización" (como la evaluación, la capacitación, la definición de los CBC, entre otros) (Tiramonti, 2001), entre los funcionarios nacionales se consolidó una imagen acerca de la baja incidencia de las decisiones y las políticas nacionales en la vida cotidiana de las escuelas. De acuerdo con esta imagen, las gestiones provinciales y las burocracias educativas frenaban o desvirtuaban las políticas emanadas del nivel central.

Para contrarrestar esta situación, algunas políticas educativas nacionales tomaron la forma de "programas" establecidos por resolución ministerial, cuya incidencia en las provincias era acordada por el Consejo Federal de Educación.[4] Al cumplirse 25 años del golpe militar, el Ministerio de Educación de la Nación propuso para su aprobación por el Consejo Federal, un programa destinado a abordar la temática en las escuelas. Por una resolución de febrero de 2001 se lanzó un concurso nacional de ensayos denominado "La dictadura militar. Veinticinco años después",

---

3. En el año 1992, una ley transfirió las escuelas secundarias y los institutos de nivel superior que dependían del gobierno nacional a las provincias, completando una descentralización del sistema educativo que había comenzado con la transferencia de escuelas primarias en el año 1978. Esta medida anticipó la reforma educativa de 1993, depositando en cada provincia la responsabilidad por la gestión de todas las escuelas y la relación laboral con los docentes. Como contraparte, el Ministerio de Educación de la Nación dejó de tener escuelas a su cargo de manera directa.

4. Desde la transferencia de escuelas de 1992, el Consejo Federal de Educación se convirtió en un organismo muy importante porque allí se encuentran representadas todas las provincias a través de sus ministros de educación, y es el ámbito en el que se acuerda la implementación de políticas nacionales en las escuelas bajo su jurisdicción.

MARTÍN R. LEGARRALDE

dirigido a la participación de estudiantes de nivel Polimodal en todas las provincias.[5] La resolución establecía en sus considerandos:

> Que la Constitución Nacional y las declaraciones y los tratados internacionales de derechos humanos con jerarquía constitucional comprometen al Estado argentino y a la sociedad civil en la defensa del sistema democrático y el repudio de toda forma de autoritarismo;

> Que la Ley Federal de Educación establece que el sistema educativo deberá promover una formación basada en los valores de libertad, paz, solidaridad, tolerancia, igualdad y justicia;

> Que es importante mantener en la memoria colectiva hechos históricos y procesos sociales tales como los ocurridos durante la última dictadura militar mencionada, para que nunca más vuelva a cernirse sobre nuestra Nación el terrorismo de Estado y sus atroces consecuencias sobre los derechos humanos;

> Que la educación juega un papel primordial en la formación y el afianzamiento de valores como la tolerancia y el respeto por las diferencias, la pluralidad y la conciencia ciudadana, todos pilares de la convivencia democrática;

> Que una de las formas en que la escuela puede promover la conmemoración de acontecimientos históricos es a través de la investigación, el análisis crítico y la interpretación de los hechos ocurridos, en este caso, durante la dictadura militar iniciada el 24 de marzo de 1976 y, de este modo, contribuir a confirmar el acuerdo básico de la sociedad argentina en relación con el respeto y la defensa de los derechos humanos y del sistema democrático;

> Que las conmemoraciones cívicas en el ámbito escolar constituyen una oportunidad singular para el análisis y la reflexión acerca de la vigencia de la democracia, la lucha contra el autoritarismo, el respeto por los derechos humanos y la defensa de la paz;

> Que el análisis crítico de los sucesos acaecidos durante la última dictadura militar está expresamente incluido en los Contenidos Básicos Comunes y los diseños curriculares provinciales, en particular aquellos de la escuela media (tercer ciclo de la EGB y Polimodal, o sus equivalentes).

Estos considerandos eran elocuentes en cuanto al marco en el que se inscribía el concurso: se trataba de promover una mirada sobre la dictadura a través de investigaciones de los alumnos, y se fundamentaba la iniciativa en las menciones ya incluidas en el currículum. El concurso presentaba una innovación frente al tratamiento que había recibido hasta allí la temática,

---

5. Resolución N° 160/00.

ya que habilitaba la palabra de los propios estudiantes para la producción de relatos y análisis críticos sobre la dictadura.

En esta propuesta se presentaron 1.073 trabajos individuales y colectivos, de distintos lugares del país. De acuerdo con un análisis desarrollado sobre las producciones, éstas compartían una serie de características que se podrían relacionar mayoritariamente con la "teoría de los dos demonios" y un solapamiento con la narrativa de la "víctima inocente" (Levín *et al.*, 2007).

Las monografías contenían en muchos casos metáforas para representar lo que, en los mismos textos, era considerado por los jóvenes como "irrepresentable". Estas metáforas resaltaban la situación de pasividad de la sociedad y su condición de víctima. También era frecuente que las monografías se refirieran con detalle en las situaciones de tortura, lo que podría relacionarse con la lectura predominante del informe *Nunca Más* en las escuelas, centrado en la descripción de las prácticas del sistema represivo, y al interés o curiosidad que despertaba en los adolescentes esta temática.

Por su parte, los estudiantes se identificaban con una imagen despolitizada de los militantes de los setenta. Cobraba centralidad en sus relatos el "idealismo" (planteado en términos de un "humanitarismo") pero no mencionaban las concepciones ideológicas ni las prácticas políticas de los militantes. Recordemos que este es un rasgo central de la narrativa de la "víctima inocente" –la despolitización de las víctimas– que se enunció en los tiempos de las primeras denuncias de los organismos de derechos humanos durante la dictadura, y que en aquel momento tuvo el sentido de contrarrestar los discursos que justificaban la represión en la identidad política de las víctimas.

En el mismo sentido, la referencia a los "derechos humanos", tal como aparecía en los trabajos presentados al concurso, borraba las diferencias de los contextos políticos. De esa manera, se equiparaban los proyectos políticos de los setenta con las de la transición a la democracia o las de la década de 1990. El reiterado contraste entre "democracia" y "dictadura" que se sostenía en las monografías, se basaba una idealización de la democracia que reducía las posibilidades de producir una mirada crítica sobre el presente. En síntesis, los trabajos presentados al concurso expresaban un desplazamiento de la comprensión histórica y la valoración política por el juicio moral a-histórico en la consideración de los acontecimientos (Levín *et al.*, 2007).

Los resultados de este concurso se publicaron en 2003, con la lógica demora producida por la crisis y caída del gobierno de la Alianza.[6]

Recién en 2006 es posible encontrar otra política educativa nacional de gran alcance referida a la temática. Durante la presidencia de Néstor Kirchner y al cumplirse un nuevo aniversario del golpe de Estado, el Ministerio de Educación de la Nación puso en marcha el proyecto "A 30 años", que exponía sus propuestas a través de un sitio web[7] en el que ponía a disposición de los lectores publicaciones, recursos digitales, una fotogalería, información sobre una convocatoria para la producción de monografías por parte de los estudiantes, información sobre un seminario internacional "Entre el pasado y el futuro. Los jóvenes y la transmisión de la experiencia argentina reciente", e información sobre un ciclo de reuniones regionales y locales preparatorias de dicho seminario.[8]

Los textos y documentos del proyecto presentaban un análisis sobre la interrupción de la vitalidad política y cultural de los años setenta producida por el golpe de Estado, con la particularidad de que inscribían el golpe en un contexto latinoamericano signado por dictaduras y gobiernos autoritarios. La presentación del proyecto aclaraba que no pretendía mostrar una imagen idealizada de la sociedad previa al golpe, ya que ésta se caracterizaba por una conflictividad motivada por las interrupciones institucionales (entre las que se mencionaban los golpes de Estado de 1955 y 1966). Sostenía que la situación fue diferente en las distintas provincias y señalaba que el golpe significó una interrupción de la riqueza de la trama social, agregando como referencia específica el concepto de "terrorismo de Estado", e incluyendo la responsabilidad de todos los actores sociales y políticos.

En este sentido, la narrativa enunciada por los documentos del proyecto "A 30 años" buscó recuperar una mayor complejidad en el análisis del período en comparación con narrativas anteriores, introduciendo algunas de las apreciaciones que habían tenido lugar en el campo de los historiadores, tales como la inscripción del golpe en una periodización de

6. La limitación de las políticas educativas para el abordaje de la temática durante el gobierno de Eduardo Duhalde deben ser interpretadas en el contexto de una política educativa nacional más centrada en generar reglas de distribución de recursos sobre la base de proyectos y programas formulados por las provincias, que por producir contenidos y proyectos propios del Ministerio nacional.

7. El sitio estuvo accesible hasta enero de 2016 cuando fue quitado del sitio del Ministerio de Educación de la Nación a pocas semanas de iniciado el gobierno de Macri.

8. De acuerdo con el equipo del Programa Educación y Memoria del Ministerio de Educación de la Nación, en este marco se conformó además una Red Nacional de Educación y Memoria en todas las provincias (véase: Adamoli, Farías y Flachsland, 2015).

la historia política argentina más larga, o el reconocimiento de la especificidad del terrorismo de Estado como característica de la etapa. Este es un dato que merece destacarse ya que las narrativas sobre la dictadura con mayor circulación en las etapas anteriores se centraban en explicar las características del período con referencia a las lógicas del propio período. La narrativa de la guerra sucia había caracterizado genéricamente a los años previos al golpe como el tiempo de la "agresión marxista internacional", y la "teoría de los dos demonios" como la etapa en la que se inició la violencia política de izquierda y de derecha. En el caso de la narrativa de la "víctima inocente" este rasgo se vio acentuado ya que la omisión de la identidad política de las víctimas se reforzaba con referencias acotadas o idealizadoras a los conflictos políticos previos al golpe de 1976 (por ejemplo, cuando se describía a los militantes que fueron víctimas de la represión como estudiantes que peleaban por el boleto escolar).

Entonces, el acento puesto en la excepcionalidad histórica de la dictadura para esas narrativas, conducía a desvincular los acontecimientos tanto de la trama de conflictos políticos precedente, como del contexto regional e internacional. La circulación de estas memorias en el espacio social, y también en los intercambios escolares, limitó la capacidad de la enseñanza de la historia del período, para promover una comprensión crítica de los acontecimientos, y eso puede verse en los ensayos presentados en el concurso de 2001.

En cambio, el giro propuesto por el proyecto "A 30 años", reponía en el plano de las memorias sociales en circulación, el reconocimiento de la historicidad de la dictadura, el modo en que los acontecimientos podían ser relacionados e inscriptos en las reacciones autoritarias frente a los procesos de radicalización política tanto en la Argentina como en otros países latinoamericanos.

A diferencia de la propuesta de 2001, en este caso ocuparon un lugar importante las voces de especialistas en la temática, que sostuvieron una posición de crítica reflexiva desde la historia sobre las memorias de la dictadura y que pertenecían a distintos campos disciplinares (la pedagogía, la historia de la educación, la historia, la antropología, entre otros). En contraste, la voz de los estudiantes tenía menor presencia en los documentos de presentación del proyecto. El foco estaba puesto en proponer una perspectiva que la gestión educativa consideraba relevante y en diseminarla a través de distintos soportes, como textos de especialistas, filmes, imágenes o canciones.[9] Otra diferencia saliente entre el

---

9. De acuerdo con lo que informa el equipo del Programa, en el período 2006-2015 "diez convocatorias permitieron en estos años que casi 45 mil estudiantes, junto a otros tantos

MARTÍN R. LEGARRALDE

proyecto de 2001 y el de 2006 es que este último no estuvo destinado prioritariamente a estudiantes secundarios sino a docentes en ejercicio o docentes en formación, quienes a su vez podían retomar los materiales, contenidos y propuestas para generar distintas iniciativas en el aula.

Una producción destacada del proyecto "A 30 años" fue el libro editado por el Ministerio de Educación, titulado *Treinta ejercicios de memoria*, como un material destinado a escuelas y docentes. El libro comenzaba explicando la necesidad de la memoria para evitar que se repitiera "la barbarie" que instaló la última dictadura militar y señalaba la conexión entre la toma de posición sobre el pasado y la construcción de una sociedad más justa en el presente. Se componía de treinta testimonios de personalidades de la cultura, el arte y el campo académico, que se esperaba que fueran disparadores para el trabajo entre docentes y estudiantes.

El libro también se presentaba como una representación de distintas memorias, en el marco de los principios del sistema democrático y del pluralismo. Es decir que buscaba deliberadamente los contrastes entre distintas memorias. La idea de la pluralidad de voces se enunciaba también en referencia a la complejidad de los contenidos de las memorias, por ejemplo, en el reconocimiento de las prácticas políticas previas al golpe, incluida la acción armada, la complicidad civil y la pasividad social frente al golpe, entre otros aspectos. Podemos ver aquí una complejización de las temáticas que se relacionan con el golpe de Estado y la dictadura, sobre todo por el énfasis puesto en que la comprensión del período exige tener presentes las condiciones que hicieron posible el golpe. El libro incluía sugerencias para su abordaje en el aula consistentes en ejemplos de actividades, tales como el tipo de preguntas con las que se podría interrogar a los textos, la realización de contrastes entre ellos, etc.

Una comparación entre los proyectos de 2001 y 2006 pone en evidencia un cambio en las estrategias, los contenidos y los objetivos de las políticas oficiales de memoria en el sistema educativo. En 2001 la opción adoptada por la gestión educativa de la Alianza fue desarrollar un proyecto que insumiera pocos recursos, con un posicionamiento definido por el marco normativo pero que se ceñía al reconocimiento de un "deber de memoria" y ponía en el centro la necesidad de tematizar el terrorismo de Estado. Desde el punto de vista de la estrategia definida por el proyecto, básicamente consistía en una instancia de producción de los estudiantes, aunque el programa no contemplaba un dispositivo desarrollado para promover, acompañar y orientar tal producción.

---

docentes, se preguntaran por las marcas regionales y generacionales del pasado reciente" (Adamoli, Farías y Flachsland, 2015: 232).

En 2006, en cambio, la iniciativa del Ministerio de Educación de la gestión kirchnerista propuso un proyecto más complejo, con mayor cantidad de recursos a disposición y con un discurso más enriquecido acerca del pasado reciente. Incluyó la tematización no solo del golpe y el terrorismo de Estado sino también una caracterización de la sociedad y la política argentina en los años previos al golpe, las rupturas y continuidades que se produjeron en la transición a la democracia e incluso una conexión conceptual entre la discusión sobre la dictadura y el abordaje de los derechos humanos en el presente.

Si consideramos las estrategias propuestas por el programa, vemos que esa complejidad se sostuvo en un discurso mucho más abundante, abarcador de diferentes planos y temáticas, más plural, pero también más orientador de las reflexiones que se esperaban de los alumnos. Es decir, se trataba de un proyecto que proponía coordenadas más densas para el abordaje del pasado reciente.

Sin dudas, este cambio tanto en la forma como en el contenido de las políticas debe interpretarse en relación con las transformaciones producidas en el contexto histórico y político. En 2001, la Alianza había definido en muchos planos una continuidad más o menos estable de la etapa neoliberal de 1989 a 1999. En la política educativa, la Alianza continuó con la implementación de la Ley Federal de Educación de 1993 y produjo una reorientación centrada en algunos aspectos como la capacitación docente o la producción curricular, pero dentro del marco definido por la LFE. Las restricciones presupuestarias quizás expliquen que el programa de 2001 no haya tenido otra envergadura, pero también es de destacar que los ejes que se propusieron para interpretar el pasado se limitaban a una mención del terrorismo de Estado y a la interrupción del orden institucional.

Por su parte, el proyecto de 2006 debe ser analizado en el contexto de la política educativa del kirchnerismo. En el mismo año en que se puso en marcha el proyecto "A 30 años", se sancionó la Ley de Educación Nacional (LEN) que cerró el ciclo iniciado con la Ley Federal. Además, desde el punto de vista de las políticas estatales de memoria, el gobierno de Néstor Kirchner promovió una presencia mucho más intensa del Estado en relación con la temática, tanto en el plano simbólico como en las políticas de reparación y de justicia.[10]

---

10. En relación con las políticas de memoria de los gobiernos kirchneristas existen polémicas y debates, tanto académicos como políticos, que exceden el marco de este libro. Aquí partimos del reconocimiento de una mayor presencia en el espacio público y en la acción estatal de los temas relacionados con las memorias de la dictadura, así como de iniciativas tendientes

MARTÍN R. LEGARRALDE

Entre los proyectos de 2001 y 2006, entonces, no solo se produjo un cambio en términos de la capacidad de las agencias estatales para disponer de una mayor cantidad de recursos para la implementación de sus políticas (lo que, en principio, podría explicar la mayor envergadura del programa de 2006 frente al de 2001), sino que también cobró otros contenidos y otra intensidad la memoria oficial.[11]

Otro aspecto que resulta de la comparación entre ambos proyectos es la tensión entre un discurso público limitado y acotado a la enunciación de ciertos consensos, pero que por lo mismo parece habilitar un campo de enunciación más amplio por parte de los actores sociales (en especial, los alumnos), y un discurso público más denso, que aborda más cantidad de temáticas y que trata de problematizar, pero que lo hace fundamentalmente desde la lógica de ciertos actores expertos (académicos, intelectuales, artistas, militantes de los organismos de derechos humanos).[12]

Un programa con la voz de los jóvenes

En las escuelas secundarias de la provincia de Buenos Aires tuvo una incidencia creciente la propuesta de la Comisión Provincial por la Memoria, el Programa Jóvenes y Memoria, que desde el año 2001 ha

a la revitalización de la vía judicial para la condena de los responsables de los crímenes de la dictadura.

11. Otro señalamiento del equipo responsable del Programa Educación y Memoria del Ministerio de Educación de la Nación, tiene que ver con el volumen y diversidad del material producido a partir del Programa: "...el Programa produjo más de cuarenta publicaciones entre libros, revistas, afiches, cuadernillos para trabajar en el aula, dípticos y folletos, que fueron distribuidos en todas las escuelas para los distintos niveles educativos y también en múltiples instancias de formación docente. De los 90 millones de libros distribuidos en la última década por el Ministerio, una buena parte estuvo vinculada a temas de memoria y 3.800.000 fueron producidos desde el Programa. También desde este espacio colaboramos en el guión de algunas producciones para Canal Encuentro y la TV Pública" (Adamoli, Farías y Flachsland, 2015: 233).

12. Esta no es una tensión necesaria, pero así parece planteada en el contraste entre los proyectos de 2001 y 2006. En el primer caso, los agentes oficiales producen un discurso limitado y sólo referido a los consensos centrales, mientras que no se pronuncia sobre un conjunto de dimensiones problemáticas en relación con la última dictadura. En paralelo, ponen en marcha un dispositivo muy abierto a la expresión de los alumnos, aunque esto pueda tener como resultado que se expresen y se refuercen las memorias entonces hegemónicas en el espacio social. En el segundo caso, los agentes estatales producen enunciaciones mucho más complejas y problematizadoras, abordan temáticas polémicas asociadas con la dictadura (como la lucha armada de las organizaciones revolucionarias o las complicidades civiles con el golpe). De acuerdo con lo expresado por los responsables del Programa iniciado en 2006, a partir de la publicación *Pensar la democracia. Treinta ejercicios producidos en las aulas argentinas*, de 2015, se incluyó de manera central la voz de los estudiantes (Adamoli, Farías y Flachsland, 2015: 239).

impulsado el abordaje de la temática de la última dictadura militar entre los estudiantes secundarios.

En 1999 la Cámara de Diputados de la provincia de Buenos Aires creó la Comisión Provincial por la Memoria. En los considerandos de la resolución legislativa, se decía "Que ha llegado el momento de trabajar en la verdad y la justicia, de construir lecciones y legados, de transformar la destrucción masiva en conclusiones que puedan ayudar a las nuevas generaciones a encontrar nuevos caminos".

En el mismo tono, la resolución se pronunciaba sobre una concepción de la memoria: "Que es necesario mantener viva la historia de la memoria, que la identidad de un pueblo se fundamenta cuando recuerda su pasado, y esa memoria colectiva no es la suma de memorias individuales sino que tiene identidad propia". Incluía además, una función centralmente educativa para la Comisión: "Que el accionar de dicha Comisión Provincial estará destinado a mantener viva nuestra historia en la memoria de los bonaerenses y contribuir a la educación y difusión de este tema para que nunca más se repitan hechos de esta naturaleza, a través de un Sitial de Memoria".

La resolución debe leerse en el marco del mismo clima social que produjo la reapertura de la vía judicial con los Juicios por la Verdad. El cambio de finales de la década del noventa permitía a algunos actores pensar en el campo de las memorias de la dictadura como un ámbito de intervención de la política pública, pero la Legislatura provincial no puso estas políticas bajo la órbita del Poder Ejecutivo, sino que creó un organismo público autónomo. Al año siguiente, la resolución legislativa fue ratificada por ley,[13] estableciendo entre los objetivos de la Comisión:

> a) Contribuir a mantener viva la historia reciente de nuestro país en la memoria de los bonaerenses y a transmitir a las futuras generaciones las lecciones y legados de esas épocas. (...)

> c) Contribuir a la educación y difusión de este tema, diseñar contenidos curriculares para la enseñanza básica y superior, y planes de divulgación en los medios de comunicación.

Tanto la resolución como la ley posterior, asociaban de manera directa el ejercicio de la memoria con su transmisión. Transmitir las memorias a las nuevas generaciones era el modo de mantenerlas vivas.

Desde su inicio, la Comisión sostuvo actividades destinadas al sistema educativo provincial. Puso en marcha un programa de capacitación para docentes del entonces nivel Polimodal de la provincia de Buenos Aires,

---

13. Ley provincial N° 12.483, modificada por la Ley N° 12.611.

MARTÍN R. LEGARRALDE

sobre el abordaje de temas de la historia argentina reciente. También, produjo materiales para el trabajo en el aula y en la escuela, publicados como *dossiers* con la revista *Puentes*, editada desde el año 2000.

Como parte de su propuesta educativa, en 2002 la Comisión lanzó el Programa Jóvenes y Memoria, que se ha mantenido en actividad hasta el presente. El programa está destinado a jóvenes de escuelas secundarias de la provincia de Buenos Aires a quienes se les propone realizar investigaciones en torno al eje "autoritarismo y democracia", en especial en el contexto de su localidad, a partir de temáticas que los propios jóvenes definen. El programa comenzó a funcionar en su primer año con la participación de 25 escuelas y en 2016 había llegado a convocar a 1.200 proyectos y a más de 20.000 jóvenes.[14]

Uno de los rasgos más destacables del programa es que propone que los jóvenes sean los sujetos productores de las memorias, en el sentido de que son sus preguntas las que dan lugar a las investigaciones, las indagaciones y a la formulación de miradas críticas sobre el pasado.[15]

La incidencia del programa en las escuelas secundarias de la provincia ha sido muy grande. Por un lado, la creciente participación de los grupos escolares es un dato que indica su difusión. A esto se agrega una permanencia y continuidad que ha atravesado distintas gestiones educativas tanto provinciales como nacionales. Por otra parte, el hecho de que se trate de una actividad de participación voluntaria, produce condiciones favorables para que los jóvenes se comprometan con las propuestas (tanto la formulación de proyectos, como la investigación y la elaboración de producciones, así como la participación en las instancias de intercambio que prevé el programa).

La actividad central que el programa propone es la realización de investigaciones, lo que le confiere a la propuesta una impronta distintiva en relación con otras propuestas educativas relacionadas con la temática. En este sentido, desde el primer año de desarrollo del programa, han

---

14. Si bien el núcleo de incidencia de este programa sigue estando en grupos escolares de la provincia de Buenos Aires, a medida que se fueron ampliando las convocatorias cada año, se incluyeron grupos de jóvenes organizados en torno a espacios no escolares (organizaciones políticas, sociales, barriales, etc.), así como la participación de grupos de otras provincias.

15. "El 'Programa Jóvenes y Memoria' se basa en algunas premisas de la llamada 'pedagogía crítica' que aspira a que la educación sea un espacio que desarrolle autonomía y autorreflexión crítica de nuestra propia acción. Esto requiere el pleno involucramiento de los sujetos que se están formando en el proceso de aprendizaje. La idea de un proceso pedagógico basado en proyectos grupales, cooperativos e interdisciplinarios, donde se busque la elaboración de un producto para hacerlo público, es una alternativa que aún no ha sido demasiado explorada aquí" (Raggio, 2002).

habido proyectos que generaron rupturas en relación con la idea de que la transmisión de la memoria es el pasaje de un legado controlado. En muchos casos, los alumnos han realizado investigaciones que han permitido romper consensos de silencio en las localidades e instituciones, e incluso han llegado a producir intervenciones sobre la vida de sus comunidades para visibilizar aspectos del pasado que habían sido silenciados u ocultados. Este es el caso relatado por Cerruti (2003) sobre el proyecto "Recordar sin temor", llevado a cabo por alumnos de la Escuela de Educación Técnica N° 1 de Coronel Pringles:

> "A nosotras nos estaban iniciando en un camino peligroso. Esta mujer ¿qué hacía? Repartía diarios, ¡justamente diarios! Yo les decía a las chicas, ¿a ustedes no les llama la atención? ¿cuándo vemos la Biblia nosotras? ¿qué catequesis estamos haciendo leyendo el diario? Ella nos hacía señalar trozos, leer entre líneas".

Siguen hablando.

> "Yo creo que hoy todavía esta gente sigue convencida de que las hermanas eran inocentes, que no pretendían hacer daño, no pretendían hacer nidos de zurdas ahí adentro. Yo estoy segura, convencida y digo que estoy tranquila, que ahí hubo algo. Nada más que el gobierno, el Estado más el Ejército actuaron para prevenir que esto fuera a mayores".

Ellas sienten que le hablan a la historia, que cuentan su verdad hacia el futuro, y tal vez sea cierto. Del otro lado de la mesa, las entrevistadoras son alumnas de la Escuela de Educación Técnica N° 1 de Coronel Pringles que, impulsadas y acompañadas por sus docentes, decidieron reconstruir la vida cotidiana durante la dictadura militar de su pueblo.

Este fragmento es ilustrativo de un tipo de producción de los alumnos participantes del programa.[16] En este caso, los alumnos entrevistaron como parte de su investigación a dos mujeres que habían sido alumnas de una escuela religiosa de la localidad y que relataban el episodio en el que ellas mismas habían delatado a las monjas que dictaban clase en la escuela, frente a la incitación del cura, responsable de la institución, quien a su

---

16. Cabe destacar que esta es una de las primeras producciones del programa. A medida que se produjeron nuevas convocatorias, tanto el equipo de coordinación del programa como los docentes participantes (muchos de los cuales repetían su participación coordinando nuevos grupos de estudiantes) profundizaron o adecuaron estrategias de trabajo. La impronta de muchos de los proyectos ha sido la de investigar el impacto del autoritarismo (en gran medida, en relación con la dictadura) en el ámbito local. Estas indagaciones tuvieron como consecuencia en muchas localidades, la ruptura de consensos de silencio y ocultamiento y, por lo tanto, dieron a los jóvenes que condujeron el proyecto, un fuerte protagonismo en la activación de las memorias locales, en ocasiones, con consecuencias políticas y judiciales concretas.

vez las entregó al Quinto Cuerpo del Ejército. Desde aquel momento las hermanas están desaparecidas.

Los temas y los proyectos propuestos y desarrollados por los estudiantes sobre el eje "autoritarismo y democracia" no siempre se refieren a la dictadura. En muchos casos, los alumnos deciden abordar temas que tienen que ver con el presente, con la violencia institucional, la violencia de género, la participación política, entre otras temáticas. Sin embargo, cuando los temas propuestos tienen que ver con la dictadura, desde el programa se insiste en que se aborde el impacto en el ámbito local, lo que conduce a los jóvenes a desarrollar investigaciones sobre aspectos muchas veces ocultos o silenciados en las instituciones o las comunidades.

Si bien se trata de una propuesta que no abarca a la totalidad de las escuelas secundarias de la provincia de Buenos Aires (aunque está a disposición de todas aquellas que se propongan participar), el Programa Jóvenes y Memoria ha tenido una presencia continuada y ha abarcado una gran cantidad de experiencias de transmisión. En particular, es destacable el hecho de que se trata de una propuesta que busca generar procesos de transmisión problematizando los vínculos, ya que los jóvenes no ocupan (al menos desde el diseño de la propuesta) el lugar de receptores de narrativas o relatos pre-constituidos, sino que se espera que tengan un papel activo en la producción de esos relatos.

Ubicado en el marco de las políticas de memoria producidas en el cambio de siglo, este programa nos permite visibilizar otra dimensión del problema de la transmisión de memorias, ya no referido a su contenido, sino al lugar de los sujetos en el proceso de transmisión.

Las memorias en las nuevas leyes de educación

La política educativa puesta en marcha por el Poder Ejecutivo Nacional desde 2003 fue presentada por el gobierno, como una ruptura con los moldes heredados de la década de 1990. En ese marco se sancionó la Ley de Educación Técnico-Profesional, con la intención de recuperar la educación técnica, afectada durante los noventa por la desindustrialización. También se sancionó la ley para garantizar los 180 días de clase al año y una ley que preveía un incremento de la inversión educativa consolidada de la Nación y las provincias hasta el año 2010.

El 15 de diciembre de 2006 la Cámara de Diputados aprobó la Ley N° 26.206, denominada Ley de Educación Nacional (LEN), con 133 votos a favor y 34 en contra. El proyecto impulsado por el oficialismo fue interpretado como el cierre de la etapa que se había iniciado con la Ley Federal de Educación (LFE) en 1993, pero también mostró sus propios avances: extendía la escolaridad obligatoria a 13 años y restablecía una estructura del sistema educativo organizada en los niveles primario y secundario.

La promulgación de la ley se produjo el 28 de diciembre de ese año, en el despacho del entonces presidente Néstor Kirchner, con el acompañamiento de su Ministro de Educación Daniel Filums y del secretario general de la Confederación de Trabajadores de la Educación de la República Argentina (CTERA), Hugo Yasky (*La Nación*, 28/12/2006).

Por esos días, Yasky expresaba que la nueva ley era la oportunidad de revertir una situación que asociaba exclusión social con exclusión educativa, y que desde la Ley Federal había conducido al fracaso y la desigualdad. Sostenía que "la mera sanción de una ley no garantiza por sí sola que los graves problemas del sistema educativo se empiecen a resolver. Pero no debe pasar inadvertido que relativizar esto muestra un solapado interés (...) en que todo siga igual" (*Página 12*, 14/12/2006).

Como ya hemos visto, la Ley Federal fue una norma clave en los cambios que se produjeron en el sistema educativo argentino durante la década de 1990, cambios que comenzaron con un diagnóstico de crisis aceptado por amplios sectores de la sociedad, aunque la naturaleza de los problemas y las soluciones propuestas fuera diferente y en ocasiones antagónica. La reforma educativa desplegada en torno a la Ley Federal incluyó la transferencia de servicios educativos de la nación a las provincias,[17] así como un cambio de estructura en ciclos y niveles que consagró y profundizó una fragmentación del sistema educativo nacional en sistemas educativos provinciales muy desiguales. También dio inicio al proceso de regulación curricular por etapas detallado en el capítulo anterior: primero se elaboraron contenidos básicos comunes (CBC) para los distintos niveles educativos y más tarde (con un cumplimiento desparejo) cada provincia debía formular diseños curriculares provinciales.[18]

---

17. En 1992 el gobierno nacional intentó hacer efectiva esta transferencia mediante su aceptación de hecho en el marco de la ley de presupuesto. Frente a la resistencia de las provincias, la transferencia se concretó con un mecanismo de acuerdos interjurisdiccionales. El gobierno nacional giraba a las provincias fondos para el financiamiento de las escuelas transferidas, que luego descontaba de los fondos coparticipables. De este modo, el financiamiento real de la transferencia terminó volcándose sobre los presupuestos provinciales (Álvarez, 2010).

18. Este procedimiento fue complementado y parcialmente modificado por el acuerdo del Consejo Federal de Educación que estableció la formulación de núcleos de aprendizaje prioritarios (NAP) a partir de 2004. Los NAP tuvieron como objetivo práctico superar una crítica recurrente a los CBC, que hacía foco en su carácter exhaustivo y en la imposibilidad de abarcarlos en su totalidad en la tarea habitual del aula. Si bien los NAP comenzaron a formularse en distintos acuerdos por nivel desde 2004, se trató de una definición que continuó desarrollándose una vez que se sancionó la Ley de Educación Nacional de 2006.

Frente a aquellas pautas establecidas por la Ley Federal, la nueva Ley de Educación Nacional ubicó en un lugar destacado la relación entre educación y derechos humanos. En su artículo 3° sostenía:

> La educación es una prioridad nacional y se constituye en política de Estado para construir una sociedad justa, reafirmar la soberanía e identidad nacional, profundizar el ejercicio de la ciudadanía democrática, respetar los derechos humanos y libertades fundamentales y fortalecer el desarrollo económico-social de la Nación.

En la definición de los fines y objetivos de la política educativa nacional, establecidos en el artículo 11°, no se hacía mención explícita al ejercicio de la memoria sobre la dictadura. La referencia al "respeto a los derechos humanos" no remitía a una situación o contexto histórico de interpretación de esta afirmación.

En sus siguientes capítulos, la Ley de Educación Nacional desarrollaba los objetivos y características de los distintos niveles educativos. En el nivel inicial no había menciones al trabajo sobre concepciones del pasado o su relación con algún tipo de abordaje de los derechos humanos. En el nivel primario, en cambio, se mencionaba la noción de ciudadanía (art. 27° inciso h) relacionada con una serie de valores. Para el nivel secundario, estas menciones se referían al "respeto de los derechos humanos" (art. 30° inciso a). Sin embargo, se trataba de enunciados que no incorporaban el abordaje del pasado reciente o de la última dictadura en particular.

El artículo clave en la Ley de Educación Nacional en lo que respecta a la definición de contenidos comunes que serían abordados por los diseños curriculares en todos los niveles y en todas las provincias era el 92°. Allí se establecía en el inciso c:

> El ejercicio y construcción de la memoria colectiva sobre los procesos históricos y políticos que quebraron el orden constitucional y terminaron instaurando el terrorismo de Estado, con el objeto de generar en los/las alumnos/as reflexiones y sentimientos democráticos y de defensa del Estado de Derecho y la plena vigencia de los Derechos Humanos, en concordancia con lo dispuesto por la Ley N° 25.633.

En este punto, la Ley de Educación Nacional enunciaba las coordenadas con las que se prescribía el tratamiento de la temática en las escuelas. En primer lugar, indicaba que debía ser abordado como un contenido curricular (esto es lo que indica el artículo 92° de la LEN).[19] En segundo

---

19. Este fue uno de los aspectos reiteradamente cuestionados por los diputados opositores en la sesión en la que se trató la norma. El hecho de que la ley estableciera explícitamente una serie de contenidos (el artículo 92° incluía un conjunto amplio de contenidos que

lugar, enunciaba la temática como el "ejercicio y la construcción de la memoria colectiva", definición que excedería el abordaje que podría ofrecerse desde la enseñanza de la Historia como disciplina.[20] En tercer lugar, indicaba como tópicos de tratamiento simultáneo el plano institucional (quiebra del orden constitucional) y el plano de la represión (instauración del terrorismo de Estado). En cuarto lugar, no solo pretendía provocar reflexiones, sino también "sentimientos". En relación con este último rasgo, es posible pensar con Carretero, Rosa y González (2006) quienes sostienen que la inclusión de la historia en el currículum escolar producida desde fines del siglo XIX se organizó de dos formas predominantes: por una parte, se trató de contenidos que buscaron cumplir con objetivos cognitivos, y en última instancia, iluminar una conciencia crítica sobre la historia; por otra parte, la historia formó parte de los temas abordados por las escuelas como un modo de atender a objetivos identitarios, entre los que se destacó la producción de una identidad nacional común en la conformación de los Estados nacionales. La agregación de "reflexiones" y "sentimientos" enunciada por la LEN en el tratamiento de la temática de la quiebra del orden institucional y el terrorismo de Estado podría ubicarse en esta misma línea de tensiones entre objetivos cognitivos e identitarios indicados. Finalmente, el artículo conectaba estas prescripciones con lo establecido por la Ley N° 25.633, que es la que en 2002 estableció el Día Nacional de la Memoria, por la Verdad y la Justicia, definiendo la inclusión del 24 de marzo en los calendarios escolares.

En el debate en el Congreso, la oposición criticó el hecho de que la ley no se hubiera debatido suficientemente en las instancias parlamentarias, frente a la afirmación del oficialismo de que la ley se basaba en consultas a la comunidad educativa.[21]

---

deberían ser abordados por los diseños curriculares de las provincias), fue cuestionado por quienes consideraban que de ese modo se vulneraban distintas instancias de autonomía: la autonomía de las provincias para formular sus diseños curriculares, o la autonomía de las escuelas para intervenir en instancias de definición curricular institucional.

20. La referencia a la memoria y no a la historia reciente, hace pensar que este contenido no debía responder necesariamente a un enfoque disciplinar del currículum (es decir, no sería privativo del tratamiento que pudieran realizar los docentes de Historia) sino que podría (y debería) ser objeto de abordaje por parte de las instituciones educativas en su totalidad.

21. Esta crítica sobre el procedimiento de formulación de la Ley de Educación Nacional fue reiterada por distintos organismos y agrupaciones que realizaron aportes documentados. En las instancias de consulta, se han registrado aportes de la APDH, Abuelas de Plaza de Mayo, CELS, Familiares de Desaparecidos y Detenidos por Razones Políticas, Herman@s de Desaparecidos por la Verdad y la Justicia, H.I.J.O.S., Liga Argentina por los Derechos del Hombre, Madres de Plaza de Mayo Línea Fundadora y el SERPAJ. Véase: http://servicios2. abc.gov.ar/lainstitucion/sistemaeducativo/consulta2007/aportes2006/otrosdocumentos/ documentosdescarga/ley_de_educacion_y_derechos_humanos_asoc_madres_etc.pdf

Otro foco del debate sobre la ley fue el hecho de que ésta, en su artículo 92° estableciera contenidos. La oposición consideró que una ley de educación no debía fijar contenidos sino que debía establecer el marco para que otras instancias pudieran producir dichos contenidos (especialmente, el Consejo Federal de Educación, resguardando de ese modo la voz de las gestiones educativas provinciales).

Por su parte, entre las manifestaciones de apoyo a la ley, es de destacar un caso en el que la argumentación aludía explícitamente al papel de la educación en la transmisión de la memoria sobre el pasado reciente:

> Otro fundamento de esta ley lo encontramos en el artículo 3º, donde se define la educación como una prioridad nacional, donde la educación pasa a constituirse en una política de Estado –esto lo quiero destacar– a efectos de generar una sociedad justa, donde se reafirme la soberanía y se subraye nuestra identidad nacional. (...)
>
> La identidad nacional tiene que ver con la interpretación de nuestro pasado y con el reconocimiento de nuestra historia, pero también y fundamentalmente, con una sostenida proyección hacia nuestro futuro.
>
> Los pueblos con identidad son los que tienen memoria, pero también son aquellos que con prudencia se sienten capaces de integrar todos los aspectos de su pasado histórico.
>
> Hoy podemos, desde una lectura serena o más tranquila, afirmar que el golpe militar del 24 de marzo de 1976 tuvo los motivos más aberrantes. En primer lugar, la negación de la vida a través de la desaparición de las personas. En segundo lugar, una destrucción sistemática de todo lo que tenía que ver con nuestra propia identidad nacional. Afirmo esto porque el derecho a la vida, el derecho a la libertad, el derecho a la posibilidad de expresarnos libremente en nuestro pensamiento, tuvo que ver con un principio de aniquilación en la formación cultural y educativa de miles y miles de jóvenes. (14/12/2006 - Diario de Sesiones - Diputado Oscar Di Landro - Cámara de Diputados de la Nación)

La intervención del diputado Di Landro (Bloque Peronismo Federal) en favor de la ley muestra la compleja relación entre las políticas educativas que incluían entre sus objetivos la transmisión del pasado reciente. En este caso, además de los objetivos identitarios o cognitivos que, siguiendo a Carretero, Rosa y González (2006), sería posible reconocer en las formulaciones curriculares y en las prácticas institucionales, el diputado mencionaba otro papel, que es el rol reparatorio que correspondería al propio acto de transmisión. Esta es una dimensión que no está explícitamente mencionada en la legislación o en los marcos curriculares, pero que es reconocida en el nivel de las prácticas institucionales por distintos actores, tal como veremos en los próximos capítulos.

Al año siguiente, en la provincia de Buenos Aires se trató y aprobó en la Legislatura una nueva Ley de Educación Provincial, en sintonía con la norma aprobada por el Congreso nacional. La Ley N° 13.688 fue formulada sobre la base de una ronda de consultas que se solaparon con las consultas y debates previos a la sanción de la LEN, por lo que en el ámbito de la provincia de Buenos Aires ambas discusiones pueden ser analizadas como el producto de un proceso común.

Para el trabajo de consulta, la Dirección General de Cultura y Educación elaboró una serie de materiales que se pusieron en circulación en las escuelas y debieron ser discutidos en jornadas especiales de trabajo de los equipos docentes. El anteproyecto difundido en el contexto de las consultas, contenía una fundamentación en la que se hacía referencia a la necesidad o intención de la nueva ley de reconstruir los lazos de transmisión intergeneracional, aunque sin aludir especialmente a los contenidos de las memorias:

> Es urgente reconstruir los lazos al interior de la comunidad educativa, entre generaciones, entre educadores y educandos y restablecer la transmisión intergeneracional de la cultura, reconstituyendo la relación educativa dialógica entre hijos y progenitores, alumnos y maestros, jóvenes y adultos; entre docentes y directivos como funcionarios del Estado, entre los protagonistas de la educación pública y de ellos con el Estado; lograr que los adultos recobren su responsabilidad educativa es uno de los problemas político pedagógicos más serios de la época, así como lo es reinscribir la Ley en todos los procesos educativos y culturales. (DGCyE, 2007: 4)

Es notable en este fragmento del anteproyecto el conjunto de díadas de sujetos de los procesos de transmisión. En este caso, se planteaban en una misma serie los pares "hijos – progenitores", "alumnos – maestros", "jóvenes – adultos". La serie era reveladora de la ubicación del vínculo pedagógico escolar en una trama de vínculos generacionales más amplia. Más allá de esta mención, la fundamentación del anteproyecto no aludía a la necesidad de transmitir las memorias sobre el pasado reciente, y la inscripción histórica de la ley se remitía a la coyuntura de la salida de la crisis reciente que había experimentado la sociedad argentina.

En el articulado del anteproyecto, entre los incisos correspondientes al artículo 14° que consignaba los fines y objetivos de la política educativa, no se incluyeron referencias a la transmisión de la memoria del pasado reciente ni a la última dictadura militar. En cambio, sí se aludía a la necesidad de formar ciudadanos en el respeto de los derechos humanos y el fortalecimiento de la identidad provincial basada en el conocimiento de la historia, la cultura y las tradiciones. Es significativa esta ausencia en este apartado del anteproyecto de ley si se tiene en cuenta que el año en el que se inició el ciclo de consulta estuvo marcado por el trigésimo aniversario del golpe de Estado de 1976, y las escuelas participaron de actividades y proyectos vinculados con la temática.

El artículo 30° del anteproyecto establecía los objetivos y funciones de la educación secundaria y en sus incisos tampoco se incluyeron menciones explícitas a la transmisión de la memoria sobre la dictadura. En el artículo 39° se indicaba la prohibición del ejercicio de la docencia para quienes participaron de la dictadura y la represión:

> No podrá incorporarse a la carrera docente quien haya sido condenado/a o procesado/a por delito de lesa humanidad, o haya incurrido en actos de fuerza contra el orden institucional y el sistema democrático, conforme a lo previsto en el artículo 36° de la Constitución Nacional y el Título X del Libro Segundo del Código Penal, aún cuando se hubieren beneficiado por el indulto o la conmutación de la pena.

Este artículo indicaba que entre los autores del anteproyecto de ley había una mirada puesta en las consecuencias de las políticas de impunidad en la vida cotidiana de las instituciones educativas, con la permanencia en cargos o puestos del sistema de personas que habían formado parte del aparato represivo durante la dictadura.[22]

La única referencia directa, que no especificaba su tratamiento o abordaje por parte de un nivel o modalidad educativa, sino que lo indicaba para todo el sistema educativo, se encontraba en el artículo 282°:

> Formarán parte de los contenidos curriculares en todas las escuelas del Sistema Educativo Provincial: (...)
>
> c. El ejercicio y construcción de la memoria colectiva sobre los procesos históricos y políticos que quebraron el orden constitucional y terminaron instaurando el terrorismo de Estado con el objeto de generar en los niños, niñas, adolescentes, jóvenes y adultos reflexiones y sentimientos democráticos y de defensa del Estado de Derecho y la plena vigencia de los Derechos Humanos, en concordancia con lo dispuesto por la Ley 25.633.

Este artículo del anteproyecto de ley universalizaba el tratamiento de la temática en todo el sistema educativo provincial. Aludía al objetivo de generar "reflexiones y sentimientos", es decir, a producir tanto un trabajo

---

22. Prohibiciones de la misma naturaleza comenzaron a registrarse en distintas normas de acceso a cargos públicos, funciones políticas y de representación y puestos de funcionarios en distintas instituciones como universidades, ministerios, etc.

cognitivo como emotivo sobre el pasado. Esto resulta significativo porque explicitaba, en línea con las formulaciones legales anteriormente analizadas, que el abordaje de la última dictadura militar no debería limitarse a un contenido curricular como los demás, sino que debería producir "sentimientos democráticos", es decir, debía dar lugar a un trabajo sobre las dimensiones emotivas, identitarias, subjetivas, al plano afectivo y no solo al plano cognitivo.

Otro aspecto a destacar es que el artículo mencionaba como marco la Ley 25.633, que desde su sanción se convirtió en el sostén legal para todas las referencias normativas a la última dictadura militar en el ámbito educativo.

Lo propuesto en el anteproyecto en relación con este tema se conservó en el artículo 107° del Proyecto de Ley que contó con despacho de la Comisión de Educación y que fue tratado por la Legislatura provincial. Frente a este proyecto, los diputados de la UCR (en ese momento, partido de la oposición) presentaron otro para su tratamiento sobre tablas, argumentando que el proyecto oficial no había dado lugar a debates en profundidad y no había incorporado aportes suficientes de las distintas fuerzas políticas. En el proyecto del radicalismo no se consignaban referencias precisas a la memoria de la dictadura, aunque se incluían alusiones a la necesidad de que la educación contribuyera a la formación de sujetos para el sistema democrático.

Finalmente, en la sesión del 27 de junio de 2007 se aprobó la Ley Provincial de Educación N° 13.688, que establecía en su artículo 107° que deberían formar parte de los contenidos curriculares en todas las escuelas del sistema educativo provincial:

> El ejercicio y construcción de la memoria colectiva sobre los procesos históricos y políticos que quebraron el orden constitucional y terminaron instaurando el terrorismo de Estado, con el objeto de generar en los niños, adolescentes, jóvenes, adultos y adultos mayores reflexiones y sentimientos democráticos y de defensa del Estado de Derecho y la plena vigencia de los Derechos Humanos, en concordancia con lo dispuesto por la Ley 25.633. (Ley Provincial de Educación N° 18.633/2007)

Las líneas de coincidencia entre la Ley de Educación Nacional y la Ley Provincial de Educación dispusieron un marco legal según el cual debería garantizarse en sus definiciones específicas (los diseños curriculares) que los contenidos incluyeran el ejercicio y la construcción de la memoria colectiva, con un reconocimiento de las dimensiones tanto cognitivas como emotivas de este tratamiento. Ambas remitían para ello a la Ley 25.633, que se fue convirtiendo paulatinamente en la norma que condensó los consensos políticos sobre el abordaje educativo del golpe de Estado del 24 de marzo de 1976.

Las memorias en el currículum de la escuela secundaria bonaerense

En enero de 2006 el Consejo Federal de Educación publicó los Núcleos de Aprendizaje Prioritarios (NAP)[23] correspondientes al 3° ciclo de la Educación General Básica (cuando aún estaba vigente la estructura prevista en la Ley Federal de Educación del sistema educativo). En los NAP correspondientes al 9° año de la EGB (equivalentes para la provincia de Buenos Aires al 3° año del nivel secundario) se indicaba para el área de Ciencias Sociales: "El conocimiento de las características del terrorismo de Estado implementado en la Argentina por la dictadura militar de 1976-1983 y de su relación con la Guerra Fría y la aplicación de un modelo económico y social neoliberal".

En ese panorama, y a partir de la sanción de estas leyes, en el año 2007 la provincia de Buenos Aires inició un proceso de elaboración de diseños curriculares para la educación secundaria. El Marco General de Política Curricular que encuadraba estas definiciones provinciales partía de reconocer la centralidad del Estado como un modo de reparar la privación de derechos que padecieron distintos grupos sociales durante la década de 1990.

El proceso de elaboración de los diseños curriculares provinciales era descripto en este Marco de la siguiente manera:

> Los diseños surgen de la producción de equipos técnicos en consulta con los/las docentes (profesores/as, equipos directivos e inspectores/as) de los respectivos niveles. El proceso de revisión y elaboración contó con numerosos aportes provenientes de diferentes actores del sistema educativo y de la comunidad, quienes no sólo facilitaron insumos para el análisis, sino también para la validación de los primeros documentos elaborados. (Marco General, 2007: 11)

---

23. La formulación de los NAP fue una respuesta que la gestión educativa nacional dio a la crítica instalada desde comienzos de la década de 2000 acerca de que los Contenidos Básicos Comunes formulados en la etapa anterior superaban, por su exhaustividad, la posibilidad de ser enseñados adecuadamente en la duración de los ciclos y años escolares. Los NAP se presentaban entonces como una selección dentro de los CBC, que establecían prioridades para la enseñanza y que contaban con el acuerdo de los ministros de educación de las provincias, proponiendo una base nacional común.

De este modo, los diseños curriculares eran presentados como el resultado de un amplio estado de debate y acuerdo entre distintos actores sociales. El Estado asumía la función de sintetizar estas posiciones, encuadrarlas en un posicionamiento político educativo y otorgarle sanción oficial.

En contraste con las políticas de la década de 1990, estos diseños curriculares se definían como parte de las políticas públicas universales. La concepción de currículum que orientaba estos diseños partía de la noción de Alicia de Alba que lo define como: "síntesis de elementos culturales (conocimientos, valores, costumbres, creencias, hábitos) que conforman una propuesta político-educativa" (De Alba, citada en Marco General, 2007: 14). En ese contexto, los nuevos diseños curriculares fueron definidos como "comunes, prescriptivos, paradigmáticos y relacionales". El Marco General abordaba entonces los ejes de la política curricular provincial en un momento en el que se estaba produciendo una renovación completa de las definiciones curriculares, acorde con la nueva estructura y la extensión de la obligatoriedad del nivel secundario.

En el año 2007 se aprobaron los diseños curriculares correspondientes a la materia Construcción de Ciudadanía de 1° y 2° año de la Educación Secundaria, cuya implementación comenzó en el año 2008. También se aprobó el diseño curricular de Construcción de Ciudadanía para 3° año, que se implementó a partir del ciclo lectivo de 2009.[24]

Construcción de Ciudadanía era una asignatura atípica en el diseño curricular provincial ya que se proponía trabajar sobre proyectos que serían elaborados con la participación de los alumnos, y que se inscribirían en una serie de ámbitos en los que se distribuyen los contenidos de la materia: "Ambiente", "Arte", "Comunicación y tecnologías de la Información", "Estado y Política", "Identidades y relaciones interculturales", "Recreación y Deporte", "Salud, alimentación y drogas", "Sexualidad y Género" y "Trabajo".

El diseño curricular de Construcción de Ciudadanía definía así sus propósitos:

* Implementar una materia donde se incluyan en la escuela los saberes socialmente productivos, las prácticas y los intereses que las personas jóvenes poseen.

---

24. En la provincia de Buenos Aires, el procedimiento para la aprobación e implementación de nuevos diseños curriculares partió de la formulación de pre-diseños por parte de los equipos técnicos de la Dirección General de Escuelas que fueron discutidos y analizados por las comisiones del Consejo General de Educación. Esos pre-diseños fueron puestos a prueba en experiencias piloto que se llevaron a cabo en un conjunto acotado de escuelas, procediendo luego a su evaluación antes de su aprobación definitiva.

MARTÍN R. LEGARRALDE

* Generar un espacio escolar donde los sujetos comprendan y aprendan la ciudadanía como construcción socio-histórica y como práctica política.

* Problematizar los saberes socialmente productivos, las prácticas y los intereses de los jóvenes transformándolos en objetos de conocimiento a través de la realización de proyectos.

* Generar las condiciones institucionales que permitan extender lo aprendido en las clases más allá de la escolarización a fin de construir conjuntamente herramientas que potencien la expresión, participación y acción de los sujetos en el ejercicio de una ciudadanía activa. (DGCyE, 2007: 23)

La definición de estos propósitos ubicaba a la ciudadanía en el plano de las prácticas sociales, y sostenía que la materia debía ser una instancia escolar de expresión de dicha ciudadanía, es decir, un espacio en el que pudiera ponerse en práctica para reflexionar sobre ella en tanto que objeto de conocimiento.

Otra definición importante de este diseño curricular era la síntesis de contenidos, que ubicaba en el centro la perspectiva de derechos y la noción de "derechos humanos":

Contenidos:

Construcción de Ciudadanía desde un enfoque de derechos. Los derechos humanos y el enfoque de derechos. La inclusión de las prácticas, saberes e intereses en la escuela. Los seres humanos como sujetos de derechos, como ciudadanas y ciudadanos. La ciudadanía como un conjunto de prácticas que definen a un sujeto como miembro de una sociedad, en su relación con otros sujetos y con el Estado. Las prácticas de las y los niños, niñas, adolescentes, jóvenes y adultos como prácticas ciudadanas en tanto modos de inscribirse, insertarse o incluirse en la sociedad. Las formas de relación entre sujetos y Estado. La noción de corresponsabilidad. Ejercicio y exigibilidad de derechos y responsabilidades. Contexto sociocultural, sujetos y ciudadanía como dimensiones para el análisis de las prácticas ciudadanas. Las condiciones de desigualdad, diversidad y diferencia en las que están ubicados los sujetos para el ejercicio de la ciudadanía en determinados contextos socioculturales. La elaboración, puesta en práctica y evaluación de proyectos como dispositivo escolar de acciones colectivas planificadas para la exigibilidad de derechos y responsabilidades. (DGCyE, 2007: 23)

En esta formulación, la noción de "derechos humanos" era enunciada en presente, es decir, en términos del ejercicio cotidiano de los derechos por parte de los jóvenes y su lugar en las instituciones. En cambio, el concepto de "derechos humanos" no se ubicaba históricamente en las luchas del movimiento de derechos humanos.

El diseño curricular de Construcción de Ciudadanía se organizaba conceptualmente sobre la idea de que la "ciudadanía" designa un conjunto de prácticas sociales, y que esas prácticas sociales se configuran en los contextos actuales, en relación con los que, si bien no se excluía la incidencia de los procesos históricos, éstos no revestían centralidad.

Como se sostenía en el encuadre teórico del diseño curricular:

Los Derechos Humanos funcionan como marco general de la concepción de los derechos y obligaciones para toda la población. Son de aplicación para todas las personas porque son derechos connaturales, es decir, son los derechos que el ser humano posee por su condición humana.

El enfoque de derechos implica concebir los derechos universales e indivisibles. Universales porque todo sujeto es portador de derechos (tiene derecho a tener derechos), sin importar su origen étnico, raza, clase, religión, género, orientación sexual, clase social, o cualquier otra diferenciación. Y se consideran indivisibles porque constituyen un sistema integrado. Todo derecho implica de alguna manera a otro, constituyendo un conjunto de derechos exigibles de carácter político, civil, cultural, económico y social. (DGCyE, 2007: 26)

Esta concepción de los derechos humanos y el enfoque de derechos, con particular referencia a los derechos de los niños, niñas y jóvenes, rescataba el compromiso del Estado al asumir políticas en el contexto de un nuevo marco legal, que garantiza dichos derechos. Tal como era presentado, también enfatizaba la dimensión ética de los derechos pero no los inscribía en su dimensión histórico-política, sobre todo del contexto de confrontación en torno de la violación sistemática de los derechos humanos.

El momento negativo en términos del ejercicio de los derechos era enunciado genéricamente, como una característica de la historia argentina, que permitía entender su expansión como un movimiento accidentado y con interrupciones:

Cabe recordar que en Argentina no hubo una trayectoria continua de pleno ejercicio ciudadano, no sólo por la diferencia que existe entre el dictado de un derecho y su cumplimiento efectivo -situación que continúa hasta el presente y que es común a todos los países-, sino porque la historia nacional cuenta con varios momentos de suspensión de derechos, principalmente los gobiernos electos por la imposición de gobiernos dictatoriales, lo que llevó a un recurrente cercenamiento de la vida democrática. (DGCyE, 2007: 34)

La tematización específica de la última dictadura militar en el marco de este diseño curricular, se abordaba en el ámbito "Estado y Política". Allí, se presentaba una caracterización del proceso de formación y las transformaciones del Estado nacional en términos de larga duración. En particular, la forma del "Estado terrorista", se explicaba de la siguiente manera:

El Estado terrorista implementado a partir del golpe de Estado de marzo de 1976, cobró entre sus principales víctimas a los jóvenes. Según los cuadros estadísticos proporcionados por el Nunca Más, casi el 45% de los desaparecidos por el terrorismo de Estado se hallan en la franja etaria de los 16 a los 25 años, un 26% restante se ubica entre los 26 y los 30 años. El hecho, entre tantos otros, tristemente conocido como La Noche de los Lápices en el cual varios adolescentes que habían participado de una marcha en pro de boleto estudiantil fueron secuestrados de sus domicilios, torturados y asesinados por las fuerzas armadas, se constituyó en paradigma de esa época.

Estas experiencias de participación llegan a su fin con la brutal represión y el terrorismo de Estado impuesto en el país a partir del golpe de 1976. Este año finalmente la ideología del golpismo fue todavía más revolucionaria respecto al golpe del 66: intentó instaurar un disciplinamiento social y esbozar un cambio en la estructura económico-social del país; la confluencia de la Doctrina de la Seguridad Nacional junto a un proceso de desindustrialización y apertura económica. El mismo reconfiguró el espacio público y privado, perdiendo dichas esferas su diferenciación (Filc, 1997). El Estado, desde su autodefinición como guardián de la nación, interpeló el rol de las familias ante la "enfermedad" subversiva que corroía a la sociedad. Ese lugar de amor "natural", unidad mínima de una nación pensada como gran familia, debía ser la encargada de preservar a la juventud, enderezarla, cuidar a los verdaderos hijos impidiendo que se transformen en subversivos. En el discurso y en la práctica, "la concepción de la nación como familia daba lugar a la definición de las relaciones políticas entre el Estado y los ciudadanos como familiares, de modo que los derechos y deberes de la ciudadanía eran reemplazados por la obediencia fiel" (Filc, 1997: 47). En la gran mayoría de los municipios del país los militares convocaban a "vecinos prestigiosos" para gobernar remarcando la tajante separación entre administración y política que desde sus orígenes mantenía esta forma de organizar el poder local.

Todos estos hechos, a los que puede sumarse también la guerra de Malvinas que implicó la muerte de centenares de jóvenes, parecen consolidar en el imaginario social la idea de que hay una fuerte imbricación entre la juventud que participa políticamente y la tragedia. La instalación de ese supuesto viene a sumarse a toda una serie de representaciones "negativizadoras" de la juventud que pretenden instalar a los jóvenes en el campo de las imposibilidades. (...) (DGCyE, 2007: 105-106)

En esta extensa cita puede verse una caracterización específica de la última dictadura militar, poniendo el acento en el terrorismo de Estado como una forma de organización política estatal destinada a desarticular la participación política, sobre todo de los sectores juveniles. En esta exposición se presentaba una memoria específica sobre la dictadura, que subrayaba el direccionamiento político de la represión, en el sentido de identificar a los jóvenes que participaban políticamente como las víctimas privilegiadas.[25]

No se enunciaban, en cambio, otros aspectos que podrían conducir a distintas problematizaciones, como la opción por la lucha armada que había caracterizado de manera predominante la participación política de las víctimas de la dictadura. Tampoco se enunciaban los fundamentos económicos del proyecto dictatorial o las complicidades civiles. En este sentido, el diseño curricular puede ser leído como una explicitación de una "memoria oficial escolar" sobre la última dictadura, que también revelaba los énfasis al momento de analizar la dictadura como una forma del Estado que interrumpió las garantías a los derechos humanos. En ese caso, la narrativa de la "víctima inocente" condensaba los principales factores explicativos del momento negativo de la relación entre Estado y derechos humanos.[26]

El eje conformado por la materia Construcción de Ciudadanía en el ciclo básico de la educación secundaria, se continuaba con tres materias en los años correspondientes al ciclo superior: "Salud y Adolescencia" en 4° año, "Política y Ciudadanía" en 5° año y "Trabajo y Ciudadanía" en 6° año.

En particular, el diseño curricular de Política y Ciudadanía aprobado en 2011, contenía referencias que continuaban la consideración de la última dictadura militar en distintos sentidos. En la Unidad 2: "Estado y gobierno", se incluía una referencia a la interrupción del orden constitucional, y se planteaba desde un punto de vista conceptual el abordaje de los golpes de Estado. Y en la Unidad 4: "Derechos Humanos y Democracia" se hacía mención a "Las violaciones a los derechos humanos cometidos

---

25. La mención a la Noche de los Lápices contenida en este fragmento, confirma la idea de Raggio (2017: 22) cuando sostiene que el relato del acontecimiento llegó a convertirse en una metonimia del terrorismo de Estado.

26. El carácter sintético de estas referencias en los diseños curriculares limita las posibles interpretaciones del texto. Sin embargo, la referencia a la dictadura en el diseño curricular de Construcción de Ciudadanía parece ocupar el lugar de una "memoria ejemplar" en el sentido de Todorov (2008), es decir, una memoria que porta un mensaje sobre un acontecimiento del pasado. No se trata de producir un abordaje cognitivo sobre un período histórico determinado, sino de utilizar el recuerdo de ese período como muestra de lo que no debe repetirse. En ese sentido, el abordaje "literal" del acontecimiento quedaría reservado a la materia Historia.

en América del Sur y particularmente en Argentina" (DGCyE, 2011: 30). En el diseño, estas referencias consisten en menciones, pero no se desarrollan los sentidos y enfoques con los que se esperaba abordarlos. Por su parte, en la materia "Historia" para 5° año, se incluyó la siguiente formulación de contenidos en el mapa curricular:

Un mundo poscolonial. Dictaduras y revoluciones en América Latina. Segunda mitad del siglo XX.

Unidad 1. Ejes para una mirada general. La Guerra Fría, las nuevas formas de dependencia y las luchas anticoloniales.

Unidad 2. El mundo de posguerra. América Latina frente a la crisis de los populismos (hasta mediados de los años 60).

Unidad 3. La crisis del petróleo en los 70: el final del Estado de bienestar, la radicalización política y los estados burocráticos autoritarios.

Unidad 4. Neoliberalismo, dictaduras militares y el retorno democrático.

Unidad 5. Los legados de una época.

En este caso, se incluyó una mención en clave de una periodización histórica general, que ubicaba a la última dictadura militar argentina en el contexto de la crisis del Estado de bienestar y en el marco de los conflictos internacionales de la Guerra Fría. Esta inscripción más general se evidenció en el desarrollo de los contenidos, en los que se presentaba un enfoque que tendió a reforzar una mirada en clave estructural de explicación de la dictadura:

La conformación de un esquema de semidemocracia (con proscripción del peronismo y tutela militar) y autoritarismo no logró resolver las condiciones de conflictividad político-social, y el relativamente pobre desempeño económico – sobre todo industrial – de la Argentina de los años 60. A los fracasos de las semidemocracias para encontrar una salida y a las del autoritarismo para clausurarla, se sumó una creciente radicalización de la vida política y cultural del país que desembocó en la fórmula de un nuevo gobierno peronista.

La dictadura cívico-militar que siguió al gobierno peronista no es resultado de una desafortunada coyuntura política –la muerte de Perón, la asunción de Isabel y el lopezreguismo–, sino la expresión de una crisis más general en la que se enfrentan distintas y diferentes salidas. Las prácticas sociales genocidas y concentracionarias se implementaron con el objetivo de reorganizar las relaciones sociales de la Argentina posperonista.

Los años 70 estuvieron atravesados, a su vez, por la crisis general del capitalismo de posguerra, cuya expresión más notoria fue la llamada Crisis del Petróleo. Los diagnósticos y las respuestas se estructuraron en el marco de un nuevo consenso neoconservador que dio origen a diferentes propuestas políticas conocidas como neoliberales. (DGCyE, 2011: 13)

En estas definiciones se podía notar un énfasis en los enfoques derivados de la historia política que buscaban encuadrar el desarrollo de los contenidos sobre la historia argentina en los procesos históricos internacionales ("Guerra Fría", "Crisis del Petróleo", "crisis del Estado de bienestar"). Por otra parte, los acontecimientos políticos tenían como telón de fondo los procesos sociales y económicos (por ejemplo, la "radicalización de la vida política y cultural", o "el pobre desempeño económico").

En contraste con los diseños de Construcción de Ciudadanía, en este caso podríamos afirmar que se proponía de un tratamiento del período más próximo a la "memoria literal" indicada por Todorov (2008), es decir, un tipo de abordaje que se ocupaba de señalar la singularidad de un acontecimiento histórico, en tanto proceso situado. En la definición de los contenidos de Historia la preocupación principal no es "extraer una lección para el presente" en relación con el análisis del período de la dictadura, sino conocer el período en su singularidad.

En síntesis, los diseños curriculares para la educación secundaria de la provincia de Buenos Aires recuperaron una mirada múltiple sobre la última dictadura militar. Por un lado, en el marco de los contenidos de "Construcción de Ciudadanía" y "Política y Ciudadanía", propusieron abordar la temática en relación con la noción de "derechos humanos", y también en relación con la interrupción del orden constitucional. Esta clave política de interpretación incluyó una mención explícita a la violación a los derechos humanos, y si bien interpretaba el terrorismo de Estado en el contexto de la confrontación entre proyectos políticos, también hacía lugar a un relato en el que no aparecía en primer plano la identidad política de las víctimas.

En los contenidos de "Historia", en cambio, la interpretación del período se enmarcaba en una perspectiva más amplia, que lo contextualizaba en procesos históricos internacionales, como la Guerra Fría, la Crisis del Petróleo o la crisis del Estado de bienestar. Esta doble formulación permite complejizar la tensión expuesta por Carretero, Rosa y González (2006) entre objetivos romántico-identitarios y objetivos cognitivo-ilustrados en relación con la enseñanza de la Historia. En el caso particular de la última dictadura militar, más allá de un abordaje que buscaría producir identidad y de un abordaje cognitivo, sería posible reconocer un abordaje "ejemplar" (Todorov, 2008) que más que producir identidad se proponía extraer lecciones para el presente (en especial, en relación con la defensa de los derechos humanos).

Por otra parte, en relación con la coexistencia de distintos enfoques sobre el mismo tema, abordados en el contexto de materias diferentes, es posible recuperar la perspectiva de Goodson respecto de la matriz disciplinar del currículum. En este sentido, además de una reflexión sobre los objetivos (Carretero, Rosa y González, 2006) y los usos (Todorov, 2008) sería posible revisar esta división del trabajo en relación con las construcciones disciplinares (Goodson, 2013) y preguntarse si esta duplicidad no es también el resultado de la defensa de ciertas temáticas y enfoques por parte de colectivos docentes especializados.

Lo que una lectura de estas afirmaciones de los diseños curriculares posibilita, además, es determinar cuál ha sido el recorte formulado por los especialistas, avalado por consultas con distintos actores educativos y sancionado oficialmente por las agencias estatales, que alcanza el estatus de lo que debe ser conocido por un estudiante de nivel secundario sobre la última dictadura militar argentina (Da Silva, 2005).

La desaparición de Jorge Julio López y su impacto en la transmisión de las memorias

En la misma época en la que se producía esta renovación del marco legal del sistema educativo y de los diseños curriculares, transcurrió el juicio a Miguel Etchecolatz, por el asesinato de cinco detenidos y el secuestro y desaparición de Jorge Julio López y Nilda Eloy, quienes sobrevivieron a aquel paso por la maquinaria represiva. El día en que se leyó la sentencia, el 18 de septiembre de 2006, fue secuestrado por segunda vez Jorge Julio López, testigo clave en el juicio por haber permanecido detenido-desaparecido entre 1976 y 1979.

De acuerdo con la investigación de Rosende y Pertot (2013), la segunda desaparición de López produjo la sorpresa y desorientación tanto de miembros de organismos de derechos humanos como de militantes y funcionarios relacionados con los juicios. Las hipótesis que explicaron su desaparición dividieron las posiciones de sus familiares y de los militantes de los organismos: inicialmente la familia sostuvo que la desaparición era el resultado de un extravío del propio López quien, acosado por la tensión del juicio, podría haber sufrido algún tipo de confusión, pero luego la familia mantuvo crecientes diferencias con los organismos de derechos humanos. Estos, por su parte, plantearon la hipótesis de un nuevo secuestro, que persiguió el objetivo de amedrentar a los testigos y empantanar la continuidad de los juicios (Rosende y Pertot, 2013).

El recorrido de la causa por la segunda desaparición de López mostró la inacción, el entorpecimiento y el encubrimiento por parte de funcionarios judiciales, policiales y políticos. Solo algunos de los responsables en las investigaciones prestaron una colaboración limitada. Los avances extremadamente acotados que se produjeron fueron, casi todos, resultado de la labor y la persistencia de abogados de los organismos de derechos humanos.

Desde el punto de vista de su presencia en el espacio público, la segunda desaparición de López fue un acontecimiento que renovó los reclamos por la verdad y la justicia (ya no sólo por los crímenes de la dictadura, sino también por la inacción del Estado en democracia para la investigación, el esclarecimiento y el juzgamiento de los responsables). Esta militancia dividió posiciones en el movimiento de los derechos humanos, los partidos políticos y el movimiento estudiantil, que confrontaron sobre todo en relación con la responsabilidad política del gobierno kirchnerista en la desaparición de López.

Muchas consignas se acuñaron y disputaron en torno de la segunda desaparición de López: "El primer desaparecido en democracia", "Sin López no hay Nunca Más", "Buscamos a Julio" y "¿A qué te podés acostumbrar?" fueron algunas de las frases que marcaron distintas posiciones en torno de los reclamos, el papel del Estado y las continuidades entre la represión dictatorial y el presente.

Las movilizaciones y la acción colectiva incluyeron las disputas acerca de las interpretaciones sobre la desaparición de López. La condena a Etchecolatz y los juicios a otros represores fueron el justificativo para que se realizaran en los días siguientes al 18 de septiembre de 2006, actos y marchas por parte de organizaciones vinculadas a los represores, que reclamaban amnistía. Como contrapartida, los organismos de derechos humanos, las organizaciones kirchneristas y los partidos de izquierda realizaron movilizaciones, cada vez más divididas, reclamando la aparición de López, la continuidad y profundización de los juicios y la protección a los testigos. Estas últimas movilizaciones, con sus divisiones y diferencias, también involucraron a la militancia estudiantil, tanto universitaria como secundaria, especialmente en la ciudad de La Plata.

No es esperable que el currículum siga el ritmo de los acontecimientos que le son contemporáneos, pero en este caso, la desaparición de Jorge Julio López significó para un sector, una impugnación a las políticas de justicia del gobierno kirchnerista. En general, los diseños curriculares y los materiales educativos elaborados por las gestiones educativas nacional y provincial no aludieron al caso en ese momento.

La excepción que puede señalarse es la inclusión de una mención a la desaparición de López en el libro *Pensar la democracia. Treinta ejercicios para trabajar en el aula,* editado por el Programa Educación y Memoria del Ministerio de Educación de la Nación en 2013.

El texto indicaba, bajo la referencia "Las luchas por la memoria":

> Las luchas por la memoria, la verdad y la justicia marcaron buena parte de la política de la última década. A pesar de esto subsisten rastros del terror: el 18 de septiembre de 2006, Jorge Julio López -querellante y testigo en la causa que condenó al ex comisario Miguel Etchecolatz, mano derecha del general Camps- desapareció por segunda vez. Los principales sospechosos fueron los integrantes de la Policía de la Provincia de Buenos Aires, fuerza a la que pertenecía el condenado Etchecolatz. Otros testigos también sufrieron amenazas o presiones para no declarar en los juicios.
>
> El 29 de diciembre de 2006, el Centro de Estudios Legales y Sociales (CELS) le escribió una carta al presidente de la Nación que terminaba con estas palabras: "Jorge López y Luis Geréz (testigo en la causa de Luis Patti y víctima de un secuestro durante el desarrollo del juicio) son dos víctimas que creyeron en la justicia al dar testimonio en las causas y en el Congreso de la Nación, y siempre optaron por las vías institucionales para fortalecer la democracia. Es imprescindible garantizar que las personas que han escogido este camino desde el retorno al Estado de derecho no sean objeto de las bandas de delincuentes que pretenden la impunidad".
>
> Luis Geréz, finalmente, fue encontrado con vida. Jorge Julio López continúa desaparecido y lo seguimos buscando. (MEN, 2013)

La cita muestra las dificultades de una enunciación estatal del tema destinada a su tratamiento en las escuelas, en la medida en que dicha enunciación era contemporánea a la inacción estatal en la investigación. Por otro lado, la recepción del tema en las aulas estuvo mediada por el involucramiento de gran parte del movimiento estudiantil en los reclamos por la aparición de López y el esclarecimiento de lo sucedido. En la ciudad de La Plata, cada 18 de septiembre a partir de 2006 se realiza una marcha en reclamo por la desaparición de Jorge Julio López, con una participación mayoritaria de estudiantes, organizaciones sociales y partidos políticos de izquierda.

En este contexto, la desaparición de López y los reclamos y la militancia posterior, han tenido incidencia en la transmisión de las memorias sobre la dictadura, sobre todo a partir de las responsabilidades estatales en la inacción y el encubrimiento de la desaparición del testigo en democracia y del hecho de que una parte del movimiento estudiantil (tanto universitario como secundario) ha tenido un rol importante en la militancia por el esclarecimiento de la segunda desaparición de López.

El currículum y la complejización de la memoria oficial

El cambio de siglo se caracterizó por una paulatina revisión de lo acontecido durante la década de 1990 en distintos planos. En el sector educativo, la "Reforma Educativa" identificada con la Ley Federal de Educación, fue duramente cuestionada por sindicatos docentes, académicos y periodistas, entre otros, coincidiendo con un clima social de crítica a sus consecuencias. En particular, estas críticas se concentraron en la desarticulación de la educación secundaria tradicional que había sido fragmentada entre el tercer ciclo de la EGB y el Polimodal.

Este clima de crítica habilitó un proceso de revisión que se consolidó con la sanción de un nuevo marco legal, tanto a nivel nacional como provincial. La Ley de Educación Nacional y la nueva Ley Provincial de Educación dieron inicio a una serie de políticas de reorganización del sistema educativo argentino, en cuanto a su estructura, extensión, enfoques, y también en el plano curricular.

La reformulación curricular ha hecho lugar a dos abordajes sobre la última dictadura militar: la que se expresó en los contenidos de Historia de 5° año, y que representó, en gran medida, algunos de los enfoques predominantes del campo de los historiadores, sobre todo en relación con la perspectiva de la historia política en clave estructural;[27] y el que se expresó en los contenidos de Construcción de Ciudadanía (1° a 3° años) y Política y Ciudadanía (5° año) centrado en ubicar el terrorismo de Estado y la interrupción del orden constitucional como las dos temáticas que más relevancia tienen para la comprensión y el ejercicio de la ciudadanía en el presente. En este último caso, es posible ver formulaciones en los contenidos que dieron lugar a trazos de narrativas preexistentes. El caso más claro es la referencia a la "Noche de los Lápices", con una síntesis de la narrativa de la víctima inocente.[28]

---

27. Sería difícil que las prescripciones curriculares reflejaran la totalidad de los enfoques y discusiones del campo disciplinar. Sin embargo, se han señalado algunos tópicos que formaron parte de los debates centrales de los historiadores en las últimas décadas sobre la dictadura, y que tuvieron su correlato (al menos como menciones) en los diseños curriculares. Entre ellos, pueden destacarse la propia relevancia otorgada a la consideración de los períodos históricos más recientes, la problematización de las relaciones entre historia y memoria, y la ubicación de los análisis locales en el contexto de tendencias internacionales (sobre todo a partir de enfoques comparativistas) (Aguila, 2008).

28. A diferencia de lo que sucedió con la materia Historia, Construcción de Ciudadanía no tuvo un campo disciplinar de referencia plenamente constituido. Por lo tanto, los contenidos de la materia se vieron menos explícitamente sometidos a las tensiones y debates de los campos académicos y profesionales.

En paralelo, el período en que se produjo esta renovación curricular, fue también una etapa en la que se plantearon nuevas vías para la acción judicial. Las políticas estatales de memoria, verdad y justicia comenzaron a tener un correlato en la reapertura de los juicios por delitos de lesa humanidad y la multiplicación de las condenas a miembros del aparato represivo. En el plano educativo, más allá de las reformulaciones curriculares, se pusieron en marcha programas específicos que dieron cuenta de un estado de debate especializado acerca de los abordajes escolares de las temáticas referidas a la última dictadura militar. Estos programas se organizaron como intervenciones destinadas a provocar reflexiones, instalar un discurso público sobre la dictadura y promover producciones más allá del tratamiento en las clases de las distintas materias.

Puede abrirse el interrogante acerca de cuánto diálogo se ha producido entre los enfoques sostenidos por estos programas (los más destacados fueron los que se pusieron en marcha en los aniversarios por los veinticinco años del golpe de Estado en 2001, y por los treinta años en 2006) y las definiciones curriculares que se elaboraron en el mismo período.

En conjunto, todas estas definiciones constituyeron un contexto de enunciaciones disponibles para su circulación en las escuelas que se intensificaron a partir del cambio de siglo. Las disputas sociales por las memorias de la dictadura se pusieron en juego en distintos ámbitos, y en algunos de ellos adquirieron densidad y demandaron recursos, produjeron enunciaciones y dieron lugar a la formulación de normativas específicas. En este capítulo hemos visto que el sistema educativo ha sido uno de los ámbitos privilegiados para las disputas en el terreno de una memoria oficial.

— PARTE II —

La circulación de memorias vista desde la escuela

Capítulo 5

Las memorias en la escuela

Las narrativas en acto

¿Cuáles fueron las consecuencias de las políticas y disputas analizadas en los capítulos anteriores? ¿En qué medida incidieron en las concepciones que los actores escolares sostienen sobre el pasado dictatorial? En este capítulo analizamos los sentidos que atribuyen tanto alumnos como profesores al período de la dictadura, y los cotejamos con los estudios y las hipótesis instaladas al respecto. Para ello, en este capítulo y el siguiente, abordamos el análisis de encuestas y entrevistas realizadas entre 2008 y 2013 a grupos de alumnos y docentes de escuelas secundarias de la provincia de Buenos Aires.[1]

En este capítulo discutimos en qué medida se produce la circulación de narrativas emblemáticas sobre la dictadura militar en el ámbito escolar. ¿Es posible diferenciar con claridad las concepciones sobre la dictadura que se encuentran disponibles para los y las jóvenes en el ámbito escolar? ¿En qué medida es posible identificar la producción de concepciones complejas, nutridas de distintos elementos que son construidas por los y las estudiantes? Además, ¿se encuentra circunscripto el repertorio de concepciones sobre la dictadura que sostienen los alumnos y alumnas en torno de ciertos núcleos de coherencia interna?

En los capítulos anteriores, mostramos el surgimiento, enunciación y las circulaciones escolares esperadas de un conjunto de narrativas sobre la dictadura militar. La enunciación inicial de estas narrativas se pro-

---

1. En el año 2008 se realizaron 2.046 encuestas a estudiantes secundarios de toda la provincia de Buenos Aires y a 118 profesores, en el marco de un proyecto de investigación de la CPM. En 2009 se aplicó una nueva encuesta a 1.138 estudiantes secundarios como complemento de la anterior, ampliando las preguntas realizadas en la primera etapa. En 2013, finalmente, se aplicó una encuesta a 374 alumnos secundarios de toda la provincia. Entre 2009 y 2013 se realizaron además, veinte entrevistas a alumnos y alumnas, y diez entrevistas a profesores y profesoras.

dujo en distintos contextos históricos, aunque el sistema educativo fue definido desde muy pronto como un campo privilegiado de batalla entre las diferentes memorias en circulación. Ahora bien, en este capítulo queremos ver qué sucede con estas narrativas en las concepciones que sostienen los jóvenes en el ámbito escolar, pero al mismo tiempo, presentamos qué otros rasgos (enunciaciones, valoraciones, concepciones) surgen como posicionamientos propios de los actores escolares más allá del forzamiento que puede suponer partir de un conjunto acotado de narrativas emblemáticas.

En el período que analizamos en este capítulo y el siguiente, la provincia de Buenos Aires comenzó la implementación de los diseños curriculares analizados en el capítulo anterior. Algunas de las encuestas y entrevistas en las que se basa este capítulo se llevaron a cabo al mismo tiempo que en esas escuelas se estaba produciendo la implementación de los nuevos diseños.

Las escuelas secundarias estaban comenzando el proceso de conformación como escuelas de seis años de duración, ya que la sanción de la Ley Provincial de Educación se había producido en 2007 y la implementación del nivel unificado y obligatorio había comenzado en 2008. La conformación de escuelas secundarias de seis años se produjo de distintas formas: se vincularon Escuelas Secundarias Básicas (ESB, anteriormente EGB 3) con escuelas de Polimodal, también se fueron abriendo los años 1°, 2° y 3° en escuelas de Polimodal que no contaban con la posibilidad de articularse con una ESB y se abrieron 4°, 5° y 6° en ESB que no podían integrarse con un Polimodal. Además se crearon nuevas unidades educativas para garantizar que en todas las localidades hubiera ofertas del nivel secundario y así cumplir con la condición de la obligatoriedad establecida por el nuevo marco legal.

En este contexto, los nuevos diseños curriculares incluyeron la implementación de la materia Construcción de Ciudadanía, a medida que se ponían en marcha los años del ciclo básico de la educación secundaria, lo que implicó la designación de nuevos profesores y la realización de capacitaciones docentes específicas sobre las prescripciones establecidas por los diseños.

Coordenadas de un programa educativo

En lo que sigue, analizaremos la circulación escolar de memorias sobre la dictadura en escuelas que participaron del Programa Jóvenes y Memoria de la Comisión Provincial por la Memoria (CPM). Como vimos en el capítulo anterior, este programa constituye una propuesta educativa puesta en marcha por la CPM a partir de 2002. En aquel momento, el programa se propuso profundizar las acciones que ya venía desarrollando la comisión para promover el tratamiento de los temas referidos a la última dictadura militar en el contexto escolar. La propuesta consistió en una convocatoria abierta a todas las escuelas secundarias (estatales y privadas) de la provincia de Buenos Aires, para la realización de proyectos de investigación sobre el eje "autoritarismo y democracia", coordinados por docentes u otro personal de la escuela y protagonizados por grupos de estudiantes.

Las convocatorias se repitieron cada año y fue aumentando el número de participantes. Cada año la participación de los grupos escolares comienza en los primeros meses del ciclo lectivo con la inscripción de la escuela y la propuesta de un tema, sobre el cual van trabajando en encuentros regionales (de los que participan docentes y estudiantes) para la formulación de un proyecto de investigación, su desarrollo y la elaboración de una producción que exponga los resultados del proceso.

Con la sucesión de convocatorias anuales, los temas propuestos por los estudiantes se diversificaron. En sus primeras ediciones, la mayoría de las investigaciones presentadas al programa se referían a la última dictadura militar, pero luego se fueron agregando otras preocupaciones de los alumnos: la violencia policial e institucional, las consecuencias actuales de la dictadura, el autoritarismo en la vida social y cultural, las problemáticas locales económicas, ambientales, educativas, la violencia de género, entre otros temas.

Los proyectos culminan con la participación de los grupos en un encuentro en la localidad de Chapadmalal,[2] al que cada equipo lleva una producción con la que muestra los resultados de su investigación a los demás estudiantes. Las producciones también son elaboradas por los alumnos en distintos soportes: videos, obras de teatro, páginas web, murales, libros, entre otros.

El proceso de investigación es acompañado por el equipo de la CPM que coordina el programa. En este acompañamiento, desempeñan un rol importante los encuentros regionales[3] en los que se comparten elaboraciones preliminares (la formulación del tema, el diseño de un proyecto, las

---

2. Chapadmalal es una localidad de la provincia de Buenos Aires, ubicada a 23 km. de la ciudad de Mar del Plata. Uno de los rasgos más reconocidos de esta localidad es la Unidad Turística de Chapadmalal, un complejo de hoteles e instalaciones de turismo social dependientes de Estado nacional, fundadas durante la primera presidencia de Juan Domingo Perón (1946-1952). Para muchos jóvenes participantes del programa, la concurrencia a Chapadmalal es la oportunidad de conocer el mar por primera vez.

3. Los encuentros regionales son instancias de trabajo del programa con grupos de estudiantes que están realizando sus investigaciones. Se realizan en distintos lugares de la provincia de Buenos Aires y permiten reunir grupos escolares de las localidades próximas. En los encuentros se realizan talleres con estudiantes y profesores, y se proponen actividades

estrategias de investigación, como las entrevistas o la revisión bibliográfica, así como la asistencia para la elaboración de las presentaciones). En esas instancias, así como en capacitaciones especialmente destinadas a docentes coordinadores de proyectos, el equipo de la CPM promueve el abordaje de diversos ejes de problematización sobre las principales temáticas que se plantean en la investigación.

Las ideas que presentamos en este capítulo, entonces, corresponden a una indagación realizada con una población escolar que ha participado de instancias de trabajo especialmente dirigidas al abordaje de los temas relacionados con la última dictadura militar.

¿Qué dicen los alumnos sobre la dictadura?

En la encuesta realizada en 2008 a 2.046 jóvenes participantes de Jóvenes y Memoria, les pedimos que indicaran qué palabras relacionarían con la dictadura. Nos proponíamos contar con una primera exploración de sentidos y valoraciones expresados por los estudiantes. Las palabras que les presentamos fueron: "Represión", "Orden", "Seguridad", "Miedo", "Desocupación", "Autoritarismo", "Desaparecidos" y "Pobreza".[4]

Los términos propuestos buscaban reunir tanto expresiones con connotaciones negativas ("Represión", "Miedo", "Desocupación", "Autoritarismo", "Desaparecidos" y "Pobreza"), como términos de connotación más neutra o ambigua ("Orden", "Seguridad") que incluso podrían prestarse a interpretaciones positivas en un contexto de auge de los discursos públicos de corte punitivista. Se trataba, sin dudas, de un ejercicio simplificador, pero buscábamos poner a prueba el grado de aceptación de los distintos sentidos en circulación en el espacio social (que hemos explorado en los capítulos anteriores) por parte de los estudiantes.

---

relacionadas tanto con los temas de los proyectos como con los modos de investigar y los productos finales que se elaborarán.

4. Los términos propuestos en estas preguntas de la encuesta surgieron de análisis preliminares de entrevistas realizadas con estudiantes. En el orden de exposición del capítulo, sin embargo, preferimos mostrar primero los resultados de las encuestas para luego profundizar en las expresiones de las entrevistas.

Gráfico 1. ¿Cuáles de las siguientes palabras representan mejor lo que pensás sobre la dictadura? (alumnos de escuelas secundarias, año 2008, 2.049 casos)

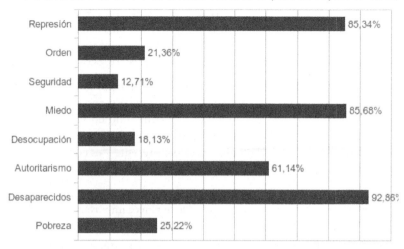

En primer lugar, si tenemos en cuenta que los dos términos que se prestan a una valoración neutra o ambigua de la dictadura registraron un bajo nivel de selección ("Seguridad": 12,7% y "Orden": 21,3%), es posible afirmar que la gran mayoría de los jóvenes encuestados prefirió consignar términos que claramente indicaran una valoración negativa sobre la dictadura.

Como puede verse en el gráfico 1, los términos más seleccionados por los alumnos fueron "Desaparecidos" (92,8%), "Miedo" (85,6%) y "Represión" (85,3%). La valoración negativa predominante, entonces, se centró en palabras que se pueden asociar con el plan represivo de la dictadura, con su consecuencia más distintiva (la metodología de la desaparición forzada de personas) y con un resultado más general en el clima social (el miedo). Este énfasis contrasta con las pocas respuestas que eligieron términos relacionados con las consecuencias económicas y sociales de la dictadura ("Pobreza": 25,2% y "Desocupación": 18,1%).

En las entrevistas, esta valoración negativa de los jóvenes respecto de la dictadura, nuevamente resultó ilustrada con referencias a los desaparecidos:

Entrevistador: ¿Y qué les contaban? [en referencia a los relatos de los adultos]

Alumna A: No sé..., "cuando yo era chico eso no se veía".

Alumna B: Claro.

Alumna A: O "años atrás eso no pasaba".

Alumna B: Por ahí es cierto también, porque a veces...

Alumna A: También a veces nos cuentan lo que pasaba en la dictadura y todo eso, que era feo, pero no pasaban tampoco tantas cosas, era feo lo que pasaba... o sea, lo de los desaparecidos y esas cosas, es como que ahora los chicos se están matando a sí mismos, no es que viene uno y los mata y bueno, hay un culpable, los culpables son ellos mismos, es como que no...[5]

La noción de que lo que sucedía "era feo" y que eso se puede ilustrar con la mención de los "desaparecidos" funcionaba como una referencia que sintetizaba a la vez la valoración y el contenido en la expresión de las alumnas entrevistadas. Esas nociones se ponían en relación con sus representaciones sobre acontecimientos del presente ("es como que ahora se están matando a sí mismos").

Entrevistador: Bueno, ¿y a vos qué es lo que te parece más importante, qué es lo que pensaste en preguntar, por qué te parece importante?

Alumna E: Yo creo que porque cambió algo que produjo... O sea, no sé cómo explicarlo. Fue algo que marcó mucho la historia de la Argentina, o sea, creo que por eso o porque me interesa saber por ahí por qué los desaparecían, por qué mucha gente se tuvo que ir del país y ver, no sé, analizar por ahí qué postura también tenían los militares para llegar a todo eso que hicieron.[6]

En otros casos la referencia de los estudiantes a las desapariciones tuvieron que ver con lo enigmático, con la necesidad de comprender cuáles fueron las razones (y no tanto cuáles fueron las condiciones del contexto histórico). En este sentido, podemos decir que la figura de los desaparecidos condensa para los jóvenes la posibilidad de construir representaciones sobre la dictadura, tanto en el plano valorativo (en sí misma la referencia a los desaparecidos expresó valoraciones negativas sobre la dictadura) como en el plano cognitivo (comprender las desapariciones es comprender lo central de la dictadura).

Los años previos

En las entrevistas, los alumnos hicieron pocas referencias a los años previos al golpe de Estado de 1976. Sin embargo, algunas de estas alu-

---

5. Entrevista a alumnas A y B. Alumnas de escuela estatal de una localidad del interior de la provincia de Buenos Aires, al momento de la entrevista tenían 16 años y cursaban 4° año.

6. Entrevista a alumna E. Alumna de escuela estatal de una localidad del interior de la provincia de Buenos Aires, al momento de la entrevista tenía 17 años y cursaba 6° año.

siones son reveladoras de sus concepciones sobre la lógica de los actores políticos.

Alumno H: Yo creo que el que hace política, primero piensa en él y después piensa en los demás. Porque por ejemplo, Perón fue el gran político, hizo muchas cosas por el pueblo, pero también pensó en él porque cuando tuvo que usar a Montoneros para volver al país y después expulsarlos de las plazas. O sea, porque los usó para volver a (la) Argentina, creo que pensaba en él, llegar al poder usando a las personas, a los que estaban gobernando.[7]

En este caso, el alumno entrevistado expuso información sobre la etapa previa al golpe de Estado, describiendo la política como el producto de las estrategias de los actores políticos, en particular, de Perón y su relación con Montoneros. Sin embargo, estas referencias fueron infrecuentes en las entrevistas, y en pocos casos el golpe de Estado fue explicado por los alumnos en relación con la situación política y económica precedente. La dictadura fue enunciada generalmente como un acontecimiento histórico cuyo análisis y explicación se concentra en su lógica interna, y en especial en las motivaciones de sus actores protagónicos (especialmente los militares).

El contexto internacional: la Guerra Fría

Asimismo, las caracterizaciones de la dictadura que realizaron los estudiantes, en general respondían a una descripción de atributos y relaciones causales dentro de la lógica de la historia nacional. Fueron muy pocas las alusiones al contexto internacional como marco interpretativo o analítico que permitiera comprender los acontecimientos locales.[8]

Entrevistador: ¿Y entonces para vos qué fue la dictadura?

Alumno K: ¿La dictadura? Fue un error, porque quisieron... En realidad, quisieron curar algo, curar entre comillas porque en realidad lo que era... Lo que pasó con la dictadura fue un plan de anti-comunismo por el tema de la Guerra Fría, por decirlo así, y ellos lo tomaron como excusa para derrocar al gobierno de Isabelita Perón y supuestamente corregir toda la Argentina. Y bueno, en realidad lo que quisieron hacer es sacar -erradicar es la palabra- el comunismo de Argentina, el comunismo y el socialismo,

---

7. Entrevista a Alumno H. Alumno de escuela estatal de una localidad del Conurbano Bonaerense. Al momento de la entrevista tenía 17 años y cursaba 5° año.

8. Debemos recordar que en los contenidos de Historia de 5° año, se consigna: "La Guerra Fría, las nuevas formas de dependencia y las luchas anticoloniales" como el marco para la unidad en la que se abordan también el "Neoliberalismo, las dictaduras militares y el retorno democrático". Véase el capítulo 4.

que era más o menos lo que en realidad estaba planeado, por el tema que ya estaba la Guerra Fría y estaban los dos planes, o sea... Cómo se dice... Habían dos potencias en juego y ahí se estaban disputando poder. Entonces, en realidad todo pasa por ahí, es una consecuencia directa que se vivió acá en la Argentina y en Chile también.[9]

La respuesta de este alumno comenzaba con la idea de que la dictadura "fue un error", y continuaba con la idea de que "quisieron curar algo". Hablaba de "Ellos" y mantenía un sujeto tácito a lo largo de la respuesta que aludía a los responsables de la dictadura. Su argumento para explicar las razones del golpe que derrocó al gobierno de Isabel se apoyaba en el contexto de la Guerra Fría y el alineamiento de la facción militar con la "lucha anticomunista". Cerraba su referencia con el reconocimiento de una situación semejante en el caso de Chile.

Esta fue una de las pocas expresiones en el marco de las entrevistas a los estudiantes en las que la dictadura fue abordada como un acontecimiento histórico que debía ser contextualizado en el marco de la situación internacional. Es ilustrativa de un modo de argumentación que concede centralidad explicativa a los intereses de los actores, a sus intenciones, incluso aún cuando los sitúa en el contexto de la confrontación entre grandes bloques internacionales ("Habían dos potencias en juego y ahí se estaban disputando poder").

La censura

En el mismo sentido, las menciones a las políticas de censura, tanto en el ámbito de la cultura, como de la educación y los medios de comunicación, fueron escasas. En general, lo que podría vincularse con la censura fue enunciado como la persecución a los que "piensan distinto", pero sin referirse al modo en que esta persecución se relacionaba con el control ideológico o con la manipulación de la información por parte del gobierno militar. En un caso, sin embargo, un alumno entrevistado habló de la censura como una práctica sistemática:

Alumno I: Ah, y también te iba a contar que mi papá, cuando fue al servicio militar en épocas de Malvinas me contaba que mi abuela, la madre de él, le mandaba cartas. Le mandaba cartas y él estaba en Mar del Plata, y que el noventa por ciento de las cartas estaban tachadas con corrector negro, es decir que decía..., que él leía lo que los militares querían que él lea. Les pedían la carta y él la tenía que devolver enseguida. Son cosas

---

9. Entrevista a alumno K. Alumno de escuela estatal del Conurbano Bonaerense. Al momento de la entrevista tenía 18 años y cursaba 6° año.

MARTÍN R. LEGARRALDE

como que te impiden totalmente hasta relacionarte con los más íntimos tuyos. Y bueno, como ya te dije, el miedo se vivía en la sociedad por el hecho de hablar.[10]

En este caso, la referencia provenía de un relato reproducido en el ámbito familiar y no del abordaje de la temática en la escuela. La censura se relacionaba con el miedo, y con el cerco informativo implementado por el gobierno militar para controlar la información sobre la experiencia de los soldados durante la guerra de Malvinas.

Es interesante, en este caso, el papel que cumple la transmisión de la experiencia entre generaciones en el ámbito familiar. Como veremos a continuación, esta transmisión está asociada al carácter traumático de la experiencia histórica.

La guerra de Malvinas

Las referencias de los alumnos a la guerra de Malvinas remitían en muchos casos a la experiencia próxima, familiar. En contraste con la represión y las desapariciones, cuya mención se relacionaba con relatos públicos o de testigos o sobrevivientes, la guerra de Malvinas funcionó como un episodio de la dictadura del que los alumnos tenían registros cercanos por familiares que resultaron afectados de manera directa por la guerra.

Alumno I: Mi abuela en todo momento habla de lo que es la guerra de Malvinas, está totalmente traumada con la guerra de Malvinas y que es... realmente es muy... es decir, es muy... Lo reconozco que lo que ha vivido ella ha sido terrible con el solo hecho de tener un hijo en el servicio militar y no saber si está en la guerra, si no está en la guerra. Realmente ha sido terrible y sí, con mis padres principalmente cuando... por ejemplo que pasaba algo en la sociedad y enseguida lo relacionaba con la época de la dictadura. Pasaba algo y... "Uh mirá si esto hubiese pasado en la época de la dictadura... Uh mirá esto en la época de la dictadura no se podría haber hecho".[11]

En la respuesta de este alumno, la guerra de Malvinas se inscribía en el contexto de la dictadura, y al menos en esta entrevista, fue posible para el Alumno I exponer una mirada sobre la experiencia de la guerra para su abuela, reconociendo el carácter traumático de dicha experiencia. En su

---

10. Entrevista a Alumno I. Alumno de escuela estatal de una localidad del interior de la provincia de Buenos Aires. Al momento de la entrevista tenía 16 años y cursaba 5° año.

11. Entrevista a Alumno I. Alumno de escuela estatal de una localidad del interior de la provincia de Buenos Aires. Al momento de la entrevista tenía 16 años y cursaba 5° año.

relato, la referencia a la guerra no estaba relacionada, como en otros casos, con la "causa Malvinas", o con argumentaciones referidas a la soberanía argentina sobre las islas, sino que se inscribe claramente entre las consecuencias negativas de la dictadura. Como vimos en capítulos anteriores, la idea de una "causa Malvinas" alude a una reivindicación histórica de la Argentina sobre el archipiélago, y pone el acento en la justicia del reclamo. La "guerra de Malvinas", en cambio, se refiere al acontecimiento de la ocupación militar de las islas y la posterior decisión del gobierno militar de entablar combate con las fuerzas británicas. En ocasiones, la "causa Malvinas" y la "guerra de Malvinas" son enunciadas de manera yuxtapuesta, lo que conduce a concebir la guerra como un acontecimiento investido de la justicia de la causa Malvinas. Sin embargo, en la respuesta del Alumno I, la guerra de Malvinas es claramente vista como un acontecimiento dentro de la política del gobierno militar, y por lo tanto, es posible cuestionar la guerra, sin que eso implique desconocer la justicia del reclamo argentino sobre las islas.

Por otra parte, la experiencia de su abuela es una experiencia de sufrimiento pero que no se traduce en un proceso de identificación.[12] Este joven señalaba que la incertidumbre de su abuela sobre el destino de su hijo conscripto era lo que constituía el núcleo del carácter traumático de la experiencia. Se trata de un trauma que la acompaña ("Mi abuela en todo momento habla de lo que es la guerra de Malvinas").

Es muy interesante la reflexión que este mismo alumno realizaba sobre el modo en que se abordaba en la escuela la temática de la guerra de Malvinas y cómo se trabajaba sobre la contextualización de la guerra en la dictadura:

Alumno I: (...) desde que yo era chico siempre se le dio mucha más importancia a la guerra de Malvinas que al Proceso. A la dictadura en sí y la guerra de Malvinas se la asocia como... es decir como la..., lo que se llama... ahora no me sale la palabra, pero lo que es la inutilidad argentina, se lo asocia..., a la guerra de Malvinas se la asocia con la ignorancia argentina.

---

12. Dominick LaCapra propone una distinción entre los conceptos de identificación y empatía. La identificación puede conducir a quien escucha el testimonio sobre una experiencia traumática (cuyas figuras típicas para LaCapra están representadas por el historiador o el psicoanalista) a la reactualización del trauma. La identificación impide reconocer la distancia situacional (histórica y social) que existe entre la experiencia traumática ("haber pasado por algo") y el momento en el que esa experiencia es relatada. En contraste, la empatía es un tipo de relación en la que quien escucha el relato de una experiencia traumática puede reconocer el sufrimiento de la víctima o el sobreviviente, pero también produce una reflexión o un reconocimiento acerca de las distancias entre el acontecimiento traumático y el presente, lo que, a su vez, le permite acompañar a la víctima en el proceso de elaboración del trauma (LaCapra, 2006).

Siempre es lo que yo veo en la escuela, te plasman en esa realidad, que desde chico te dicen..., el relato de los maestros de chico te dicen que Argentina fue a pelear con un país que no tenía..., como un potencial armamentista mucho más desarrollado que la Argentina. Esa es la realidad que te dicen. Entonces hacen un cuestionamiento de los chiquitos de 8, 9 años. ¿Y por qué Argentina fue a pelear sabiendo que iba a perder? Entonces ahí los chicos como que empiezan a reflexionar y empiezan a decir cómo el gobierno hace esto y manda a matar y ahí empiezan las restricciones de las madres. Que sus hijos eran soldados de 18, 19 años. Entonces ahí empieza todo lo que es el tratamiento de los chicos y análisis del gobierno de la época y empiezan desde la guerra de Malvinas y después. Ahora con el Día de la Memoria se empieza a cuestionar mucho más al gobierno, al gobierno militar en sí y más allá de esta ignorancia que te dice de plasmar una guerra, también es importante que se vea lo poco necesario que es para las sociedades un gobierno autoritario, lo poco necesario que es decir el rumbo, que el gobierno diga el rumbo que tiene la sociedad y pero no solo eso, no solo plasmar eso, sino plasmar la importancia que tiene la democracia en la sociedad y de qué manera se debe actuar en democracia.[13]

El estudiante entrevistado señalaba desde su perspectiva que la guerra de Malvinas funcionaba como un contenido que permitía aproximarse a una mirada crítica sobre la dictadura en las escuelas, y que de ahí deriva el hecho de que se haya abordado con más intensidad que otros contenidos relacionados con la dictadura. Sin embargo, también sostenía que era necesario enfatizar en el tratamiento de otros rasgos del gobierno militar, sobre todo la cuestión del autoritarismo y su contraste con un gobierno democrático.

Los desaparecidos

En la misma encuesta les pedimos a los alumnos que señalaran las palabras que relacionaban con los desaparecidos. En este caso, los términos propuestos fueron: "Militantes", "Subversivos", "Víctimas", "Jóvenes", "Guerrilleros", "Estudiantes", "Héroes" y "Trabajadores".

---

13. Entrevista a Alumno I. Alumno de escuela estatal de una localidad del interior de la provincia de Buenos Aires. Al momento de la entrevista tenía 16 años y cursaba 5° año.

Gráfico 2. ¿Cuáles de las siguientes palabras relacionás con los desaparecidos? (alumnos de escuelas secundarias, año 2008, 2046 casos)

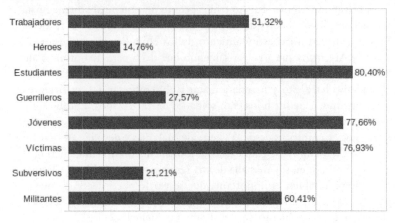

En el gráfico 2 podemos ver cómo existe un énfasis marcado en tres de los términos indicados: "Estudiantes" (80,4%), "Jóvenes" (77,66%) y "Víctimas" (76,93%). Estas tres palabras podrían relacionarse con la narrativa de la "víctima inocente", aunque en el contexto de la pregunta no se presentan estructuradas como un relato o una narrativa. También puede pensarse que los términos "Estudiantes" y "Jóvenes" son los que invitan a una mayor identificación de los alumnos con la figura de los desaparecidos.

En este sentido, podemos recordar las ideas de Dominick LaCapra (2006) quien sostiene que, frente a los acontecimientos traumáticos, existe una diversidad de posiciones de sujeto. La posición de la "víctima" conlleva valoraciones positivas y está asociada a una legitimidad reconocida por el resto de la sociedad y las instituciones. En el campo de las políticas públicas, la posición de sujeto correspondiente a las víctimas permite, por ejemplo, demandar legítimamente la prioridad en la acción del Estado, o hablar sobre el pasado con una autoridad públicamente reconocida. Esta es una de las razones por las que la posición de sujeto "víctima" provoca procesos de identificación.

LaCapra agrega una reflexión sobre la posición del historiador (y del psicoanalista) con relación a la víctima. En este caso, distingue dos actitudes: la identificación y la empatía. En la identificación, el historiador (o el testigo, o cualquier otra posición de sujeto que no implique haber atravesado directamente por la experiencia traumática) comparte el dolor de la víctima, con el riesgo de revivir el trauma y, sobre todo, con la inca-

MARTÍN R. LEGARRALDE

pacidad que esto conlleva para objetivar la distancia histórica que existe entre la experiencia traumática y el presente.

En este sentido, habrá que preguntarse si la elección de los alumnos de términos con los que ellos mismos podrían designarse (como "Jóvenes" y "Estudiantes") además de responder a narrativas instaladas sobre la dictadura, no remiten también a procesos de identificación.

Avanzando un poco más en la interpretación, podemos pensar que en este proceso de identificación, la legitimidad que porta la posición de "víctima" podría ofrecer a los alumnos una compensación frente a los procesos de estigmatización de los jóvenes en el presente.

> Alumno I: Muchas personas, he escuchado de muchas personas que..., no de mis padres pero de muchas personas adultas, que en la época de la dictadura era todo mucho más ordenado, que en la época de la dictadura no existía la inseguridad, en la época de la dictadura tal y tal cosa, como que le dan justificación al ordenamiento, justificación al orden y al progreso, lo que es la época de la dictadura y lo que mi papá también me cuenta es que más allá de todo ese orden y todo ese progreso, la sociedad argentina es la que está enfermando. Por el hecho de cuestionar o querer cambiar la realidad ya eras tratado como subversivo y ya pasabas a ser desaparecido o sin duda eras muerto por el solo hecho de cuestionar la realidad y lo que mi padre me cuenta, bueno, básicamente eso. Que siempre era como que controlaban todo el sistema, que estabas siempre metido dentro de un sistema que era prácticamente imposible salir porque estaba totalmente controlado.[14]

Junto con la condición juvenil, la figura del desaparecido se asocia con la toma de posición crítica, el inconformismo, la rebeldía frente a la realidad ("el hecho de querer cuestionar la realidad"). La idea de que "pensar distinto" era motivo suficiente para ser víctima de la represión, y en particular, para ser desaparecido, funciona como una explicación sintética de la situación a la que adscribieron gran parte de los alumnos entrevistados y encuestados. En este caso, la actitud de quien podía ser víctima de la desaparición era cuestionadora, pero su identidad política no es registrada en primer plano. La construcción, entonces, es la de una suerte de humanitarismo crítico, que podría existir más allá de proyectos y prácticas políticas ("criticar la realidad", "cambiar el mundo").

El argumento contenido en la respuesta del Alumno I, reúne muchas de las notas de la narrativa de la "víctima inocente": la centralidad de la víctima como condensación de sentidos en relación con un período histó-

---

14. Entrevista a Alumno I. Alumno de escuela estatal de una localidad del interior de la provincia de Buenos Aires. Al momento de la entrevista tenía 16 años y cursaba 5° año.

rico, rasgos típicos de la víctima que conducen a la identificación (jóvenes, estudiantes), y un humanitarismo que habría sido el motivo suficiente para ser objeto de la acción del aparato de represión ilegal, en tanto la identidad política de las víctimas (y el hecho de que el proyecto político en el que se inscribía dicha identidad fuera objeto de persecución por parte del aparato represivo) no son reconocidas o mencionadas.

> Entrevistador: Esta bien, bueno, te voy hacer otra pregunta. Volviendo un poco al pasado reciente, ¿quiénes eran los desaparecidos?

> Alumno K: ¿Quiénes fueron? Gente que en realidad se calentaron, gente que en realidad pensó, gente que en realidad se preocupó por cambiar algo y gente que en realidad iba siempre adelante o aunque en realidad (...) fueron los mejores del país, no volvieron, nos sacaron todo lo mejor, se los llevaron, fue una forma de dormirnos.[15]

En algunos casos, las expresiones que tradujeron una valoración positiva de los desaparecidos fueron reveladoras de los anclajes de los procesos de identificación. Esa mirada crítica y ese deseo de cambiar el mundo los convertía en "los mejores" de su generación. Por contraste, su desaparición fue un modo de dañar a toda la sociedad, privándola de estos jóvenes idealistas.

Ahora bien, cuando en las entrevistas surgían referencias a la identidad política o las prácticas políticas de los desaparecidos, la argumentación reconducía en general a la lógica del idealismo, del humanitarismo, en lugar de concentrarse en la contraposición de los proyectos políticos:

> Entrevistador: ¿Y quiénes, cómo eran los que estaban en organizaciones armadas? ¿Cómo te imaginás? ¿Pudiste hablar con alguien?

> Alumno K: Mucho no pude estudiar, de eso mucho no me dieron, del ERP, de eso no me dieron. Simplemente me los tildaron de locos que querían hacer las cosas por la fuerza, siempre los tildaban así. Pero qué sé yo... Eran... Yo me imagino como gente que buscaba un cambio y se dio cuenta que a veces... Y pensaba que la única forma de cambiar algo era a través de la fuerza, porque pensaban a través de la palabra mucho no se iba a lograr. Que lo hago una vez y después no hago nada y que a través de las armas obligaban a las cosas a hacerlo como ellos querían, cuando en realidad supuestamente defendían dentro de todo, lo que ellos defendían a la fuerza era lo de la palabra, era algo anti-lógico, algo ilógico.[16]

---

15. Entrevista a Alumno K. Alumno de escuela estatal de una localidad del Conurbano Bonaerense. Al momento de la entrevista tenía 18 años y cursaba 6° año.

16. Entrevista a Alumno K. Alumno de escuela estatal de una localidad del Conurbano Bonaerense. Al momento de la entrevista tenía 18 años y cursaba 6° año.

Como puede verse en este fragmento, el reconocimiento de la lucha armada como una práctica política era presentado como algo "ilógico", como una práctica que entraba en contradicción con los fundamentos ideológicos del mismo actor (defendían "lo de la palabra", en una posible alusión a la libertad de expresión, frente a la censura o a la persecución autoritaria).

En este sentido, es posible sostener que la narrativa de la "víctima inocente" funciona como una representación social (Jodelet, 1985) que tiene la capacidad de resolver una serie de tensiones explicativas sobre un acontecimiento complejo del pasado: condensa valoraciones críticas y negativas sobre la dictadura, explica sus "motivos" o "razones", pero también resume una serie de hipótesis sobre las motivaciones de los actores (los militantes querían "cambiar el mundo" mientras los militares no querían que "nadie pudiera pensar distinto"). Frente a esta representación, las evidencias de elementos que entran en contradicción o que exigen otras explicaciones (por ejemplo, la identidad política de las víctimas o la opción por la lucha armada de las organizaciones revolucionarias) son reducidas al lugar de elementos "ilógicos", contradicciones internas en la lógica de los actores.

Por otra parte, esta economía explicativa que presenta la narrativa de la "víctima inocente" se activa frente a la situación de una entrevista, y constituye un modo en que los estudiantes entrevistados "resuelven" esta situación. En este sentido, es posible ver cómo la situación de entrevista presenta semejanzas con las instancias de evaluación, en la que también se les solicita a los alumnos que "expliquen" o "digan lo que saben" para luego contrastar sus respuestas con parámetros normativos. En la situación de tener que ofrecer una caracterización de la dictadura, los alumnos eligen un relato que presenta sus rasgos de coherencia interna, facilita transmitir una valoración negativa de los acontecimientos y contiene las lógicas previsibles de los actores.

¿Qué dicen los docentes sobre la dictadura?

En el caso de los docentes, las encuestas realizadas mostraron una distribución de respuestas similar a la de los alumnos cuando les solicitamos que indicaran palabras que relacionaban con la dictadura.

Como puede verse en el gráfico 3, las tres palabras que registraron mayores cantidades de respuestas fueron "Represión" (89,83%), "Desaparecidos" (85,59%) y "Autoritarismo" (79,66%). Resulta destacable que los dos términos que podrían portar una connotación neutra o positiva sobre la dictadura registran un nivel de selección significativamente menor que en el caso de las respuestas de los alumnos ("Orden": 6,78% y "Seguridad": 2,54%).

Gráfico 3. ¿Cuáles de las siguientes palabras representan mejor lo que pensás de la dictadura? (profesores de escuelas secundarias, año 2008, 118 casos)

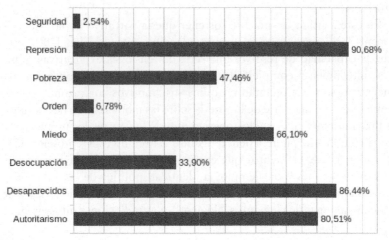

Las palabras que se relacionan con las consecuencias económicas y sociales de la dictadura, por otra parte, registraron un nivel de respuesta intermedio, inferior al 50% aunque mayor al indicado por los alumnos ("Pobreza": 46,61% y "Desocupación": 33,9%).

En las entrevistas, y en alusión a proyectos que los docentes coordinaban con sus alumnos en el marco del Programa, las referencias muestran características específicas:

Entrevistador: ¿Es decir que desde la actualidad lo van comparando con otras etapas?

Profesora A: Claro, no solamente con la dictadura, sino con otras etapas que se vivió con el autoritarismo. Porque no fue la única etapa, (...) siguió hasta el '98 y... bueno, Cabezas[17] que es ahí, de la zona de Avellaneda, no fue durante la dictadura, fue después. Inclusive en las mismas escuelas,

---

17. Se refiere al caso del asesinato de José Luis Cabezas en enero de 1997. Cabezas fue un fotógrafo y reportero gráfico, asesinado por un grupo integrado por policías, luego de que el reportero tomara una serie de fotos al poderoso empresario Alfredo Yabrán. El asesinato de Cabezas fue a la vez un símbolo de la acción de grupos vinculados con las fuerzas de seguridad, así como del ataque a periodistas que cubrían casos relacionados con el poder político y económico.

donde hoy yo estoy trabajando, todo este tema de democracia... con un simple bajar los párpados marcabas.

Entrevistador: ¿Cómo es eso?

Profesor A: Claro. Hoy es la misma escuela y es distinta, se trabaja de otra forma. En aquella época, por ejemplo, no podías andar con el pelo largo, los varones. Hoy pueden ir con los *piercing* colgados en la cara. En otro momento ya eras considerado distinto.[18]

En este caso, la profesora asociaba la dictadura con el clima de autoritarismo, sostenía su continuidad más allá del período dictatorial y señalaba la propia escuela como un ámbito en el que se podía ejemplificar el tipo de transformaciones que se produjeron, y que incidieron en la experiencia de los jóvenes (antes no podías andar con el pelo largo, ahora podés ir con *piercing*). El autoritarismo, como rasgo característico de la dictadura, se traducía en un clima cultural e institucional que se extendió más allá del régimen político.

La referencia al autoritarismo como característica cultural de la dictadura, habilita el complemento de la experiencia del docente en el diálogo con los alumnos. El énfasis puesto por los docentes en los rasgos de la dictadura que podrían ser vinculados con su experiencia cotidiana, puede ser entendida como un modo de subrayar su implicación personal con el tema, más allá del contenido curricular. La dictadura era relatada como una vivencia perceptible en la vida cotidiana de los jóvenes, tanto de ayer como de hoy.

En otros casos, la posición que los docentes relataron era la de acompañar el descubrimiento de sus alumnos en relación con las actitudes sociales sobre la dictadura:

[Las docentes entrevistadas relatan la conclusión de un trabajo de encuestas que realizaron sus alumnos en una plaza céntrica de la localidad]

Profesora E: Y ahora, por ejemplo, estaba bueno esto de... Terminamos ahí, las encuestas en la plaza, estamos a cuatro cuadras de la plaza, volvimos a la escuela, uno de los chicos me dice: "¿A vos te parece que la mayoría contestó que tenía conciencia? ¡Ahora tienen conciencia!", y yo...

Profesora F: Ellos no se daban cuenta, pero estaban contestando desde otro lado.

Profesora E: O sea, él me lo dijo. Y le digo –porque yo estaba ahí mirando lo que ellos hacían– no podía ver lo que la gente le contestaba, salvo, bueno, un caso...

---

18. Entrevista a Profesora A. Profesora del área de Ciencias Sociales en el nivel secundario.

Profesora F: Emblemático.

Profesora E: Que además lo tenemos filmado, que además le dijo –el ex presidente de la Sociedad Rural, gente de campo, o sea con campo, muy conservador por supuesto el señor–. Y cuando ellos le fueron a preguntar les dijo: "Ustedes que son de derechos humanos, marxistas, comunistas" y no sé cuántas cosas más.

Profesora F: "¿Sabés dónde pueden meterse los derechos humanos?". Así que quedaron shockeados, porque esto era lo otro que te iba a decir, lo que le pasa también a esta generación, es que como está tan instalado el tema de la condena a la dictadura, está muy instalado en la generación de ellos. Hay una condena a la dictadura. Más allá de que en las casas unos le digan "Uh, pero los Montoneros también mataban gente, ponían bombas".[19]

Las profesoras se ubicaban en un rol de acompañamiento del descubrimiento de los alumnos, en este caso, de las actitudes de actores sociales emblemáticos, que contradecían los sentidos construidos por los jóvenes sobre la dictadura. Al final de la cita, las profesoras marcaban el contraste entre el discurso escolar y el familiar y, en este sentido, coincidían con lo señalado también por otros docentes. En la percepción de las profesoras, en la trama de tensiones generacionales en relación con la dictadura, la escuela se ubica simbólicamente en el mismo lugar que las nuevas generaciones, es decir, comparte y ofrece fundamentos para una condena a la dictadura. Del otro lado, están las posibles memorias denegadas (Da Silva Catela, 2010): actores sociales conservadores (el presidente de la Sociedad Rural del pueblo) y algunos relatos familiares.

Entrevistador: Y en cuanto a tu historia personal, ¿los chicos te consultan por tu historia?, ¿por algo estás en esto? No sé, porque sos "zurda" [expresión con la que la entrevistada se designa a sí misma en una respuesta anterior], bueno, esos imaginarios...

Profesora J: No, la verdad que no, no. A veces, si surge en la conversación, me preguntan cómo era mi escuela secundaria y bueno, y yo les digo, en el momento que hice la escuela secundaria era durante la dictadura y bueno, y yo les cuento... Pero más desde ese lugar, más desde cómo era la escuela a la que yo iba cuando tenía la edad que tienen ellos. Desde esa mirada, de cómo era yo como estudiante, desde ese lugar, pero no desde la problemática que se está analizando, ¿entendés?

Entrevistador: Claro. ¿Y pasó que los chicos hayan cuestionado decisiones o valores de aquellos años sobre temas que estaban investigando?

---

19. Entrevista a Profesoras E y F. Profesoras en escuelas del interior de la provincia de Buenos Aires que no dictan Historia.

Profesora J: Cuestionan mucho a sus padres. Esto sí aparecía. Que ellos les preguntaran a sus padres, bueno y "¿vos qué estabas haciendo en ese momento?", o "¿qué te pasaba a vos en esa época?" Eso sí aparece fuerte, porque los chicos se preguntan y porque algunos padres además han venido a la escuela a quejarse por hacer este tipo de trabajos. Como yo, que un padre me manda una nota y me dice: "¿Cuáles son su verdaderas intenciones en hacerles hacer estas cosas?".[20]

Fue recurrente en el relato de los profesores esta contraposición "escuela versus familia" en relación con las representaciones y valoraciones sobre la dictadura. En las entrevistas a docentes surgió un esquema según el cual los alumnos forman parte de una generación que, en general, condena a la dictadura, sea como resultado de un cambio cultural, sea como producto de la acción escolar. Esa condena entraría en contradicción con los mensajes familiares y de otros actores sociales, y frente a esta tensión, las escuelas (y más precisamente el diálogo con los profesores) era relatado por los propios profesores como un refugio y un contrapunto que permitía reforzar la condena a la dictadura. Este esquema llegaría a su punto de máxima tensión cuando las contradicciones entre la escuela y la familia se volvían explícitas: "¿Cuáles son sus verdaderas intenciones en hacerles hacer estas cosas?"

Con relación al lugar que ocupa la temática en el currículum, el Profesor G, docente de Historia, señalaba las limitaciones que encontraba en las definiciones de los diseños curriculares del Polimodal, que interrumpían el tratamiento de este tema en 2° año (equivalente al 5° año de la actual Escuela Secundaria Obligatoria) y no lo continuaba en el 3° año.

Entrevistador: ¿Y hay algún gancho con el tema de...?

Profesor G: Sí, en la escuela [menciona una escuela en la que trabaja], sí. En la de segundo año. El problema curricular es que tendría que haber una continuidad en tercero. Y este es un reclamo que hacen todos los profesores de Historia, que lo vas a volver a escuchar. Pero en tercer año no hay Historia, entonces vos llegás a último momento del ciclo lectivo en segundo con la dictadura, ahí arrastrándote. Tenés que hacer el esfuerzo, porque está esta cuestión de hacerlo cronológico.

Yo hoy, no me interesa. Voy y vengo todo el tiempo, no me interesa. Pero te digo, la gran mayoría de... Por ser capacitador te digo, ¿no? Que el profesor está preocupado por llegar y... llega diciembre y no vieron marzo

---

20. Entrevista a Profesora J. Profesora en escuela del Conurbano Bonaerense que no dicta la materia Historia.

del '76. Te querés morir. No vieron la dictadura. Entonces, ahí hay un tema curricular que tiene que ver con la Dirección General de Escuelas.[21]

Los profesores aludieron al tema de la dictadura relacionándolo con las situaciones de enseñanza y del vínculo generacional con sus alumnos. En el caso del profesor G, se trata de un docente de la materia Historia que colaboró con la implementación de los nuevos diseños curriculares (en el momento de la entrevista, en el año 2008, este profesor era capacitador en el área de Historia en la implementación de los pre-diseños de la materia). Su apreciación sobre las limitaciones que presentaba el diseño curricular del Polimodal en la provincia de Buenos Aires se referían a las dificultades prácticas que plantea su enseñanza para el caso de la materia Historia, la organización cronológica de los contenidos y su relación con el tiempo disponible para abordarlos en el aula.

Más allá de estas dificultades, en muchos casos, docentes de otras materias relataron situaciones en las que habían abordado temáticas relacionadas con la dictadura.

Profesora K: Yo no doy Historia por ejemplo, pero, obviamente que estas cosas... estas cosas relacionadas con la dictadura y los derechos humanos no es limitado ni restringido al profesor de Historia, ¿verdad?

Entrevistador: Claro...

Profesora K: Y si bien yo siempre fui... No milité nunca en un partido político, pero tuve como muy claro estas cuestiones relacionadas con la dictadura, desde mi postura, ¿no? Por alguna experiencia familiar y demás. Eh, siempre me comprometí. A lo mejor con el tipo de texto que llevaba a clase, con el tipo de debate que permitía que se hiciera.[22]

La temática de la dictadura excedería los contenidos de Historia sobre todo porque para muchos docentes existe un "deber de transmisión". Las generaciones de docentes que vivieron la época, a través de su experiencia personal, familiar o generacional, consideraron que tenían que "hacer algo" con el tema en su rol como docentes. En este sentido, el tema "dictadura" ha interpelado a muchos docentes desde el punto de vista de su lugar de responsabilidad en la transmisión, y eso hizo que el tema generase reacciones distintas a otros temas de la historia del siglo XX que podrían dar lugar a controversias, como los gobiernos peronistas, el Cordobazo o la Guerra Fría. Es decir, en las respuestas de los profesores,

---

21. Entrevista a Profesor G. Profesor en escuela del Conurbano Bonaerense. Profesor de Historia.

22. Entrevista a Profesora K. Profesora en escuela del Conurbano Bonaerense. No es docente de Historia.

existen dimensiones en el tema "dictadura" que desbordan lo que puede trabajarse desde la materia Historia, o dicho de otro modo, que habilitan su abordaje desde distintas materias y en distintas situaciones de enseñanza.

Para profundizar en las caracterizaciones de las narrativas predominantes, en la encuesta les pedimos a los docentes que señalaran palabras que relacionaran con la figura de los desaparecidos, y les propusimos las mismas opciones que a los alumnos. En el caso de esta pregunta, se observa una diferencia mucho mayor en la cantidad de respuestas que recibieron los términos que pueden considerarse como referencias adecuadas o inadecuadas desde el punto de vista de las memorias oficiales. Las palabras "Héroes" (2,54%), "Subversivos" (6,76%) y "Guerrilleros" (10,17%) resultaron muy poco elegidas, frente al resto de los términos de la pregunta. Esto podría indicar que, en el caso de los docentes, existió más claridad respecto del contexto en el que esos términos podrían ser interpretados.

Gráfico 4. ¿Cuáles de las siguientes palabras relacionás con los desaparecidos? (profesores de escuelas secundarias, año 2008, 118 casos)

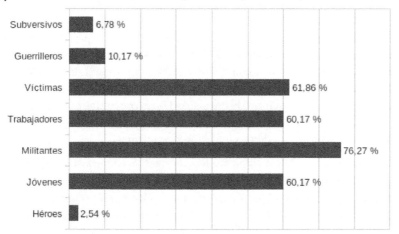

Otro aspecto destacable, es que la palabra más seleccionada fue "Militantes" con el 76,27%, significativamente por encima de los restantes términos que rondan el 60%. Este término es directamente contrastable con la narrativa de la "víctima inocente", una de cuyas notas características es que la identidad política de las víctimas está desplazada del centro del relato. Por otra parte, los tres términos que podrían indicar una identificación de los desaparecidos con la narrativa de la "víctima inocente" ("Jóvenes", "Estudiantes" y "Víctimas") registran un nivel de respuesta semejante al término "Trabajadores" (60%).

En las entrevistas, por su parte, los docentes utilizaron los términos que fueron menos elegidos en la encuesta, pero en contextos de enunciación precisos.

Profesor G: Yo estoy notando que hay como una evolución permanente respecto a esto. Vos fijate que últimamente se está hablando cada vez más del tema de las responsabilidades compartidas, y que, por ejemplo, el pibe empieza a escuchar: "Bueno, ya estuvimos hablando mucho del terrorismo de Estado, ¿quiénes son los otros?, ¿quiénes son los terroristas?", por ejemplo, una palabra que se suele decir. ¿Quienes son los guerrilleros? Entonces ahí se te presentan nuevos debates y nuevas problemáticas, ¿no?[23]

Los términos "terroristas" o "guerrilleros" son empleados en este caso, en el sentido de designar a las víctimas del terrorismo de Estado, utilizando las palabras con las que fueron catalogados por el propio gobierno militar. La utilización de estas palabras sirve, en este caso, para narrar el camino de descubrimiento e interrogación que siguen los alumnos y que plantea para el docente "nuevas problemáticas". Se trata de un recorrido argumental por el cual las víctimas del terrorismo de Estado no eran designadas en primer lugar por su condición de "víctimas" sino por su acción política armada ("guerrilleros", "terroristas"). De este modo, las preguntas que el docente relataba que animaban a sus alumnos, también serían un modo de desplazar la caracterización de los desaparecidos según la narrativa de la "víctima inocente".

Sin embargo, no siempre la curiosidad o las preguntas de los alumnos fueron las que abrieron el camino al conocimiento de otros rasgos de los desaparecidos más allá de su condición de víctimas.

Entrevistador: ¿Dónde empiezan los por qué? ¿Se empiezan a preguntar por la vida de ese desaparecido, o por qué se lo perseguía?

Profesora C: Eh, sí. Qué hacía, por qué. (...) Salen cosas interesantes. Por ejemplo, cuando fue el hijo de este matrimonio [se refiere a un hijo de desaparecidos de la localidad] a dar una charla en la escuela con los chicos para contarles un poco la historia, había algunos que se resistían. Decían: "No, no, a mí no, no sé si quiero, porque a mí no me gustaría que se metieran en mi vida, gente que no conozco, que se metieran en mi vida a averiguar. A mí se me murió una hermana y no me gustaría que un desconocido viniera y estuviera metiendo la nariz".[24]

---

23. Entrevista a Profesor G. Profesor en escuelas del Conurbano Bonaerense. Profesor de Historia.

24. Entrevista a Profesora C. Profesora en escuelas del Conurbano Bonaerense. No dicta Historia.

En ocasiones como las que relataba la profesora C, los alumnos expresaron resistencias al tema, en este caso, a entrar en la vida cotidiana de los desaparecidos. Esa resistencia se manifestaba también como un respeto a la privacidad. Por contraste, se afirmaría la idea de que la condición de víctima es suficiente para su ubicación en el relato público.

Otras voces le hablan a los jóvenes sobre la dictadura: una visita guiada a un sitio de memoria

Desde finales de la década de 1990, distintos organismos han generado dispositivos para difundir el conocimiento sobre sitios de memoria que constituyeron lugares emblemáticos del terrorismo de Estado. Estos espacios son visitados asiduamente por grupos escolares, y son ámbitos en los que es posible reconocer otras formas de enunciación del pasado que ponen en tensión la escucha, la transmisión y la producción de relatos sobre la dictadura.

A continuación, presentamos una observación realizada en 2013 durante una visita guiada de un grupo de estudiantes secundarios al sitio de memoria en el ex Centro Clandestino de Detención, Tortura y Exterminio (CCDTyE) "Olimpo".[25] Este sitio de memoria se encuentra en la ciudad de Buenos Aires y el acceso al predio se produce por la Avenida Coronel Ramón L. Falcón. A treinta metros de la Avenida Olivera, sobre la Av. Falcón se encuentra un portón de reja metálico y a la izquierda se conserva una garita de vigilancia. Por la reja se accede a un gran playón cubierto por un tinglado de chapa, a dos aguas, que abarca casi la totalidad de la manzana.[26] A la derecha se ubica el acceso a un bloque de salas que se

---

25. "El CCD Olimpo funcionó entre mediados de 1978 e inicios de 1979, en dependencias de la División de Automotores de la Policía Federal Argentina. El predio ocupa aproximadamente una hectárea, situada en el barrio de Floresta. En el año 2004, ante la fuerte movilización de organizaciones barriales, los representantes del GN [Gobierno Nacional] y GCABA [Gobierno de la Ciudad Autónoma de Buenos Aires] firmaron un convenio destinándolo como futuro espacio para la memoria. A mediados de 2005, las instalaciones de la Policía fueron trasladadas a otro lugar" (Guglielmucci, 2011: 322).

26. "Antes de ser oficializado en cuanto espacio de memoria, el predio fue utilizado, sucesivamente, como: terminal de tranvías, terminal de ómnibus, CCD, y Planta Verificadora de Automotores. En este sentido, los integrantes de la CTyC [Comisión de Trabajo y Consenso] se preguntaban, por ejemplo, si debían remover o conservar el tinglado de la vieja estación de tranvías, elemento icónico del lugar como sitio histórico, pero difícil de mantener y de reponer. Finalmente, las decisiones consensuadas fueron ajustadas fundamentalmente a la decisión de exhibir el funcionamiento del lugar como CCD y su posterior camuflaje, sin alterar su estructura edilicia general. Es decir, si se conserva el tinglado que cubre la totalidad del predio es porque permitió a los sobrevivientes identificar el lugar desde el exterior una vez que fueron liberados; si no se reconstruye una celda es

identifican con pequeños carteles y se denominan "espacios" (Espacio Microcine, Espacio Biblioteca, Espacio Historias de Vida). Ese mismo edificio presenta un frente hacia la Avenida Olivera, de dos plantas, que sólo cuenta con ventanas pero no tiene accesos independientes.

En el momento de la visita, el cartel de la entrada y gran parte de la señalización designaban al lugar como Ex-CCDTyE "El Olimpo". La sigla significa "Centro Clandestino de Detención, Tortura y Exterminio", aunque no se explicaba este significado en la cartelería.

El playón se encuentra dividido por muros bajos, perpendiculares a la entrada, que se extienden bajo el tinglado y dividen la totalidad del espacio prácticamente en dos mitades.[27] Esos paredones están cubiertos con murales coloridos, con temas relativos a la militancia social y política, la memoria de los desaparecidos, etc.

La visita comenzó dentro del Espacio Microcine. En este caso, un grupo de alrededor de sesenta alumnos de una escuela secundaria de la provincia de Buenos Aires, de entre 16 y 18 años, con dos profesores, realizaba la visita. Los alumnos se sentaron en sillas plásticas dispuestas en semicírculo y dos guías del sitio se ubicaron en el frente, apoyadas en una mesa.

El primer paso de la visita fue una charla, que duró algo más de treinta minutos, en la que las guías presentaron información sobre el funcionamiento del centro clandestino de detención, la historia política durante la dictadura, y agregaron datos a partir de las preguntas de los alumnos. Merece que nos detengamos en reconstruir y analizar algunos de los intercambios que se produjeron en este momento de la visita, porque permiten pensar en ciertas tensiones implicadas en los procesos de transmisión en acto de las memorias.

---

porque consideran que el crimen allí cometido se perpetúa con la impunidad alentada por su ocultamiento" (Guglielmucci, 2011: 324).

27. "De esta manera, los integrantes de ambas comisiones han subdividido el lugar en dos grandes sectores complementarios entre sí, que se asemejan a la distinción social entre lo 'sagrado' y lo 'profano', entre los que median ciertos *tabúes* para mantenerlos separados. Significativamente, el sector clasificado como 'sitio histórico' es consagrado como un espacio aparte del resto del predio, un área retirada de las demás actividades mundanas realizadas en el lugar. Su construcción como un sitio apartado, y sometido a ciertos tabúes respecto al comportamiento adecuado para transitarlo, opera como un elemento clave en el mantenimiento de su *aura* como *lugar de memoria auténtica*. Como si de esta manera el espacio pudiera dar cuenta de esa realidad pasada que ya no es, pero sigue siendo: el pasado no pasado y la conversión de la ausencia en presencia. La *sacralización* del espacio, manifestada en su ambivalencia, entre lo que es y lo que no es, entre lo clasificado y lo inclasificable, entre lo 'sagrado' y lo 'profano' es una manera de retener lo que ha sido, como algo que continúa viviendo *en* nosotros, y *a través* de los lugares que nos trascienden" (Guglielmucci, 2011: 330).

Una de las primeras preguntas que hicieron los alumnos es qué sabían los vecinos. La respuesta de las guías se refirió a una definición política del organismo que gestiona el sitio: "Basamos las visitas en los testimonios de los sobrevivientes y en lo que dicen los vecinos". Esta frase se repitió en distintos momentos del recorrido, como una exposición de la política sobre las fuentes legítimas para construir el relato sobre el funcionamiento del ex CCD y su contextualización. Sobre lo que decían los vecinos, las guías indicaron posiciones que iban desde la convicción de los vecinos sobre la supuesta "normalidad" (por ejemplo, vecinos que pensaban que se trataba de un taller o una fábrica) hasta la sospecha e incluso la suposición de que se trataba de una cárcel.[28]

La exposición de las guías se inició con un relato sobre el golpe de Estado y el funcionamiento del plan represivo de la dictadura, y derivó hacia una reflexión acerca del control que ejercían los represores sobre la sociedad en general, más allá del centro de detención. Mencionaron como ejemplo de este control el hecho de que, según testimonios de los vecinos, estaba prohibido transitar por la vereda del predio, e incluso el tránsito y la circulación de vehículos estaba obstaculizada y sujeta a controles. Señalaron al respecto que "El Olimpo" producía terror en el barrio.

Sobre la denominación "El Olimpo" se produjo un diálogo propuesto por las guías. Una de ellas pregunta: "¿Por qué les parece que los militares le decían 'El Olimpo'? ¿Con qué relacionan 'El Olimpo'?" A lo que una alumna contesta: "Con los dioses". La guía, con un gesto de aprobación, dice: "Los militares se pensaban como dioses, que podían disponer a voluntad de la vida de los compañeros".

El modo de nombrar a las víctimas del centro de detención es muy significativo. Las guías los llaman "compañeros". No utilizan otros términos, que circulan en el espacio público para nombrar a las víctimas del sistema represivo como "desaparecidos", "detenidos-desaparecidos", "militantes" o "víctimas". Puede pensarse que la denominación "compañeros" genera una serie de efectos discursivos. Por un lado, promueve un proceso de identificación. Los desaparecidos son nombrados en presente, e incluso con un término que no hace diferencia respecto de otros "compañeros", los compañeros de trabajo en el sitio, los "compañeros de restauración", que son mencionados en varias oportunidades en la visita en referencia a las personas que trabajan en la restauración del edificio y los recintos del ex-centro de detención. En este modo de nombrar, las víctimas son

---

28. Un rasgo distintivo del CCDyT Olimpo es que su organización como sitio de memoria en parte fue una respuesta estatal a movilizaciones de organizaciones vecinales. Esto, además, repercute sobre la administración del sitio de la que participan dichas organizaciones.

enunciadas como parte de un "nosotros" que comparten con las guías, e incluso el término parece invitar a que los jóvenes que escuchan la presentación se identifiquen[29] con los "compañeros". En segundo lugar, el hecho de que se nombre a las víctimas en presente, puede diluir o generar un efecto de irrealidad en relación con la distancia temporal que separa aquel pasado de la represión con el presente, lo que podría reforzar la relación de identificación.[30] En tercer lugar, el término "compañeros" connota una pertenencia política, una suerte de confraternidad militante. La referencia a los "compañeros" porta no solo cierta familiaridad, sino una familiaridad basada en una militancia compartida. Esta referencia marca un posible punto de contraste con la narrativa de la "víctima inocente" porque nombra a las víctimas de un modo que no elude su condición militante. En el relato de las guías, las referencias más precisas a las organizaciones políticas a las que pertenecían las víctimas fueron apareciendo a lo largo del recorrido, en el contexto del diálogo con los alumnos.

A partir del análisis de estas enunciaciones, es importante pensar cuál es el margen que las prácticas de transmisión habilitan para procesos de resignificación y para la elaboración de nuevas preguntas sobre el pasado. El esfuerzo de las guías estuvo puesto en señalar que las prácticas del terrorismo de Estado se enmarcaban en un proyecto que tenía víctimas físicas directas pero que operaba sobre toda la sociedad. Si bien la narración fue bastante fluida, parecía seguir un guión relativamente prefigurado.

Una de las preguntas destinada a suscitar la intervención de los alumnos fue: "¿A quiénes se perseguía?". Los alumnos respondieron haciendo referencia a un conjunto de actividades y profesiones: "estudiantes, docentes, trabajadores, médicos, periodistas,...". Las guías corrigieron esta respuesta diciendo: "Ustedes mencionan profesiones. Podríamos estar todo el día

---

29. Utilizamos aquí la noción de "identificación" expuesta por Dominick LaCapra (2006) que hemos caracterizado anteriormente.

30. Recordemos que uno de los rasgos del proceso de "identificación" es que impide o dificulta reconocer la distancia temporal (y también social e histórica) entre el acontecimiento traumático y el presente. De acuerdo con LaCapra, esto tiene como consecuencia la imposibilidad de desarrollar un trabajo de elaboración del trauma, ya que si no se tiene presente el paso del tiempo, las diferencias entre el tiempo del trauma y el tiempo presente, se facilita la reaparición del trauma, lo que lleva a revivir la experiencia traumática. En un sentido similar, Gugliemucci (2011) se refiere a la apreciación de Krzysztof Pomian quien considera que los museos no solo son lugares de memoria, sino también "máquinas de olvido activo de una temporalidad exterior de la que se extraen los objetos expuestos". Así como los museos, el trabajo realizado sobre los sitios de memoria implica también cierto trabajo de "puesta entre paréntesis" de la distancia temporal entre el presente y el pasado. En este sentido, es posible conjeturar que las situaciones de transmisión que se producen en sitios de memoria pueden portar un plus de identificación, implicado en esta alteración de la temporalidad.

MARTÍN R. LEGARRALDE

diciendo profesiones porque hay perseguidos de todas las profesiones, pero si algo caracterizaba a los que fueron perseguidos era su ideología...". Las referencias a la ideología de las víctimas de la represión generalmente fueron aportadas por las guías. En ese caso, mencionaron "ideologías de izquierda, peronistas, comunistas".

Las guías también señalaron que las víctimas eran por lo general "militantes". Preguntaron: "¿Dónde se llevaba a cabo esa militancia?" Ante el silencio de los alumnos, continuaron: "En las villas..., ¿dónde más?", y recibieron por respuesta la mención a otros contextos: "en las escuelas, en las fábricas".

En los intercambios y conversaciones entre los alumnos y las guías no mencionaron la pertenencia política precisa de las víctimas, su militancia en ciertas organizaciones en particular: Montoneros, Ejército Revolucionario del Pueblo, entre otras. Sin embargo, una vez finalizada la visita, en un contexto de charla informal, una de las guías respondió a la pregunta de una docente acerca de si ese centro de detención se ocupaba de algún grupo político en particular. La respuesta fue: "Nosotros no solemos decirlo, pero sí, por acá pasaron militantes de Montoneros, del PRT, del PRT–ERP, el GOR, etcétera". Y agregó: "Se sabe que en el Centro estaban separados. Del PRT no hay sobrevivientes. Prácticamente de ningún centro hay sobrevivientes del PRT. Bah, sí hay, pero están menos organizados. Montoneros estaba más organizado".

Las expresiones de las guías acerca de las identidades políticas y la militancia de las víctimas de la represión se mantuvieron entonces en dos registros: por un lado, en los intercambios con los chicos, las menciones tendieron a ser globales, generales. No evitaron hablar del enrolamiento de muchas de las víctimas en la lucha armada o en proyectos revolucionarios, pero las menciones los referían como un todo indiferenciado. Por otra parte, en el diálogo con los adultos (en este caso, los profesores), las menciones se volvían más explícitas y precisas, e incluso parecían apoyarse en sobreentendidos acerca de las diferencias en cuanto al modo en que las distintas organizaciones reaccionaron frente al plan represivo.

Además de esta coexistencia de registros de enunciación (un modo de referirse a los desaparecidos cuando se habla con los alumnos y otro modo cuando se habla con los profesores), los intercambios entre las guías y los alumnos permitieron ver una situación de tensión propia de la instancia de transmisión. Las guías señalaron en su exposición que la dictadura se propuso la imposición de un sistema económico que interrumpiera el ascenso de la clase obrera. En ese momento, una de las chicas dijo: "Pero ese era un sistema comunista"; sus compañeros se rieron y una de las guías acotó: "¡Qué fuerte!" en alusión a la calificación realizada por la alumna. Ese intercambio generó una reacción de algunas de las chicas que interpelaron a la guía pidiéndole que explique por qué dijo eso.

Para las guías, el cuestionamiento de las alumnas es interpretado en términos de un cuestionamiento político-ideológico: se defendieron diciendo que su expresión "qué fuerte" no quería decir que consideraran que hablar de comunismo era una afirmación fuerte, sino que les parecía fuerte el modo de decirlo, como si fuera una acusación. Por su parte, las alumnas parecían cuestionar que la afirmación de las guías fuera un modo de censurar la expresión de su compañera. La mutua incomodidad quedó expresada en un cambio en el clima de la charla, con una mayor tensión en las expresiones tanto de las guías como de los alumnos, y con un modo de intervención de los alumnos mucho más cuestionador de las afirmaciones de las guías.

En este punto, el intercambio (que pone en escena un proceso de transmisión) permite ver una tensión referida a las distintas posiciones de los actores que participan de él, con relación a los acontecimientos: las guías ofrecieron una interpretación de la dictadura que a la vez involucraba una toma de posición, una valoración negativa de la dictadura presentada en contraste con una valoración positiva de los procesos políticos que ésta interrumpió; las alumnas, en cambio, no compartían esa interpretación y lo explicitaron cuestionando ese proceso político (que, de acuerdo con las guías, conducía al ascenso de la clase obrera). La estructura de este intercambio es reveladora de un dilema central de los procesos de transmisión de las memorias de la dictadura: en la medida en que éstas portan valoraciones y tomas de posición fuertes acerca de los acontecimientos, también emplazan a los actores que participan del proceso de transmisión en escenarios de confrontación potenciales. De manera que la transmisión también es un momento en el que se expresan las memorias en conflicto.

La tensión mencionada se trasladó a otros momentos del intercambio, cuando una de las chicas preguntó si en el centro de detención "también se secuestró a personas inocentes, que no habían hecho nada", a lo que una de sus compañeras le aclaró que las víctimas de la represión no disponían de garantías legales, no eran acusados y llevados a juicio, y por lo tanto su detención y en general la represión, era ilegal. Otra de sus compañeras dijo que "la guerrilla no era inocente", y explicó su opinión de que la lucha armada también podría ser interpretada como actividades delictivas por los secuestros, asesinatos y atentados.

La guía respondió señalando que en el centro de detención, y en general en el aparato de represión clandestina, fueron muy pocas las víctimas que "no habían hecho nada", que no tenían militancia, y además, esos casos "recibían un trato diferente". La guía cerró esta intervención criticando

MARTÍN R. LEGARRALDE

el uso del término "inocencia". Dijo: "hablar de la inocencia de las víctimas, habla de lo que nosotros pensamos". Sostuvo que quienes hablan de las "víctimas inocentes" suponen que hay "víctimas culpables". Dijo que este análisis no necesariamente supone tomar una posición sobre la lucha armada. "Si estamos de acuerdo o no con la lucha armada es una discusión que podemos tener otro día".

En ese momento las actitudes de los alumnos se dividieron en tres grupos. Un grupo (aparentemente mayoritario) exhibía un desinterés respetuoso: no charlaban ni interrumpían, pero tampoco prestaban una atención evidente a la discusión. Luego, otro grupo de alumnas expresó cierta intención de confrontación en esta discusión con las guías; sus intervenciones se superponían y algunas parecían ofuscadas por las respuestas y continuaban sus comentarios y respuestas en voz baja, en diálogo con los compañeros vecinos. Un tercer grupo, acompañaba las afirmaciones de las guías, en expresión de apoyo.[31]

Esta segunda discusión volvió a mostrar las tensiones de las situaciones de transmisión. En este caso, ya no se trató de una disputa por las

---

31. La vía de argumentación de las guías, en cambio, enfatizó en la necesidad de "contextualizar la guerrilla". Frente a este argumento, las chicas que confrontaban con las guías dijeron que la guerrilla no se puede "justificar". La discusión se volvió intensa. Las guías insistieron en introducir referencias históricas, y señalaron que la guerrilla no se puede entender si no se comprende la época. Mencionaron una serie de acontecimientos: la Revolución Cubana, el Mayo del '68, la proscripción del peronismo.

Cuando la discusión se intensificaba, una de las guías dijo: "Por ahí alguien le quiere contestar, para que no seamos solo nosotras". Con esta frase daba a entender que su posición estaba demasiado identificada con una defensa o justificación de la lucha armada y que quizás algún compañero podría retomar la discusión desde una voz menos sospechosa de intención justificatoria. Sin embargo, ninguno de los chicos tomó la posta en la discusión.

Una de las chicas preguntó: "¿No tiene nada de malo matar y secuestrar gente?" en alusión a la actividad de las organizaciones guerrilleras. Esta pregunta fue seguida por un breve momento de silencio, tras el que se produjo una intervención de la profesora que acompañaba a los alumnos. Dijo que los chicos venían trabajando en la escuela sobre la narrativa de la "víctima inocente" y la "teoría de los dos demonios", y que habían discutido sobre la actividad de las organizaciones armadas. La profesora dijo: "contextualizar no es lo mismo que justificar".

Como continuidad con la afirmación de la profesora, una de las guías aclaró que cuando se produjo el golpe de Estado "la guerrilla estaba destruida". A lo que una de las alumnas cuestionadoras respondió "Por lo que vimos en clase, los militares vinieron a poner un freno al desastre y al desorden del gobierno de Perón y de Isabel". La guía contestó: "Para entender el golpe hay que ver todos los intereses que hubo detrás".

La discusión se volvió incómoda para las guías. Los chicos comenzaron a murmurar. Aparentemente, la confrontación que se produjo en la charla comenzó a movilizar a algunos de los chicos que previamente mostraban desinterés. La profesora ordenó a los chicos, les pidió atención y silencio. Una de las guías cerró este momento diciendo: "Las ideologías las charlamos otro día".

---

valoraciones acerca de la dictadura sino de las víctimas, y la discusión no enfrentó a guías y alumnos sino también a alumnos entre sí. Por otra parte, la discusión yuxtapuso distintos argumentos: por un lado, la alumna que preguntaba, establecía una distinción entre "víctimas que no habían hecho nada" y las otras que, si bien no son nombradas, serían las que sí "hicieron algo" (la "guerrilla [que] no era inocente"); otra alumna respondió argumentando que todas las víctimas son víctimas y que lo central es el carácter ilegal de la represión; una tercera posición en la discusión fue la de la guía que se centró en discutir la noción de "víctima inocente".

Este segundo intercambio mostró otra dimensión de complejidad en torno de los procesos de transmisión. Las memorias en disputa, los argumentos en los que se fundan, las valoraciones a las que dan lugar no son binarias sino múltiples. En la medida en que esas posiciones eclosionan en las situaciones de transmisión, ésta se vuelve más compleja.

Finalizada la charla y con la orientación de la guía, el recorrido por el predio continuó dirigiendo al grupo hacia un portón de metal, evidentemente moderno, de color negro y con una inscripción. El acceso a lo que fue "El Olimpo" se produjo por ese portón que fue abierto en un muro que separaba al centro de detención del resto del predio.[32] La guía describió cómo esa parte del predio estaba separada por un muro, que se conserva. Estéticamente, dicho muro se distingue de otras paredes de la parte vacía del predio, que están decoradas con murales coloridos. En cambio, este muro es de cemento sin pintura ni revoque.

El grupo de alumnos ingresó por una puerta de vidrio con la leyenda "Memoria, Verdad, Justicia". Una vez adentro, la visita se detuvo delante de un portón ciego de chapa que da a la calle. A continuación la guía señaló un espacio con el aspecto de una oficina de acceso, con unas ventanas de vidrio tapiadas por cartones del lado interno. Según su relato, esa oficina era en la que se realizaba "la recepción de los compañeros" y se iniciaba el proceso de despersonalización: se les asignaba un número,

---

32. "En el caso del Olimpo, los integrantes del CTyC (en sintonía con la decisión general de conservar el lugar y no reconstruirlo tal cual era cuando funcionaba como CCD) trataron de no transformarlo irreversiblemente, preservando el sector del Pozo. Esta postura implicó no volver a levantar la parte –ahora derruida– del muro prefabricado de cemento, construido en la época de la Dictadura para incomunicar a los detenidos-desaparecidos en un sector del predio. Con el asesoramiento de un grupo de arquitectos, decidieron colocar una estructura desmontable de hierro y vidrio en la apertura del muro, diseñada de tal manera que permitiera percibir el interior y no generara sensación de encierro. La estructura operaría a modo de acceso al área del Pozo, produciendo una bisagra entre los dos sectores del predio (áreas 'sitio histórico' y 'construcción de la memoria'), y serviría como soporte de comunicación gráfica sobre el funcionamiento del CCD" (Guglielmucci, 2011: 328).

se les impedía utilizar su nombre y su nombre de guerra, y también se reunía la información de inteligencia y se decidían las nuevas detenciones.

La guía hizo referencia a la existencia de una enfermería en la que se ejercía el control sobre la vida y la muerte de los detenidos. El interés de los chicos se concentró en las conexiones entre el interior y el exterior del centro, es decir, sobre la posibilidad de que los vecinos y familiares tuvieran alguna información sobre lo que sucedía en el centro. Esta curiosidad de los chicos se mantuvo a lo largo de la visita y fue respondida en relación con información específica en distintos momentos del recorrido.

En el siguiente momento en la visita algunos de los chicos se mostraron interesados por conocer más detalles acerca del mecanismo de las desapariciones. La guía comentó que lo que se pudo reconstruir acerca del funcionamiento de los centros clandestinos de detención se debe a los testimonios de los sobrevivientes y a las prácticas especializadas de restauración. Señaló que los organismos de derechos humanos mantienen un reclamo al gobierno sobre la desclasificación de documentación secreta en la que se sabe que consta información sobre el funcionamiento del terrorismo de Estado, las desapariciones e incluso nombres de represores, detenidos, destino de niños apropiados. Dijo que todos los gobiernos de la democracia mantuvieron ese secreto.

La guía describió el complejo edilicio del centro, del que solo se conserva una parte. La mayor parte del edificio fue modificado, el sector de celdas denominado de "población" fue desmantelado por los propios militares y gran parte del resto del edificio fue ocultado por la pavimentación del suelo, la demolición de tabiques y techos, etc. Junto con las referencias descriptivas que buscaban identificar la forma anterior del edificio cuando funcionaba el centro de detención, la guía mencionó referencias de apreciación histórica. Una de ellas tenía que ver con la militancia. Sostuvo que "antes, la militancia comenzaba más temprano, a veces desde los 13 años. Ahora no. Antes había mayor compromiso". Esta contraposición entre un pasado representado genéricamente y un presente también cargado de significado por defecto (en el presente habría menos compromiso que en el pasado, se comenzaría a militar más tarde como consecuencia de esa carencia, etc.) recibió gestos de aprobación sin palabras de los alumnos que miraban atentos a la guía. Este intercambio puede interpretarse como una situación en la que la transmisión de una imagen sobre el pasado propone una valoración (negativa) de las experiencias políticas de los jóvenes en el presente. En este contraste entre un pasado idealizado, épico o transformador, y un presente empobrecido, carente de compromiso, cargado de valores negativos, también es posible que se invisibilicen las prácticas políticas de los jóvenes en la actualidad.[33]

Es posible ver a partir de esta visita una situación de transmisión que pone en tensión distintas memorias y contextos institucionales en las que cobran estabilidad. Las investigaciones y estudios sobre los usos públicos de los sitios de memoria en la Argentina muestran las complejas disputas que se producen en torno a dimensiones tales como las representaciones del pasado que se plasmarán, los criterios para dichas representaciones, los grupos, voces y actores habilitados para intervenir en las decisiones y en la gestión cotidiana de dichos espacios, y las funciones que asumirán.[34]

Con relación al papel que cumplen ciertos espacios físicos en los procesos de transmisión de las memorias, sintetizan Veneros Ruiz-Tagle y Toledo Jofré (2009):

> Sin duda los espacios físicos ("lugares de memoria"), así como el testimonio oral de quienes experimentaron directamente los rigores de atentados a la vida y a la dignidad personal pueden jugar en este ámbito un papel crucial. Desde un punto de vista teórico, un lugar de memoria corresponde a una "unidad significativa de orden material o ideal en la cual la voluntad del hombre o el trabajo del tiempo hacen un elemento simbólico de un grupo determinado" (Nora, 1992: 1004). Se trata de lugares donde la memoria colectiva cristaliza y se refugia, guardando un momento particular de la historia como si no hubiera sido modificada por el paso del tiempo (Nora, 1992:XXIV). En ellos no sólo se recuerda, sino también se activa y se trabaja la memoria para, a partir de una acción reiterada, depositar capas sucesivas de sedimentos memoriales. Es a partir de esta acción humana específica, y reiterada a través de una práctica ritualizada, que estos espacios se convierten en vehículos para la memoria, pues en ellos la memoria adquiere materialidad (Jelin, 2002: 54). Y es esta misma materialidad la que hace de soporte del trabajo subjetivo y de acción colectiva, política y simbólica (Jelin y Langland, 2003: 4). (Veneros Ruiz-Tagle y Toledo Jofré, 2009: 205)

Los espacios físicos así considerados no son solo escenarios sino cristalizaciones de sentidos que se activan a través de prácticas de trans-

---

33. Si bien no es tema de este libro, distintas investigaciones han mostrado que las prácticas políticas de los jóvenes, lejos de disminuir en períodos recientes, han experimentado cambios cualitativos. Esto podría explicar el aparente contraste que algunos actores reconocen entre la participación política juvenil en el pasado (en este caso, en los años previos al golpe de Estado) y la participación juvenil en el presente (Núñez, 2010).

34. Una compilación sobre estudios y caracterizaciones de los procesos de conformación y las memorias en disputa en sitios de memoria en distintos países de América Latina hasta el año 2002, puede verse en Jelin y Langland (2003).

misión.[35] Si seguimos esa idea, en relación con el episodio observado durante la visita al ex CCDTyE "Olimpo", es posible identificar al menos dos intenciones referidas al uso pedagógico del sitio: por un lado, el uso que las guías tratan de ejercer, a través de la mención de información, datos, y también de interpretaciones y sentidos atribuidos a los acontecimientos que se relatan; por otra parte, el uso pedagógico planificado por los profesores que organizaron la visita. Si bien sus intervenciones son más breves y puntuales, la decisión acerca de la visita y el trabajo previo con los estudiantes, así como los intentos de moderar los intercambios entre los alumnos y las guías, también ponen en acto un uso pedagógico del sitio.

A esta intersección de dos voluntades de uso educativo del sitio se yuxtaponen distintos planos de disputas por las memorias acerca de la dictadura (y en este caso en particular, acerca de los desaparecidos, la metodología de las desapariciones y los centros clandestinos de detención). Por una parte, las disputas, diferencias y acuerdos entre los organismos que forman parte de la mesa de gestión del ex CCDTyE "Olimpo". Las guías enunciaron, en ese marco, una síntesis posible de posiciones, intereses y sentidos asignados tanto al pasado como al presente del sitio. Por ejemplo, sus menciones pormenorizadas al papel de los vecinos tanto en las sospechas sobre el funcionamiento del centro, como luego a las denuncias, los reclamos y la recuperación, tiene que ver también con la participación de organizaciones de vecinos en la gestión actual del centro.

Por otra parte, las disputas planteadas en los intercambios entre los alumnos entre sí y con las guías, que pusieron en evidencia el entrecruzamiento de concepciones del pasado, y cuestionaron la selección de información que constituyó el eje del relato de las guías. Los alumnos no ocuparon sólo un lugar de recepción en la escena de transmisión. Fueron portadores de concepciones sobre el pasado dictatorial, que pueden provenir tanto de relatos escuchados en el ámbito familiar, como en los diálogos entre pares o en el propio espacio escolar.

En tercer lugar, la posición de los profesores representó la voz de la escuela en el sitio de memoria. Sus intervenciones fueron breves y puntuales, pero parecieron subrayar las interpretaciones que, para la escuela, eran las correctas o al menos las aceptables (por ejemplo, cuando acotaron que "contextualizar no es lo mismo que justificar"). Se trató de un tipo de intervención que, en este caso, tuvo el papel principal de apaciguar el

---

35. Veneros Ruiz-Tagle y Toledo Jofré aclaran que "(...) los lugares de la memoria, en particular aquellos donde se torturó y asesinó, y los testimonios del horror que dan cuenta de su existencia, no 'hablan por sí solos'. Necesitan de interpretación y reflexión, lo cual requiere de docentes capacitados para realizar el doble ejercicio de profesores de historia y de 'guardianes de la memoria'" (2009: 205).

conflicto o la confrontación, bajando el tono a la discusión planteada entre las guías y las alumnas. Los actores llegaron al escenario de disputas por las memorias como portadores de memorias instituidas: las del sitio, las de la familia y las de la escuela.

Cambios y continuidades

En 2013, realizamos otra encuesta de características similares a la de 2008, pero con algunas preguntas modificadas, que buscaban completar y profundizar la indagación sobre distintos aspectos. Habían pasado cinco años desde la primera encuesta, y en ese período se completó la implementación del ciclo básico de la Educación Secundaria Obligatoria siguiendo los diseños curriculares aprobados en 2008. Una de las cuestiones que abordamos en esta nueva encuesta fue la identificación de los alumnos con alguna de las narrativas emblemáticas que han circulado sobre la dictadura.

En esta pregunta solicitábamos a los alumnos que eligieran la afirmación que mejor describía lo que pensaban sobre la dictadura. Las opciones de respuestas sintetizaban en pocas líneas algunas de las ideas centrales de las distintas narrativas:

Narrativa	Texto de la respuesta
"Guerra Sucia" (narrativa de los militares)	La dictadura fue una época en la que los militares tuvieron que librar una guerra contra los subversivos. Fue necesaria para frenar el caos y la violencia.
"Víctima inocente"	La dictadura implicó violencia ejercida sobre víctimas inocentes. Podías ser secuestrado y desaparecido sin haber hecho nada, solo por pensar distinto.
"Teoría de los dos demonios"	La dictadura fue un enfrentamiento entre dos grupos violentos, subversivos y militares. La sociedad fue víctima de la violencia de los dos lados.
Narrativa de los militantes	La dictadura fue la toma del poder por parte de sectores militares y civiles para aniquilar a la militancia. Las principales víctimas fueron guerrilleros, militantes políticos y sociales.

Esta pregunta proponía como respuestas posibles algunas de las ideas centrales de las distintas narrativas, buscando que estuvieran presentes términos que permitieran su identificación y reforzando algunas de sus notas características.

La distribución de las respuestas es elocuente incluso si se tienen en cuenta posibles sesgos derivados del modo de redacción de la pregunta. La opción que concentró más de la mitad de las respuestas es la que corresponde a la "narrativa de la Víctima Inocente" (61,9%). En su formulación tratamos de acentuar la idea de la inocencia de las víctimas, se afirmó que su condición de víctima no se relacionaba con sus prácticas ("Podías ser secuestrado y desaparecido sin haber hecho nada"). Frente a esta opción, la segunda más seleccionada fue la que denominamos la "narrativa de los Militantes" (18,1%). En este caso, la opción de respuesta enfatiza en la condición militante de las víctimas, en su actividad política, e incluye tanto a quienes optaron por la lucha armada (los "guerrilleros") como a los militantes políticos y sociales en general.

Gráfico 5. ¿Cuál de las siguientes afirmaciones describe mejor lo que pensás sobre la dictadura? (alumnos de escuela secundaria, año 2013, 363 casos)

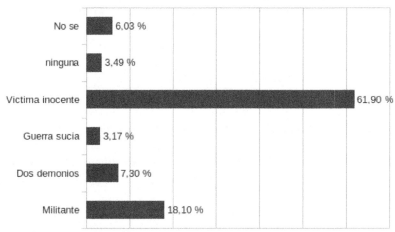

Estas respuestas permiten confirmar la idea que fue presentada más arriba (véase el Gráfico 2), en el sentido de que, frente al enunciado de narrativas emblemáticas, los alumnos suelen identificar a la dictadura con la narrativa de la "víctima inocente". A esta afirmación debemos agregar que esta nueva encuesta se aplicó cinco años después de la primera, lo que permite pensar que se trata de una tendencia que se ha mantenido en el mediano plazo. Incluso, debemos tener en cuenta que en 2013 los diseños curriculares aprobados a partir de la sanción del nuevo marco legal ya hacía algunos años que se encontraban en vigencia, junto con la prolongada implementación de programas y políticas específicas y la multiplicación de materiales especialmente diseñados.

La persistencia de la narrativa de la "víctima inocente" podría subrayar la idea de que su fuerza reside sobre todo en la posibilidad que encuentran los jóvenes de identificarse con las víctimas, más allá de sus prácticas políticas o su identidad ideológica. Otros factores que explicarían esta continuidad serán abordados en el próximo capítulo, y se refieren a vehículos de esta narrativa que siguen teniendo una circulación privilegiada en las escuelas.

Una discusión sobre las "narrativas" en la escuela

Una lectura de conjunto de las alusiones de los alumnos a la dictadura y la diversidad de temas derivados nos permite abrir un interrogante acerca de en qué medida sus concepciones se articulan como narrativas consistentes.

Los datos presentados hasta aquí, nos permiten pensar que la capacidad estructuradora de las narrativas está más presente en las categorías de los investigadores que en las concepciones de los propios alumnos. Cuando a través de distintas herramientas de investigación, los alumnos son enfrentados a enunciados que representan narrativas emblemáticas sobre la dictadura, en general son capaces de elegir entre ellas, y en sus respuestas es posible reconocer tendencias estables. Sin embargo, cuando las herramientas de la investigación promueven que los propios alumnos elaboren enunciaciones referidas a la dictadura, los atributos que caracterizan a las narrativas emblemáticas se diluyen, y nos encontramos con enunciados que yuxtaponen elementos de distintas narrativas, generalmente estructurados en torno de valoraciones (mayoritariamente negativas) de la dictadura como acontecimiento.

En este sentido, es importante considerar que las respuestas de los alumnos surgen en contextos específicos de investigación que los enfrentan a elaborar y enunciar en breve tiempo imágenes de acontecimientos complejos que pocas veces forman parte de su reflexión cotidiana. En estas situaciones, las expresiones de los alumnos pueden ser analizadas como un modo de recurrir a imágenes conocidas guardando fidelidad a la valoración general que han formado con relación a los acontecimientos (positivas, negativas o neutras) y tratando de generar coherencia interna entre las distintas imágenes disponibles y con relación a dichas valoraciones generales.

Cuando se les pregunta a los estudiantes si hablan de estos temas con sus compañeros o sus profesores, o si sólo lo hacen en las clases específicas, el 22% indica que no habla del tema fuera de clase. Cerca de un cuarto de los alumnos dice no hablar fuera de las clases de Historia sobre la temática. Esto también puede ser un indicador de que para un grupo significativo de jóvenes no es frecuente enfrentarse cotidianamente con situaciones en las que intercambien interpretaciones sobre la dictadura. En cambio, el contexto en el que se les suelen requerir estas tomas de posición y construcción de significados es el contexto del aula y la clase, con lo que la respuesta se elabora en función de ciertas expectativas normativas de los docentes o del contenido escolar.

Como contraparte, quienes reconocen alguna instancia de intercambio sobre la última dictadura fuera de las clases de Historia llegan al 54% de los alumnos encuestados. Si se compara la selección de las narrativas[36] por parte de quienes dijeron no hablar del tema fuera de las clases específicas con quienes reconocieron algún intercambio (ya sea con compañeros, con profesores o con ambos) es posible ver una distribución similar en general.

Sin embargo, en el caso de los estudiantes que informan haber hablado del tema fuera de las clases, hay una mayor distancia entre la selección de la narrativa de la "víctima inocente" y la narrativa "militante", con relación a las narrativas de la "guerra sucia" y la narrativa de la "teoría de los dos demonios". En cambio, esa distancia es menor en el caso de quienes, además, indican que no hablan del tema fuera de clase.

Gráfico 6. ¿Hablás en tu escuela sobre la dictadura? (alumnos de escuelas secundarias, año 2013, 363 casos)

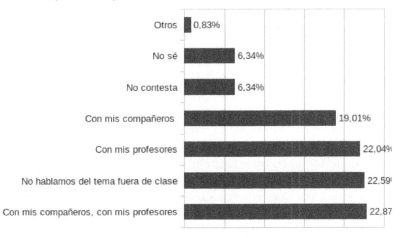

36. En este punto es importante recordar la diferencia entre dos técnicas de investigación. En el caso de las encuestas, los estudiantes debían seleccionar enunciados que se refieren a distintas narrativas emblemáticas como aquellos que mejor expresan lo que piensan sobre la dictadura. En cambio, en las entrevistas, las preguntas sobre este tema fueron abiertas, y por lo tanto, invitaban a que los alumnos enunciaran sus concepciones sobre la dictadura sin apegarse a una estructura de respuesta preestablecida.

Es difícil extraer de estos datos una lectura concluyente. Sin embargo, las entrevistas muestran que, frente a interrogantes abiertos es infrecuente que los estudiantes elaboren como respuesta espontánea alguna versión estructurada de estas narrativas. En cambio, las expresiones y referencias relacionadas con la dictadura son fragmentarias y se vinculan con focos de preocupación que remiten a experiencias conocidas, sobre todo de familiares directos, padres o abuelos, mucho más que a lecturas o información abordada en las clases. Entonces, los análisis centrados en determinar cuáles son las narrativas que mejor representan lo que los jóvenes piensan o conocen sobre la dictadura, como el que se presenta en algunos de los gráficos más arriba, o los que podemos encontrar en investigaciones sobre la temática (Pereyra, 2007; Dussel y Pereyra, 2006), son más claramente evidencia del posicionamiento de los estudiantes en relación con las categorías empleadas por los investigadores, que de su aparición espontánea como representaciones sociales de los jóvenes.

Esto no impide reconocer el valor de las narrativas como categorías para el estudio de los procesos de transmisión, sino que conduce a circunscribir su uso para designar ciertos rasgos de los discursos públicos en circulación sobre la dictadura, y sobre el modo en que esos discursos se relacionan con los intereses de los agentes enunciadores. En el caso de los relatos que los jóvenes elaboran sobre la dictadura, lo más frecuente es que no se trate de narrativas estructuradas sino de reconstrucciones fragmentarias, apoyadas en el orden acontecimental, en los relatos de experiencias familiares, y en el plano valorativo, en hipótesis sobre los motivos o razones de los actores políticos protagónicos del período. A partir de esta constatación podemos decir que la narrativa emblemática de la "víctima inocente" funciona como la estructura argumental con más capacidad de estructurar la elaboración de enunciaciones de los jóvenes sobre la dictadura, en tanto les permite resolver, en contextos normativos y evaluativos (por ejemplo, una clase o una entrevista) el dilema que enfrentan al tener que realizar un relato sintético de un acontecimiento complejo, que porta además un componente valorativo ético-político, y frente al cual la toma de posición (es decir, la autodefinición de una posición de sujeto) se resuelve mediante una operación de identificación.

Es difícil acceder a expresiones espontáneas de los alumnos en contextos que no tengan este carácter normativo o evaluativo (como una clase, una entrevista o una encuesta). Los intercambios que los alumnos sostuvieron con las guías en el caso de la visita al ex CCDTyE "Olimpo" podrían considerarse entre este tipo de situaciones. Allí puede verse cómo los alumnos buscan confrontar con las narrativas que reciben, poniendo en evidencia las tensiones y contradicciones internas (por ejemplo, mostrar

MARTÍN R. LEGARRALDE

las tensiones en relación con la idea de justicia cuando se mencionan las acciones de lucha armada de las organizaciones revolucionarias). En este caso, puede pensarse que los alumnos buscan marcar las contradicciones de la narrativa presentada por las guías, no como un modo de impugnación de esa narrativa en particular, sino quizás, como un modo de desestabilizar el lugar de autoridad del enunciador.

Por su parte, en el caso de los docentes, los términos que eligen en el contexto de las encuestas para asociarlos con la dictadura presentan una diferencia específica con relación a la selección realizada por los estudiantes: tienden a indicar con mayor frecuencia las palabras que aluden a las consecuencias económicas de la dictadura, como "pobreza" y "desocupación". Este matiz permite abrir un interrogante acerca de cómo los distintos actores seleccionan la información relevante sobre acontecimientos de la historia reciente.

Los alumnos tendieron a indicar un conjunto de palabras que referían a la represión, mientras eligieron con menos frecuencia otros términos relacionados con las consecuencias culturales y económicas de la dictadura. En cambio, los docentes enfatizaron, junto con las palabras referidas a la represión, las que se vinculan con el impacto económico y social de la dictadura. Es posible que la experiencia adulta de los docentes incida en este orden de preocupaciones, volviendo relevantes temas y problemas que afectan de manera directa a amplios sectores de la sociedad, además de los grupos involucrados en la actividad política que fueron víctimas directas de la represión.

Por otra parte, en las reflexiones de los docentes en el contexto de las entrevistas está más presente la idea de que la dictadura puede ser caracterizada en tanto acontecimiento histórico pero que también pueden reconocerse sus consecuencias más allá del acontecimiento, en el mediano y largo plazo. Ha sido recurrente en las entrevistas, que los docentes señalen rasgos del contexto vital de sus alumnos como evidencias de esas consecuencias de largo plazo, por ejemplo, cuando se refieren a la persistencia de ciertas prácticas autoritarias en las instituciones escolares. La atención a las consecuencias de la dictadura en el presente evoca la problemática de la memoria como el "pasado que no pasa" también en el sentido del reconocimiento de las continuidades.

En este sentido, la mirada de los profesores reconoce con mucha frecuencia que el campo de las memorias es un campo de disputas por las interpretaciones del pasado. El mapa que es posible reconstruir a través de sus testimonios indica que los jóvenes en general sostienen concepciones críticas sobre la dictadura, que los lleva a confrontar con otros sectores de la sociedad. Muchos docentes indican una confrontación de los alumnos con los relatos familiares, y ubican a la escuela del lado de las valoraciones de los jóvenes.

Si bien el esquema de las situaciones que los docentes presentan se apoya en una clasificación binaria de las valoraciones sobre la dictadura (valoraciones negativas versus valoraciones positivas), es interesante la esquematización que muestra a los alumnos a la vez como objeto de disputa y como actores en la disputa. Por un lado, la confrontación entre distintos relatos tendría el sentido de disputar por las representaciones que los alumnos construyen sobre ese pasado. En tanto las escuelas promoverían visiones críticas y valoraciones negativas sobre la dictadura, los padres (o las familias, en general) sostendrían visiones más conservadoras o justificatorias sobre la dictadura.

Por otro lado, los docentes reconocen que los alumnos no son objeto pasivo de estas persuasiones, sino que toman posición activa en la disputa, habitualmente en favor del reconocimiento de los efectos negativos de la dictadura y el cuestionamiento de la represión. Este posicionamiento de los alumnos, se haría evidente para los profesores en el cuestionamiento que los mismos jóvenes dirigen a sus padres y a sus familias: ¿qué hacías vos en esa época? Con menos intensidad emotiva, esta misma disputa se expresa en relación con otros grupos y actores sociales que reivindican a la dictadura con los que los alumnos tienen contacto.

Otro plano de disputa que es posible reconstruir en relación con las posiciones, y que tiene a los alumnos como objeto de la confrontación es la que se produce entre docentes. En el contexto de la investigación no nos fue posible entrevistar a docentes que abiertamente tomaran posiciones a favor de la dictadura, sin embargo tanto en el relato de los profesores entrevistados como en el de los alumnos, se han señalado casos de docentes que transmiten a los alumnos (generalmente, en intercambios informales) argumentos justificatorios de la represión o negacionistas sobre sus consecuencias. Frente a estos casos, los docentes entrevistados indican que su "deber" es revertir el efecto que puedan tener este tipo de relatos sobre los jóvenes. Los alumnos se constituyen así, en el sujeto cuya conquista es disputada por distintos relatos de los docentes.

Capítulo 6

La transmisión de la memoria como práctica pedagógica

Situaciones de transmisión

Hemos analizado en el capítulo anterior qué es lo que responden alumnos y docentes cuando les preguntamos sobre la última dictadura militar. Esas respuestas conforman enunciaciones producidas en situaciones especiales, frente a las cuales construyen representaciones conformadas por fragmentos de narrativas en circulación en el espacio público y en el ámbito escolar. Esta circulación, por su parte, se produce en contextos específicos. El espacio público y el ámbito escolar son categorías que designan un conjunto muy diverso de situaciones en el marco de las cuales tienen lugar las prácticas de transmisión.

En tanto que práctica social, la transmisión de las memorias también transmite valoraciones, posiciones de los sujetos frente al pasado, e incluso incide en la constitución misma de ese pasado bajo la forma de ciertos acontecimientos delimitados.

Cuando afirmamos el carácter situado de la transmisión queremos decir que los procesos de transmisión se producen en un espacio y un tiempo determinados y que eso dota a dichos procesos de características específicas. A este marco formal corresponde añadir que la situación es también una intersección contingente de historias: la historia de cada uno de los sujetos que comparten las prácticas de transmisión, de las prácticas mismas y de su institucionalización.

Frente al carácter contingente de las situaciones, su institucionalización tracciona las prácticas hacia ciertas regularidades. En esa tensión se sitúa la transmisión: debe responder a las prescripciones institucionalizadas, pero en situaciones contingentes, en las que tienen un peso no menor las historias y experiencias vividas por los sujetos que participan de dichos procesos.

En este capítulo presentamos estas tensiones entre instituciones y situaciones como el contexto en el que es posible estudiar las prácticas de transmisión.

La escuela secundaria como contexto de transmisión: clases, actos y vínculos

Las escuelas secundarias son espacios en los que se producen múltiples situaciones de transmisión de las memorias sobre la dictadura, pero dado que recortan fragmentos de un espacio social más amplio y complejo, esa transmisión no se produce en el vacío sino que dota de ciertas restricciones y condiciones específicas de interacción a sentidos, enunciados, representaciones y prácticas que también tienen lugar fuera de las escuelas.

Tanto alumnos como profesores son portadores de valoraciones, representaciones e imágenes que asocian con la dictadura. En la encuesta realizada a los profesores, la gran mayoría indicó que sus alumnos ya tenían alguna información sobre la dictadura al momento de arribar a las clases sobre el tema. El 28% dijo que la mayoría conocía algo y el 62% que algunos sabían algo. En total, los que indicaron que al menos algunos alumnos tenían un conocimiento previo llegan al 90%.

Gráfico 7. Respuesta a la pregunta: "¿Conocían algo sobre la dictadura tus alumnos cuando llegaron a tu clase?" (Encuesta a profesores, 2008, 118 casos)

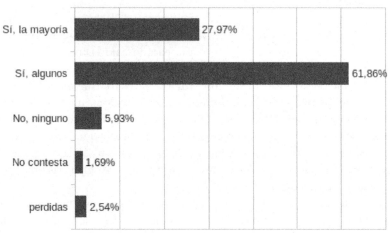

Entre los profesores, fue frecuente la idea de que los alumnos manejaban cierta información básica, o bien que habían oído mencionar el tema, aunque no necesariamente tuvieran una aproximación académica. Es interesante contrastar esta impresión con lo que mencionan los alumnos cuando se les pregunta cuál fue el lugar en el que escucharon hablar por primera vez de la dictadura: en ese caso el 54% indicó que fue en la escuela y a través de sus profesores donde escucharon hablar por primera vez.

Por otra parte, la totalidad de los profesores encuestados indicó que aborda el tema de la dictadura militar con sus alumnos. El 66% lo hace en clase, por la materia que dicta; el 59% habló con sus alumnos fuera de clases y el 50% lo hizo en intercambios informales con sus alumnos. Estas respuestas indican que el tratamiento predominante que los docentes reconocen acerca de la temática está enmarcado por la enseñanza de una asignatura (y posiblemente siga las prescripciones curriculares), en tanto es un poco menos frecuente que, incluso los profesores interesados en la temática, reconozcan intercambios informales sobre el tema.

Gráfico 8: ¿Abordás el tema de la dictadura militar con tus alumnos? (Encuesta a profesores, año 2008, 118 casos)

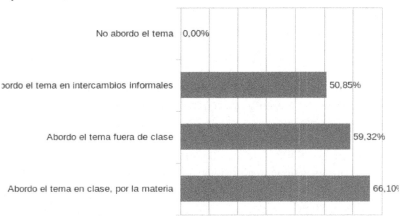

En este sentido, el abordaje del tema en clase se relaciona con una amplia interpretación de la referencia temática establecida por las materias. En las entrevistas en las que los profesores asumieron que les correspondía tratar el tema por la materia que dictaban, se mencionaron materias como Construcción de Ciudadanía, Derechos Humanos y Ciudadanía,[1] Historia, pero también Metodología de Investigación, Proyecto de Investigación, Informática, y Lengua y Literatura.

---

1. Hay que recordar que algunas entrevistas se realizaron en el año 2008, cuando aún se dictaba la materia Derechos Humanos y Ciudadanía, que luego dejaría de existir en los nuevos diseños curriculares para el nivel secundario.

Por otra parte, tal como perciben sus alumnos, los profesores no sostienen posiciones unívocas sobre la dictadura. Tanto los estudiantes como los profesores entrevistados relataron situaciones de confrontación en las escuelas. Frecuentemente estas disputas no se produjeron en discusiones entre los profesores de manera directa sino que tomaron como arena de confrontación las clases y los intercambios con los estudiantes. Esto puede explicarse por el hecho de que en la dinámica cotidiana de las escuelas no existen muchas oportunidades de intercambio entre docentes, salvo ocasionales reuniones con motivos específicos o encuentros motivados por afinidades entre los propios docentes.

Así, las situaciones típicas indicaron que los alumnos reconstruían la "polémica" siendo los interlocutores de profesores con distintas posiciones, que conocían las ideas de sus colegas, pero que argumentaban sus disputas a través de los alumnos.

> Profesora A: Había una línea bajada desde los profesores de Historia, desde una profesora que decía "los desaparecidos no existen, están viviendo en Europa" por ejemplo. Entonces, la directora nos decía "nosotras, el último año tenemos que aprovechar porque tenemos que revertir toda esa situación".[2]

Como señala la profesora A, en muchos casos, las posiciones de los profesores sobre la dictadura son muy explícitas y conocidas por sus colegas y alumnos. Sin embargo, en las entrevistas ni los alumnos ni los profesores mencionaron situaciones en las que los docentes discutieran entre sí sobre el tema, o confrontaran de manera directa. En cambio, lo más frecuente fue que se relatasen situaciones en las que "se sabe" que tal o cual profesor tiene una posición a favor de la dictadura, y que es un discurso que hay que contrarrestar en otras materias, con otras actividades, en los años siguientes, etc.

En las escuelas las disputas por las memorias adoptan la forma de una suerte de pelea por la conquista de las adhesiones de los estudiantes a unas u otras posiciones. En esas disputas, algunos discursos tienen mayor aval y legitimación oficial (están más cerca de las prescripciones curriculares, de los textos legales o de los enunciados de los materiales de enseñanza,

---

2. Entrevista a Profesora A. Docente en escuelas del interior de la provincia de Buenos Aires.

textos y documentos) mientras que otras son expuestas de manera más o menos velada, tomando el lugar de memorias subterráneas[3] o denegadas.[4]

> Profesor B: Pero, como toda institución, hay tensiones internas, distintos discursos, pero yo creo que han ido evolucionando y han ido mutando esas tensiones hasta quedar en minoría esos discursos más reaccionarios. Han quedado en minoría o directamente silenciados -supongo que esa podría ser una respuesta. Porque si bien la escuela tiene esta mirada sobre los pueblos originarios, sobre los derechos humanos, sobre la investigación en el área informática... Es decir, es una escuela que va para adelante. Hay gente que se mantiene retraída, no le interesa nada y tiene treinta años en la institución. Así que estas cuestiones son muy institucionales, en todos lados pasa.[5]

Este segundo fragmento de entrevista permite pensar que, así como el concepto de "memoria denegada" puede servir para designar un conjunto de fenómenos de la memoria colectiva a escala de la sociedad, o de las relaciones entre Estado y sociedad civil, también podría ser aplicado a la dinámica propia de los contextos institucionales.

El profesor B indica que este rasgo de posiciones institucionales (instituidas) que son resistidas por ciertos actores institucionales (minoritarios), son cuestiones que "en todos lados pasa(n)". Inscribe en esas situaciones de resistencia la circulación de memorias que confrontan o desmienten la que podría ser una memoria oficial (tal como lo sostiene la profesora A, fuertemente avalada por las políticas de Estado en el período en que se realizaron las entrevistas).

¿Podemos ver entonces, dentro de las escuelas, una dinámica de institucionalización y resistencia de las memorias? ¿Es esta dinámica un reflejo de lo que sucede a escala del espacio social más amplio? ¿Qué lugar

---

3. El concepto de "memorias subterráneas" desarrollado por Michael Pollak es complejo. Si bien puede remitir, como el mismo Pollak reconoce, a la oposición entre un Estado dominador, que sostiene una memoria oficial, y una sociedad civil que resiste haciendo circular de manera capilar sus memorias subterráneas, también puede remitir a las relaciones entre "grupos minoritarios y sociedad englobante" (Pollak, 2006: 20) En este sentido, Pollak parece atribuir un sentido de "resistencia" a las memorias subterráneas y quizás no corresponda utilizar el concepto en este caso, ya que las enunciaciones de los docentes que aquí designaríamos de ese modo, fueron a su tiempo las memorias oficiales, impuestas desde las instituciones del Estado.

4. La noción de "memorias denegadas" que emplea Ludmila Da Silva Catela, se refiere específicamente a las memorias de los militares o sus adherentes, en el contexto en el que los crímenes cometidos por la dictadura han recibido una condena social y política amplia. En este marco, sus memorias sobre el período se vuelven denegadas, al resultar inadmisibles en determinados contextos institucionales o marcos de enunciación (Da Silva Catela, 2010).

5. Entrevista a Profesor B. Profesor en escuelas del Conurbano Bonaerense.

ocupa la transmisión en estas dinámicas? Los profesores entrevistados dan cuenta de ciertas estructuras que están presentes en los procesos de transmisión de las memorias. En primer lugar, suelen señalar una tensión entre lo que consideran una "bajada de línea", es decir, la formulación de un relato consagrado e indiscutible sobre la dictadura (más allá de los detalles de su contenido) y situaciones en las que se habilita y se promueve una posición más activa y participativa de los estudiantes en la construcción de preguntas (y respuestas) sobre ese pasado.

> Profesor J: Digo, la opción que yo tengo es intercambiar ideas, ofrecer argumentos, pero nunca con la pretensión de imponer, sino con la pretensión de acercar información. Desde ese punto de vista me parece que lo más importante que uno tiene como docente es facilitar cosas para que los chicos accedan...[6]

El rechazo a la alternativa de transmitir una memoria cristalizada e imponerla se pone en tensión con la disputa de los docentes entre sí y con las memorias que circulan en otros espacios. Los docentes entrevistados no ven en esta alternativa un dilema, pero sus respuestas revelan un deber (en el que resuena el "deber de memoria") de confrontar contra las memorias que reivindican el pasado dictatorial (sostenidas por otros docentes, por algunos padres o por otros actores sociales); este deber contrasta con la auto-limitación al momento de imponer una memoria que considerarían correcta, legítima u oficial. Entonces, los docentes asumen el deber de transmitir una memoria justa sobre la dictadura, pero consideran necesario que los alumnos tomen una posición activa en esa transmisión.

Las preguntas formuladas por los estudiantes son un indicio, para los profesores, de ese posicionamiento activo. Sin embargo, esas preguntas tienen la capacidad de incomodar, de desafiar y de interpelar a los adultos (en especial a los profesores).

> Entrevistador: ¿Vos sentís que el hecho de que sean los chicos los que hagan esas preguntas, además le da un tono fuerte, mayor a esa pregunta? Quiero decir, no te lo está diciendo tu generación, te lo está diciendo alguien que mira el pasado, y dice bueno...
>
> Profesor B: Sí, claro, tiene un tono más grave. Sí, esa es la pregunta.
>
> Entrevistador: Claro.
>
> Profesor B: Sí, tiene un tono más grave. Ante un par, un coetáneo, un contemporáneo, un tipo que vive cerca de vos y de tu edad, vos tenés casi implícitos los pretextos para exculparte, casi no los tenés que decir, porque

---

6. Entrevista a Profesor J. Profesor en escuelas del Conurbano Bonaerense. No es docente de Historia.

de alguna manera somos responsables de haber estado. Pero ante el pibe no, ante el pibe vos tenés que dar explicaciones. Por eso la validez que tiene la formulación de la pregunta hecha por el pibe. No la pregunta en una entrevista solamente, sino la pregunta retórica que hace ese pibe, la pregunta sobre el pasado.[7]

La interpelación de los alumnos obliga a dar una respuesta completa, a romper los implícitos, y también a tomar posición. En esas respuestas, y en general, en la transmisión escolar de las memorias sobre la dictadura, se ponen en juego también aspectos de las experiencias de los docentes en relación con los acontecimientos. Se trata de experiencias de distinto tipo. En algunos casos, son experiencias traumáticas que tienen que ver con haber vivido la represión de manera directa o haber sido testigos directos de la represión.

> Profesora A: Claro, porque yo creo que... a veces me lo cuestiono si en lo personal no me hubiera pasado –que en realidad es una estupidez–, si vos comparás con otras cosas decís, que "me allanan mi casa", "me detienen", antes del golpe de Estado o, en diciembre...
>
> Entrevistador: ¿En diciembre del '75?
>
> Profesora A: En diciembre del '75. Por el solo hecho de que escribía a Cuba, a parientes que tenía en Cuba. Yo no sé si no me hubiera pasado esa experiencia traumática y otras cosas que me fueron pasando en la vida, si a lo mejor tendría la misma mirada.[8]

La experiencia traumática propia es mencionada como un punto de apoyo tanto para la memoria personal sobre la dictadura, como para la toma de posición en relación con la transmisión. El deber de la transmisión de la memoria proviene de haber vivido una experiencia traumática. Este lugar de la experiencia en los intercambios entre docentes y alumnos sobre la dictadura, cuando esa experiencia ha sido cercana al acontecimiento traumático, impulsa a los docentes a motorizar la transmisión.

Debemos recordar, sin embargo, que en el período en que se realizó el trabajo de campo de esta investigación, ya era frecuente encontrar en las escuelas a docentes que contaban con limitadas experiencias directas o vivenciales sobre la dictadura, en función de su edad. En algunos casos, las experiencias estaban mediadas por las vivencias de familiares o allegados pertenecientes a otra generación.

Este es un dato importante porque obliga a matizar la identificación de los docentes con las generaciones adultas en general, y a éstas con los

---

7. Entrevista a Profesor B. Profesor en escuelas del Conurbano Bonaerense.
8. Entrevista a Profesora A. Profesora en escuelas del interior de la provincia de Buenos Aires.

actores que portan experiencias vivenciales de la dictadura. En muchos casos, la posición de sujeto de docentes y alumnos con relación a los acontecimientos traumáticos es similar, puesto que ambos son receptores mediatos de los relatos o narrativas sociales sobre dichos acontecimientos. En relación con estas tensiones, Lorenz (2006) señala que muchos docentes que, después de 1983 enfrentaron la tarea de enseñar la historia de la dictadura, vivieron la experiencia social compartida del miedo o la negación. Sin embargo, cada vez es mayor la cantidad de docentes menos involucrada desde la dimensión experiencial en el proceso de transmisión. Eso no elimina la tensión, que subsiste entre las interpretaciones personales y las prescripciones y expectativas sociales e institucionales, pero ya no pone en juego tan frecuentemente el componente de "haber pasado por" el acontecimiento traumático de la dictadura.

A esto se agrega el hecho de que no siempre la memoria personal es memoria de un acontecimiento traumático. En ese caso, la memoria de los docentes es interpelada por la posición que ocupan en relación con dichos acontecimientos.

> Profesor B: De alguna manera, si querés en lo personal, (...) desde lo personal también hay como una reivindicación de... no sé, tal vez de esto... cierta culpa, (...) cierta culpa de estar vivo, ¿no? Cierta culpa de no haber hecho nada. Si bien yo tenía 15 años cuando fue el golpe, cuando se dio en marzo del 76, vos ves y tenés muchos caídos de esa edad, caídos y desparecidos y militantes y sobrevivientes y por ahí uno estaba en la guitarrita y eso era todo en realidad.[9]

En el caso del profesor B, su edad, su pertenencia a una generación, indica una posición de sujeto en relación con el acontecimiento que se ve reforzada por la interpelación que portan las preguntas de los alumnos (¿qué hiciste vos durante la dictadura?) Sin embargo, la experiencia que puede evocar no corresponde al carácter traumático del acontecimiento. En ese hiato también se genera un deber de memoria que es un deber de transmisión.

Referencias como ésta, que aparecen con frecuencia en las entrevistas a los docentes revelan también una característica propia de la transmisión de las memorias de la dictadura: involucran una toma de posición de los profesores y ponen en juego la dimensión de la experiencia. Sin embargo, el peso de la experiencia personal en el proceso de transmisión debe ser relativizado. Entre las fuentes que los profesores indican para el abordaje

---

9. Entrevista a Profesor B. Profesor en escuelas del Conurbano Bonaerense.

de la temática de la dictadura, el 71,2% menciona su "experiencia", pero como puede verse en la tabla 1, esa mención varía en función de la edad:

Tabla 1. Respuesta a la pregunta: ¿Cuáles son tus fuentes de información para abordar el tema de la última dictadura militar? - Opción: "Experiencia", según rango de edad. (Encuesta a profesores de escuela secundaria, año 2008, 118 casos)

Rango de edad	Respuesta	
	Sí	No
23 a 42 años	29	28
	50,8%	49,2%
43 a 61 años	55	6
	90,1%	9,9%

Mientras que algo más de la mitad de los profesores encuestados menores de 42 años señalaba que la experiencia personal era una fuente a considerar para el trabajo sobre la dictadura, el 90% de los profesores mayores de 42 años indicó que la experiencia era una fuente con la cual trabajaba. Este es un dato importante si se tiene en cuenta que cada vez es menor la proporción de docentes que, por su edad, cuentan con una experiencia vivencial del período dictatorial.

Las clases

Más de la mitad de los alumnos encuestados en 2008 señalaba que escuchó hablar por primera vez de la dictadura en la escuela, a través de sus profesores. Esta respuesta muestra el carácter privilegiado del vínculo entre profesores y alumnos para la transmisión de memorias sobre la dictadura.

Tabla 2. Respuestas a la pregunta "¿Dónde y a través de quién escuchaste hablar por primera vez de la dictadura?" (Encuesta a alumnos de escuela secundaria, año 2008, 2.049 casos)

Opción de respuesta	Frecuencia	Porcentaje*
En la escuela, a través de profesores	1.121	54,8%
En la escuela, a través de mis compañeros	62	3%
En mi casa, a través de mis padres	820	40%
En mi casa, a través de mis hermanos	58	2,9%
En mi casa, a través de mis abuelos	215	10,5%
A través de la televisión	369	18%

* Se trata de una respuesta de opción múltiple, por lo que cada porcentaje está calculado sobre el total de 2.049 casos.

Está claro por las respuestas de la tabla 2 que los vínculos en los que se inicia la transmisión de memorias sobre la dictadura son vínculos entre generaciones, y en especial, vínculos escolares. Más del 54% de los alumnos escuchó hablar por primera vez de la dictadura en la escuela, a través de los profesores, y más del 40% lo hizo en su casa, a través de los padres. Solo el 3% escuchó hablar a sus compañeros por primera vez del tema, y el 2,9% a sus hermanos.

Cuando se consulta a los alumnos si alguna vez trabajaron en clase sobre temas relacionados con la última dictadura militar (véase tabla 3), el 47,3% contesta que sí y el 43,6% contesta que no. En cuanto a los temas tratados, destacan el golpe de Estado y los desaparecidos (ambos mencionados en el 49% de los casos). Mientras que entre los temas menos mencionados, se encuentran el plan económico de la dictadura (solo el 14,7%) y las organizaciones como Montoneros y ERP (17,7%).

Esta distribución de las respuestas resulta consistente con lo que encontramos en las entrevistas sobre las representaciones más habituales entre los alumnos sobre la dictadura, en las que se mencionan como información destacada los desaparecidos y la guerra de Malvinas (el 38,9% de los alumnos indica que trabajó este tema en clase).

Tabla 3. Respuestas a la pregunta "Si trabajaste en alguna materia sobre la dictadura, contanos sobre cuáles temas hablaron" (Encuesta a alumnos de escuela secundaria, año 2008, 2.049 casos)

Opción de respuesta	Frecuencia	Porcentaje*
Los golpes de Estado	1.007	49,22%
La represión	769	37,59%
Las organizaciones como Montoneros y ERP	363	17,74%
La guerra de Malvinas	797	38,95%
El plan económico	301	14,71%
Los desaparecidos	1.007	49,22%
La situación política previa al golpe	506	24,73%
La censura	605	29,57%

* Se trata de una respuesta de opción múltiple, por lo que cada porcentaje está calculado sobre el total de 2.49 casos

En cuanto a la percepción de los alumnos sobre las opiniones de los profesores (véase gráfico 9), casi la mitad consideraba que sus profesores tenían posturas divergentes en relación con la dictadura, y en el 53% de los casos señalaron haber discutido con sus profesores por este tema (el 44% alguna vez, y el 8,8% frecuentemente).

Gráfico 9. Respuestas a la pregunta "¿Todos los profesores opinan lo mismo sobre la dictadura?" (Encuesta a alumnos de escuela secundaria, año 2008, 2.049 casos)

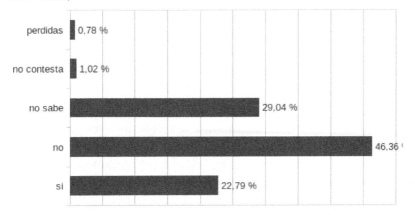

Esta clara percepción de la diversidad de opiniones de sus profesores, junto con lo frecuentes que resultaron las situaciones de confrontación, refuerzan la idea de que las escuelas son escenarios de disputas por las memorias y que los estudiantes son actores en esas disputas y no solo receptores pasivos. La cuantificación a gran escala confirma lo que relatan tanto profesores como estudiantes en las situaciones de entrevista: las disputas por las memorias entre los profesores se concretan en los intercambios formales e informales con los alumnos.

Gráfico 10. Respuestas a la pregunta "¿Discutiste alguna vez con tus profesores sobre la dictadura?" (Encuesta a alumnos de escuela secundaria, año 2008, 2.049 casos)

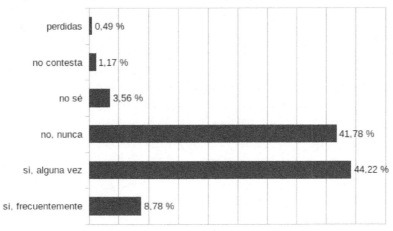

La lectura de estas respuestas nos permite ver que, al menos desde la percepción de los estudiantes, no se presenta en las clases un proceso de transmisión de una única memoria sobre la dictadura, y que los contenidos que se seleccionan enfatizan aspectos o temas que los propios estudiantes recogen en sus intercambios en otros ámbitos, como la familia o los medios de comunicación. Esta percepción generalizada de los estudiantes permite matizar la imagen de una memoria oficial que se transmite sin contrastes a través de las instituciones. Una aproximación a los intercambios cotidianos en las escuelas muestra que la memoria oficial, prescripta con más o menos detalles por el currículum y la legislación específica (tales como las descriptas y analizadas en los capítulos 3 y 4), constituye un marco de referencia para las disputas por las memorias en el día a día de las instituciones, pero no impide la circulación de múltiples memorias.

En la encuesta aplicada en 2013 los alumnos indicaron que el abordaje de las temáticas relacionadas con la dictadura se produjo de manera predominante en el contexto de las clases de Historia y en clases de otras materias. El espacio de las clases fue reconocido como el contexto más habitual para los intercambios sobre la temática, frente a las conversaciones informales.

Tabla 4. Respuestas a la pregunta "¿Dónde estudiaste o trabajaste sobre estos temas?" (Encuesta a alumnos de escuelas secundarias, año 2013, 363 casos)

Combinaciones de respuesta	Freq.	%
"En las clases de Historia"	113	31,1%
"En las clases de Historia" y "En otras materias"	63	17,4%
"En las clases de Historia", "En otras materias" y "En la escuela, fuera de clase"	53	14,6%
"En las clases de Historia" y "En la escuela, fuera de clase"	27	7,4%
"En la escuela, fuera de clase"	37	10,2%
"En otras materias"	35	9,6%
Otras	35	9,6%
Total	363	100%

Por otra parte, los alumnos percibieron que en el marco de las clases, las temáticas reciben el tiempo suficiente de tratamiento. Una aproximación a los efectos de saturación de la temática puede explorarse a partir de los casos que indican que a la temática se le destina "demasiado tiempo".

Gráfico 11. Respuestas a la pregunta: "Si viste estos temas en clase, ¿cuánto tiempo dirías que le dedicaron?" (Encuesta a los alumnos de escuelas secundarias, año 2013, 341 casos)

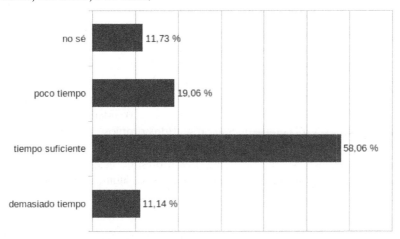

Si bien el porcentaje es relativamente bajo (11,1%), y no puede afirmarse que todos estos casos reconocen una saturación en el abordaje de la temática, es posible abrir interrogantes al respecto para explorar cuáles son los efectos de la multiplicación de materiales, proyectos, programas y prescripciones curriculares.

Tabla 5. Respuestas a la pregunta: "¿Cómo dirías que se trabajó en esas clases?" (Encuesta a alumnos de escuelas secundarias, año 2013, 363 casos)

Respuestas	Freq.	%
La mayoría de las afirmaciones sobre la dictadura provino de algún material	119	32,8%
La mayoría de las afirmaciones sobre la dictadura las planteó el profesor	97	26,7%
La mayoría de las afirmaciones sobre la dictadura las planteamos los alumnos	41	11,3%
No contesta	24	6,6%
No sé	24	6,6%
La mayoría de las afirmaciones sobre la dictadura las planteó el profesor y provino de algún material	20	5,5%
Otras	38	10,5%
Total	363	100%

De acuerdo con la misma encuesta, la mayor parte de las ideas puestas en circulación en el contexto de las clases provino de los materiales empleados (libros, películas, fuentes documentales, testimonios). En este sentido, si bien la experiencia de los docentes se puso en juego en los intercambios, tal como fue señalado más arriba, en la medida en que se constituye en un contenido escolar, los alumnos perciben que dicho contenido se apoya en el tratamiento de los materiales de enseñanza.

Los alumnos reconocen que es poco frecuente que en el abordaje de la temática en clase, sean los propios alumnos los que protagonicen el tratamiento del tema. Esta cuestión es central para caracterizar las situaciones predominantes en las que se produce la transmisión escolar de las memorias sobre la dictadura. En principio, parecería que es poco frecuente que las situaciones de transmisión otorguen centralidad a las preguntas de los jóvenes, y a la construcción de sentidos propios sobre el pasado.

Tabla 6. Respuestas a la pregunta: "¿Los profesores evaluaron o tomaron examen sobre alguno de estos temas?" (Encuesta a alumnos de escuelas secundarias, año 2013, 363 casos)

Respuesta	Frecuencia	Porcentaje
Si, evaluaron los temas	191	52,6%
No, no evaluaron los temas	116	32%
No sé	22	6%
No contesta	34	9,4%
Total	363	100%

Más de la mitad de los alumnos encuestados en 2013 indicaba que los temas abordados sobre la dictadura fueron objeto de evaluación. Esto refuerza la consideración de que resulta frecuente el tratamiento como contenido curricular de la temática y que esto está claro para los alumnos. En este sentido, parecería haber una tendencia entre lo relevado en 2008 y 2013, en el sentido de que se ha pasado de un tratamiento de los temas más centrado en las iniciativas de los docentes, en su papel como "emprendedores escolares de la memoria", con menos materiales a disposición y una mayor incidencia de su propia experiencia, hacia un abordaje más centrado en las prescripciones curriculares, en el marco de la definición de contenidos de enseñanza y con materiales y recursos específicos a disposición.[10]

---

10. Esta afirmación debe mantenerse en un plano conjetural, ya que para ofrecer precisiones al respecto sería necesario desarrollar una investigación longitudinal más prolongada acerca de la enseñanza de la temática, lo que excede los objetivos de este libro.

MARTÍN R. LEGARRALDE

Tabla 7. Respuestas a la pregunta: ¿Cuáles son tus fuentes de información para abordar el tema de la última dictadura militar? (Encuesta a profesores de escuelas secundarias, año 2008, 118 casos)

Respuesta	Frecuencia	Porcentaje*
Bibliografía	99	83,9%
Cine	96	81,4%
Cursos	58	49,2%
Experiencia	84	71,2%
Formación de grado	42	35,6%
Literatura	92	77,8%
Medios de comunicación	74	62,7%

* Se trata de una respuesta de opción múltiple, por lo que cada porcentaje está calculado sobre el total de 118 casos

En las entrevistas producidas en la etapa en que se estaba generando un cambio curricular, el relato de los profesores pareció ir en el sentido de reconocerse desde el lugar de "emprendedores escolares de la memoria" que buscaban los anclajes en el curriculum para concretar el tratamiento de estos temas (si es posible desde la materia Historia, pero también desde Derechos Humanos y Ciudadanía, luego desde Construcción de Ciudadanía, desde Metodología de la Investigación y desde Proyecto de Investigación, y también involucrando inquietudes conexas desde distintas materias como Literatura, Geografía o Economía).

Por su parte, los profesores señalaron que sus fuentes para trabajar con la temática son fundamentalmente la bibliografía específica, el cine y la literatura. También mencionaron la experiencia personal, aunque como hemos señalado, aquí es posible indicar fuertes variaciones en relación con los rangos de edad. En estas respuestas también llama la atención la baja proporción de docentes que indicó tomar como fuentes relevantes para el tratamiento de temas sobre la dictadura los cursos de capacitación y su propia formación de grado (en ambos casos, por debajo del 50%).[11]

Cuando se les preguntó en 2008 a los alumnos acerca de las películas que vieron en clase referidas a la última dictadura, la más mencionada

---

11. A partir de 2008, año en que fue aplicada esta encuesta, se generaron propuestas de capacitación tanto en el nivel nacional como en el nivel provincial, que abordaron esta temática. Esas capacitaciones muchas veces acompañaron el desarrollo de programas específicos relacionados con temas de memoria, derechos humanos e historia reciente. A partir de la implementación del Programa Nacional de Formación Permanente, específicamente en el marco del Componente 2 que involucró a las universidades y otros organismos oferentes, el Ministerio de Educación de la Nación, a través del Programa Educación y Memoria, puso en marcha una capacitación a distancia en conjunto con la Facultad de Humanidades y Ciencias de la Educación de la UNLP que tuvo como destinatarios a más de mil docentes de todo el país, de distintos niveles y materias.

resultó ser la película "La Noche de los Lápices", en un 73% de los casos (véase tabla 8). En el caso de los profesores, también indicaron que se trata de la película más trabajada, mencionada en el 60% de los casos.

Tabla 8. Respuestas a la pregunta: "¿Viste en clase alguna de las siguientes películas?" (Encuesta a alumnos de escuelas secundarias, año 2008, 2.046 casos)

Opción	Frecuencia	Porcentaje*
La Noche de los Lápices	1.507	73,7%
La República Perdida	118	5,8%
La Historia Oficial	181	8,8%
Garage Olimpo	256	12,5%
Otras películas	331	16,2%
Total	2.046	100%

* Se trata de una respuesta de opción múltiple, por lo que cada porcentaje está calculado sobre el total de 2.046 casos

Entre 2008 y 2013 se produjo una mayor circulación pública de otras producciones, filmes y materiales de trabajo sobre la literatura y el cine. Sobre la base de esta referencia, en 2013 la encuesta incluyó una pregunta similar, aunque mencionaba otras películas. En la tabla 9 pueden verse las respuestas obtenidas.

Tabla 9. Respuestas a la pregunta: "¿Viste alguna de las siguientes películas?" (Encuesta a alumnos de escuelas secundarias, año 2013, 363 casos)

Películas	Sí, en la escuela	Sí, fuera de la escuela	No	No sé	No contesta
Garage Olimpo	18	18	142	10	175
Iluminados por el fuego	60	43	113	8	139
Crónica de una fuga	53	53	101	18	138
La Noche de los Lápices	194	57	48	3	61

De esta manera, la encuesta de 2013 permite constatar la enorme persistencia de la película "La Noche de los Lápices" como material de uso escolar. En este caso, la cantidad de respuestas en las que los alumnos indican haber visto la película en la escuela más que triplica la segunda película más vista en la escuela que es "Iluminados por el fuego". Al respecto, ya ha sido señalada la fuerte asociación existente entre este relato fílmico y la narrativa de la "víctima inocente" (Lorenz, 2004; Lorenz, 2006; Raggio, 2017). Es probable que la persistencia de la película "La Noche de los Lápices" en las escuelas se asocie con la fuerza que presentan las representaciones sobre los desaparecidos como jóvenes, estudiantes y víctimas, en contraste con otras identificaciones como las de militantes o

MARTÍN R. LEGARRALDE

trabajadores. Si bien en años recientes se han producido una multiplicidad de materiales para abordar la temática de la última dictadura militar, en el momento en que se estaba proponiendo el cambio curricular y se inició este trabajo de investigación, el repertorio de materiales, fuentes y "vectores" que los profesores ponían en juego para abordar esta temática en clase era relativamente acotado. Como ha sido señalado, el caso emblemático del film "La Noche de los Lápices" tiene un valor destacado como analizador de los abordajes típicos en el ámbito escolar.

En primer lugar, se trata de un vector de memoria que se ha instalado particularmente en el ámbito educativo casi desde su estreno. La combinación de la película, el libro y la acción militante de Pablo Díaz contribuyó a su amplia difusión. Además, en el contexto de su primera entrada a las escuelas, estuvo relacionado con la revitalización del movimiento estudiantil y los centros de estudiantes. De este modo, la película se convirtió en un elemento simbólico que excedía el relato del acontecimiento histórico y se vinculaba con una reivindicación de la participación estudiantil en general. Luego, el establecimiento de una fecha conmemorativa como el 16 de septiembre contribuyó a institucionalizar una especie de refuerzo anual de la presencia del film en las escuelas.

Desde el punto de vista de su contenido, tal como ha sido analizado por Raggio (2011, 2017) y Lorenz (2004), la película traduce con fuerza la narrativa de la "víctima inocente" y promueve relaciones de identificación de los jóvenes estudiantes con los personajes del relato.

Los actos

Desde la inmediata posdictadura las disputas por las memorias tuvieron como uno de sus espacios de concreción el calendario escolar y las efemérides. En la provincia de Buenos Aires, las fechas que forman parte del calendario escolar con la prescripción de la realización de actos son el 24 de marzo, el 2 de abril y el 16 de septiembre. Cada una de estas fechas ha sido establecida como día de conmemoración a través de actos escolares como resultado de distintas disputas entre actores políticos y educativos. Esto hace suponer que cada fecha da lugar a actos con características particulares, que remiten a sus diferentes contenidos pero que además, movilizan de manera diferente a los actores escolares y sociales.

Durante los últimos meses del gobierno militar, se produjo una disputa central acerca de la conmemoración de la guerra de Malvinas o la causa Malvinas. El 28 de marzo de 1983, a pocos días de recordarse el primer año del desembarco argentino en las Islas, Bignone, el último presidente militar, estableció mediante el decreto-ley N° 22.769 el "Día de las Islas

Malvinas, Georgias del Sur y Sandwich del Sur", declarado como feriado nacional.

Esta fecha, sin embargo, fue inmediatamente objeto de disputa. Mediante el decreto 901, firmado el 23 de marzo de 1984 por Alfonsín, se trasladó la conmemoración por el "Día de la Afirmación de los Derechos Argentinos sobre las Malvinas, Islas y Sector Antártico" al día 10 de junio, restableciendo en rigor la fecha indicada por la ley 20.561 del 14 de noviembre de 1973.

Entre el 2 de abril y el 10 de junio se expresó en cuestión de meses una confrontación entre dos énfasis en la conmemoración: por un lado, el recuerdo del desembarco, de la "gesta de Malvinas", sancionado por el gobierno militar con el objetivo de establecer una reivindicación de la acción militar de recuperación de las Islas. Por el otro, el 10 de junio, sancionado por el gobierno democrático, que remitía a la conformación de la Comandancia de las Islas Malvinas en 1829, como afirmación de los derechos políticos argentinos sobre las Islas.

Si bien ninguna de las dos normas indicaba qué papel debían cumplir las escuelas en la conmemoración, ambas disputaban en la saga establecida por la Ley de 1973 que prescribía en su artículo 2°:

> Ese día [por el 10 de junio] y a una misma hora se conmemorará el fasto en los establecimientos de enseñanza de todos los ciclos, del Estado y particulares, unidades y oficinas de las Fuerzas Armadas, sedes judiciales y dependencias de la administración pública, dentro y fuera del territorio, con actos alusivos, dictándose al efecto clases especiales y conferencias en las que se señalarán los antecedentes históricos, la legitimidad de los títulos argentinos y la forma en que ella se ejercita en el sector austral.

Como puede verse en los términos de la disputa, la causa Malvinas ya era objeto de recordación escolar antes de la guerra. La dictadura promovió un cambio en la conmemoración que permitiera reivindicar la campaña militar, mientras que el gobierno de Alfonsín buscó tomar distancia de ese antecedente restableciendo la fecha de 1973.

Luego de este cambio de 1984, el 2 de abril volvió a ser reconocido como fecha de conmemoración en 1992, cuando fue declarado el "Día del Veterano de Guerra" y más tarde, en el año 2000, cuando por ley fue establecido como "Día del Veterano y de los Caídos en la Guerra de Malvinas", indicado como feriado nacional. Esta última ley derogaba el decreto de Alfonsín de 1984. Finalmente, la ley del año 2000 fue reforzada por una nueva ley en 2006 que establecía el 2 de abril como "feriado nacional inamovible".

En estas disputas tuvieron un lugar destacado las gestiones de gobierno, los partidos políticos y también las diversas organizaciones que agrupan a veteranos, ex-combatientes y familiares, así como distintos sectores de las Fuerzas Armadas. En torno de las fechas, se condensaron sentidos atribuidos a la "causa Malvinas", a la guerra y a las responsabilidades de la dictadura.

La segunda fecha conmemorativa en relación con acontecimientos de la dictadura en ser reconocida en el calendario escolar fue el 16 de septiembre. Como fue analizado en el capítulo 3, esta fecha está relacionada con la construcción de una representación emblemática sobre la represión: la "Noche de los Lápices". Entre 1984 y 1988 el gobierno provincial otorgó asueto para la realización de movilizaciones estudiantiles. La reorganización de los centros de estudiantes y, en general, la conformación de un movimiento estudiantil posdictadura tuvo en esta conmemoración un papel muy importante.

En 1988, el 16 de septiembre fue establecido como "Día de la Reafirmación de los Derechos del Estudiante Secundario" y por ley del año 2000, fue denominado como "Día de los Derechos del Estudiante Secundario" con la indicación de que la fecha debía recordarse con clases alusivas al tema de la democracia y los derechos humanos.

Finalmente, el 24 de marzo fue establecido como conmemoración escolar a partir de la sanción de la ley 25.633 en el año 2002. Esta ley instituía el "Día Nacional de la Memoria, por la Verdad y la Justicia". Su formulación indicaba la realización de "actividades alusivas" que debían estar programadas por las autoridades educativas respectivas. En marzo de 2006, esta ley resultó modificada por otra, que estableció que el 24 de marzo (continuando con la ley de 2002) debía ser considerado feriado nacional.

Todas estas definiciones tuvieron como ámbito de concreción las escuelas. Determinaron, mediante mecanismos y regulaciones diversas, que en las fechas indicadas las escuelas debían organizar actividades fuera de la rutina habitual: clases alusivas y actos. ¿Cuáles fueron las consecuencias escolares de estas regulaciones? ¿En qué medida los actores escolares participaron de estas disputas o las recrearon en el espacio escolar?

En primer lugar, hay alumnos que reconocen que los actos escolares han permitido un abordaje de las temáticas referidas a la dictadura más allá de su tratamiento curricular en el ámbito de las clases de Historia.

Entrevistador: Y eso, bueno, ¿en la escuela entonces lo trabajan en alguna materia en particular o en varias materias?, ¿cómo lo fueron trabajando?

Alumna G: En realidad con el tema de los actos y el 24 de marzo es bastante importante en la escuela, y hemos trabajado fuera de las áreas de Sociales también. Por ahí en algún momento nos han hecho leer algún texto, no sé si en Matemática, pero no me acuerdo ahora. En Economía también. Pero lo esencial es que en la mayoría, por ahí hay algunas cerradas; por ahí los actos del colegio son más abiertos porque hacemos debates, se discute y podés ver lo que piensan. O sea, los chicos de primero, los de tercero y está bueno porque... porque es lo que podemos pensar nosotros y ahí, bueno, te empezás a formar vos, ves qué podés pensar vos a partir de lo que piensan ellos.[12]

Primer contraste: en la percepción de la alumna G los actos (en particular, menciona el acto del 24 de marzo) habilitan que el tema de la dictadura sea abordado más allá de las clases específicas: en Matemáticas, en Economía. Pero además, permite un tratamiento más participativo, que involucra la voz de los alumnos y promueve el debate. Este carácter participativo impulsa la propia formación de los alumnos, a partir de la toma de posición sobre lo que piensan los demás.

Por otra parte, hay alumnos que perciben que los actos son marcas escolares de un estado de debate social más amplio.

Alumno I: Ahora se le está dando mayor importancia, a partir del 2005 fue que se conmemoró el día de la memoria el 24 de marzo. Ahora se le está dando un poco más de importancia. Eso lo veo, no solo porque el 24 de marzo sea feriado, sino porque te hacen hacer una actividad como de reflexión un día antes, un día después del 24 de marzo, en la escuela, todos los años. Pero yo creo que se le está... Desde que yo era chico siempre se le dio mucha más importancia a la Guerra de Malvinas que al Proceso, a la dictadura en sí...[13]

La conmemoración, la sanción oficial de la fecha es claramente asociada con la importancia que la sociedad le otorga al acontecimiento. En este caso, la mención de las fechas también evidencia una lectura de las tensiones entre las conmemoraciones: la importancia relativa de la dictadura con relación al recuerdo de la guerra de Malvinas. Por otra parte, este mismo alumno describe lo que desde su perspectiva es un abordaje adecuado de la fecha: no solo producir el acto, sino desarrollar actividades específicas que la problematicen.

---

12. Entrevista a Alumna G. Alumna de escuela estatal del interior de la provincia de Buenos Aires. Al momento de la entrevista tenía 17 años y cursaba 5° año.

13. Entrevista a Alumno I. Alumno de escuela estatal de una localidad del interior de la provincia de Buenos Aires. Al momento de la entrevista, tenía 16 años y cursaba 5° año.

MARTÍN R. LEGARRALDE

Alumno I: Con respecto a lo que es el análisis de la democracia y la época de la dictadura, siempre -como te comenté- el 24 de marzo tratan de hacer una reflexión hacia los jóvenes, de esa reflexión tenemos que llegar a una conclusión, hacemos un afiche que diga algo, hacés un reportaje a alguien, llegás a una conclusión y los profesores generalmente dan para hacer esas tareas. Profesores de ciencias humanistas -lo que es totalmente acertado. No quiere decir que los otros no puedan hacerlo, sino que los profesores de ciencias humanistas tal vez lo ven más desde el lado teórico, más desde el lado social a todo este problema, a todo este problema de la dictadura y entonces y por lo que he visto la escuela normal donde yo asisto, tiene por suerte muy buenos profesores, profesores muy amigables y podés consultarles sobre cualquier cosa.[14]

En este caso, la perspectiva que pueden aportar los profesores especializados enriquece las interacciones que son posibles en relación con el acto. A esto se agrega que el tipo de actividad que es posible realizar en torno a la conmemoración propone un papel activo para los alumnos, a través de su reflexión, su producción y su toma de posición.

Una característica importante de los actos es que, al exceder el marco de las prescripciones de los contenidos curriculares, también involucran a todos los estudiantes más allá del año que estén cursando. Es decir, la gradualidad de los contenidos de Historia o la concentración de las referencias a la dictadura en un año en particular son superados en el momento de los actos, cuando el tratamiento de los temas referidos a la dictadura son abordados por la totalidad de los actores institucionales.

Entrevistador: Ustedes me contaban que la primera vez que escucharon hablar de la dictadura fue en la escuela. ¿Se trabaja con frecuencia sobre el tema?, ¿se trabaja todos los años?, ¿qué percepción tienen ustedes?

Alumno M1: Todos los años...

Alumno M2: Es como que se recuerda.

Alumno M1: Claro, sí, las fechas. Apenas un pantallazo.

Alumno M2: O sea, si el grado se interesa, le empieza a preguntar a la profe, y capaz que si la profe se interesa, te empieza a hablar. Pero si los chicos no preguntan ni nada, no.

Alumno M1: Este año la profesora que tenemos ahora nosotros nos habló.

Alumno M2: Si ella misma nos dice: "si ustedes quieren que les cuente bien sobre el tema, yo dejo de lado el programa y les cuento".

---

14. Idem.

Alumno M1: Sí, la profesora dejó de lado el programa, y nos explicó bien. Trajo videos, todo. Sí, la profesora de Historia nos tocó bien a fondo el tema.

Alumno M2: Sí, va un poco también en el profesor que te toque, porque a algunos les importa que los alumnos sepan y a otros no, siguen con el programa y chau.[15]

En este caso, el acto aparece mencionado como una oportunidad para un abordaje significativo del tema. Es un disparador para la expresión del interés de los actores, tanto de los alumnos como de los profesores. Lo significativo es que el tratamiento más genuino del tema tiene que ver con apartar el programa y dedicar tiempo a "que los alumnos sepan".

Si tenemos en cuenta que la mayoría de los estudiantes consultados a lo largo de la investigación informaron que escucharon hablar por primera vez de la dictadura en las escuelas, y que los contenidos curriculares de Historia que abordan el tema corresponden a 5° año, los actos suelen ser ocasiones en las que los alumnos toman contacto por primera vez con la temática.

Entrevistador: ¿Cuándo escuchaste hablar por primera vez de la dictadura?

Alumna D: En un acto que hicimos acá en el colegio, que fue en 2005. Yo tenía 15 años, acababa de cumplir 15 años y participaba de un CAJ que es un Centro de Actividades Juveniles que estaba acá en el colegio e hicimos un acto por la Noche de los Lápices, y ahí como que me profundicé en el tema, parcial. Recién ahora me doy cuenta cómo era. Hicimos una obra de teatro y en ese momento no lo entendía y ahora sí.[16]

Estos testimonios muestran un conjunto de tensiones fundamentales en torno de la percepción de los alumnos con relación a los actos sobre fechas conmemorativas de acontecimientos relativos a la dictadura. En primer lugar, muestran que los actos son oportunidades para que los alumnos conozcan (en algunos casos por primera vez) la temática. Al exceder el marco de los vínculos áulicos, además, los estudiantes perciben que los actos son situaciones de expresión genuina del interés de alumnos y profesores por la temática, y la concreción de este interés se realiza cuando se suspende el trabajo sobre el programa. Finalmente, los actos son instancias en las que los alumnos perciben que se producen actividades con mayor protagonismo de los estudiantes y que conducen a una toma de posición.

---

15. Entrevista a Alumnos M1 y M2. Alumnos de una escuela estatal del Conurbano Bonaerense. Al momento de la entrevista, ambos tenían 17 años y cursaban 5° año.

16. Entrevista a Alumna D. Alumna de una escuela estatal de una localidad del Conurbano Bonaerense. Al momento de la entrevista tenía 18 años y cursaba 6° año.

Por parte de los profesores, los actos referidos a la dictadura permiten extender el compromiso de los alumnos.

Profesor B: Nosotros tuvimos una experiencia linda para el 24 de marzo. Los chicos trabajaron mucho con el tema de afiches y murales. Empapelaron, por decirlo de alguna forma, los pasillos de la escuela con trabajos hechos por ellos. No voy a ser iluso en pensar el cien por cien de los chicos que participaron en el mural, por ejemplo o en el afiche, se involucraron un cien por cien. ¿Entendés? O hicieron carne la consigna, pero el tema es que siempre tenemos alumnos referentes que son los que más se involucran y nosotros queremos trabajar desde esa semilla, ¿me entendés? Porque yo puedo ser un referente para el alumno, es más, lo soy. Pero hablando, el chico va a captar más cuando vea que el par está involucrado y de la forma que se involucró, ¿me entendés? Y eso es como un carácter transitivo se podría decir, como que lo contagia, nosotros tenemos la esperanza en eso.[17]

El protagonismo de los alumnos resulta clave en los actos. Conduce a la toma de posición y a la difusión del compromiso. Es una oportunidad para que el posicionamiento de los estudiantes se ponga en escena y se exprese más allá del ámbito del aula.

Por otra parte, los actos, además de superar los límites del aula (o para ser más precisos, presentar situaciones distintas para la transmisión de las memorias de las que es posible encontrar en las clases), exceden muchas veces el ámbito de las propias escuelas.

Profesora E: Claro, entonces nosotros no somos objetivos, una sola campana, bajamos línea... El pueblo en sí es muy conservador, también aparece esta idea, ha aparecido después de las investigaciones o después de actos del 24 de marzo. Cartas en el diario de gente muy tradicional diciendo que nosotros le lavamos la cabeza a los chicos, les metemos cosas raras en la cabeza, y demás. O sea que contra eso sabemos que tenemos que luchar permanentemente, ¿sí?[18]

En este caso, el testimonio de la profesora pone en foco la relación entre las disputas escolares y sociales por las memorias. En el capítulo anterior vimos que era frecuente que los docentes entrevistados plantearan que las escuelas intervenían en las disputas sociales aportando unas memorias críticas de la dictadura y enfrentando las posiciones más conservadoras y apologéticas que podían sostener distintos grupos de la sociedad. En este caso, esas disputas entre las escuelas y el espacio social cobran cuerpo en torno de las conmemoraciones, ya que son momentos en los que la

---

17. Entrevista a Profesor B. Profesor en escuelas del Conurbano Bonaerense.
18. Entrevista a Profesor E. Profesor en escuelas del interior de la provincia de Buenos Aires.

actividad escolar (que por definición forma parte de un sistema público) se vuelve particularmente pública. En esa confrontación, los docentes relatan cómo retornan además, caracterizaciones con las que, durante la dictadura misma, se denunciaba a los docentes que eran acusados de pertenecer a la "subversión".

Profesora E: Para el 24 de marzo este año me tocó la tarea de hacerlo, yo trabajo también en un colegio privado, un colegio de monjas, donde está desde la mirada de la Iglesia, donde no podés poner "por la Verdad" con mayúscula, porque la única verdad es la de Cristo. Y nos sacaron el cartel el 24 de marzo, lo tiró la monja, porque "Verdad" está escrito con mayúscula y la única verdad es la de Cristo. Donde tenés chicos que vienen de hogares que tienen la teoría de los dos demonios, bueno, pero... Entonces, la profesora de Historia me miró a mí, este año: "vos, te toca el 24 de marzo". ¡Ay, qué alegría, en ese colegio! Bueno, "¿qué hacemos chicos?" Charla que te charla, entonces empezamos, ta-ta-ta. "Vos hacé la tuya, yo tengo mi mirada, que no necesariamente tiene que ser la de ustedes, yo voy a aclarar tal cosa...". Entonces después que aclaramos, charlamos, una clase entera, o sea dos horas de clase, sobre el tema, dije: "¿quiénes quieren participar en el acto del 24? Esto es voluntario". "¡Yo!" Todos varones. ¿Y sabés por dónde lo encaré por ese lado, ahí donde me costó tanto? Ellos lo encararon por el lado del rock como resistencia, y como tienen una bandita, tocaron el tema de Charly, y... Yo no estuve presente porque estaba en la otra escuela, pero dicen que estuvo muy lindo y lo que ellos escribieron. O sea, yo tiré algunas ideas, pero lo que escribieron estuvo muy coherente. Ahora el grupo que estaba en la tesitura de... "no tendríamos... en realidad el 24 se produjo, pa-pa-pa" se mantuvieron como al margen, ¿viste? Porque a veces es muy difícil enfrentarse con el discurso de la casa, ¿viste? Y sobre todo en ese colegio es muy difícil, porque en ese colegio sí, vos tenés padres que se van a quejar de los que vos estás dando. Por ejemplo, la profesora de Literatura está dando tal cosa, que eso es "¿qué quieren, formar guerrilleros ustedes?", dicen así. Tenés esa carga extra, ¿viste? Yo por ejemplo doy marxismo, pero tengo que dar... es decir, por qué la Iglesia católica condena el marxismo, o sea tenés que moverte en un ámbito donde estás más encorsetada.[19]

Los rasgos propios de cada escuela marcan la impronta de los actos. Se trata de reglas formales pero también de tensiones prácticas informales que son reconocidas y anticipadas por los actores escolares, y que, por lo tanto, organizan su comportamiento estratégico. La profesora E, sabiendo cuáles son las objeciones que enfrenta en la escuela en la que trabaja,

---

19. Entrevista a Profesora E. Profesor en escuelas del interior de la provincia de Buenos Aires.

busca el modo para organizar el acto, habilitando la participación de los alumnos y mostrando que existen distintas posiciones sobre el pasado.

Finalmente, contra la idea de que los actos generan situaciones de participación, de disputa, de compromiso y de tomas de posición, también hay quienes ven allí un indicio de la interrupción en la transmisión de memorias, en una situación que recuerda la advertencia de Yerushalmi (2002), cuando decía que el olvido colectivo era posible siempre que una generación decidiera no poner a disposición de la siguiente algún aspecto de su experiencia, o que la generación joven no estuviera dispuesta a recibir lo que se le transmite.

> Profesor H: Yo lo que noto es que los chicos tienen, no sé, en general, estoy hablando de la escuela, cuando el discurso está armado, los chicos tienden a replegarse. Por ejemplo, en una escuela donde fue el intendente el 24 de marzo, y fueron otros organismos de derechos humanos a hablar. Los organismos hablaron para ellos. Los pibes estaban en otra, más en escuela pública, si se podían rajar, se rajaban. Cuando el discurso se hace oficial los pibes se repliegan y cuando hablan ellos, los pibes se escuchan.[20]

¿Quién habla en el acto? ¿De quién o quiénes es la voz que enuncia las memorias sobre el pasado que se conmemora? Este último testimonio refleja una imagen en la que la transmisión se interrumpe. Los chicos se repliegan. No escuchan los discursos adultos, no porque sean adultos, sino porque los adultos (los organismos, las autoridades) "hablan para ellos". Esta observación resulta central porque muestra la relevancia de la estructura o la forma de la transmisión para que se torne efectiva, incluso cuando existe una fuerte intención de que la transmisión se produzca, algo así como un "deber de memoria fallido". El testimonio también, por contraste, muestra cuáles son las consecuencias de la interrupción de la transmisión.

En el año 2010, realizamos una observación en el acto del 24 de marzo llevado a cabo en una escuela secundaria de un distrito de la zona sur del Conurbano Bonaerense. El acto se realizó el día 23 de marzo, en el turno tarde. El día del acto fue previo al feriado, y del acto participaron todos los alumnos del turno y los profesores presentes ese día en la escuela. El acto comenzó a mitad del turno, alrededor de las 15 horas, y duró aproximadamente una hora. El espacio de la escuela permitió una organización informal ya que se ocuparon los pasillos internos del edificio, que son amplios, luminosos y agradables, y no tienen una estructura fija como espacio de trabajo.

---

20. Entrevista a Profesor H. Profesor en escuelas del interior de la provincia de Buenos Aires.

En el inicio del acto, los profesores indicaron a los alumnos que se sentaran en el suelo. Los más próximos al frente del acto lo hicieron, mientras que los que se encontraban más lejos permanecieron de pie. Hacia uno de los extremos del espacio se dispuso un micrófono y un cañón de proyección. En el centro del pasillo, en una de las paredes, una cartelera exhibía afiches alusivos al 24 de marzo, un anuncio de la convocatoria 2010 para el Programa Jóvenes y Memoria de la CPM y otras imágenes ilustrativas.

La coordinación del acto estuvo a cargo de un profesor de la escuela, que participa de un organismo de derechos humanos de arraigo local. Para dar inicio al acto, el profesor tomó la palabra anunciando el comienzo del acto por el Día de la Memoria, e indicando el ingreso de las banderas de ceremonias, la argentina y la bonaerense, con sus abanderados y escoltas. A continuación presentó a las personas que se sucedieron en la palabra. Sus intervenciones fueron muy breves y precisas. La directora estuvo presente todo el tiempo colaborando con los profesores aunque nunca tomó el micrófono.

Después del ingreso de las banderas, que se ubicaron al lado del profesor coordinador del acto, todos los asistentes cantaron el Himno Nacional Argentino. Esta parte del acto cumplió con lo estipulado por la normativa educativa provincial para los actos solemnes.[21] Tras la introducción, dos alumnas de la escuela leyeron un texto muy breve en el que hablaban del 24 de marzo y sobre todo de los desaparecidos, explicaron qué significa ser un desaparecido a través de un relato breve e informativo sobre el golpe de Estado, aunque sin apelaciones a la necesidad de recordar y repudiar la dictadura.

Enseguida, el docente coordinador del acto anunció la proyección de un fragmento de la película "Los pibes del Santa",[22] en la que se narran las historias de diez jóvenes desaparecidos del distrito, que concurrían a una escuela secundaria católica de la localidad. El fragmento proyectado se centró en algunas características de los jóvenes y en el relato de su militancia, así como las circunstancias previas a su desaparición. La proyección finalizó luego de que en la película, una de las entrevistadas, madre de uno de los jóvenes desaparecidos, relata que en el año 1977 les

---

21. Esta estructura de los actos en dos "mitades", una formal y otra informal, fue descripta reiteradamente en otras investigaciones. Se trata de una forma de organización que permite que el acto cumpla a la vez con la conservación y la renovación del ritual. Véase Eliezer (2005), Eliezer (2009) y Haedo (2014).

22. La película completa puede verse en internet: https://www.youtube.com/watch?v=NPDRTt8ZA7E y tiene una duración de 1 hora y 48 minutos. En el acto sólo se proyectó un fragmento breve.

ofrecieron a dos de los jóvenes organizar su exilio a Italia, pero que ellos se negaron.

Durante la breve proyección, los alumnos siguieron el relato con atención. Luego, la palabra pasó a la invitada al acto, hermana de una desaparecida del distrito, que también aparecía en la película y que se dirigió a los alumnos tomando el micrófono. Lucía, la invitada, habló brevemente, continuando de algún modo el relato de la película. Dijo que los chicos no aceptaron irse y que lamentablemente murieron. Que "hay que recordarlos como lo que son, como héroes, a ellos y a los treinta mil, pero que lamentablemente su muerte fue en vano, porque los genocidas hicieron un desastre".

Cuando terminó, el silencio era generalizado. Lucía dijo si alguien quería preguntar algo y una alumna toma la palabra: "¿De que huían ellos?" Frente a esta pregunta, el resto de sus compañeros murmuró en tono de desaprobación. El profesor intervino para decir: "Bueno, está bien, cada uno pregunta lo que quiere saber".

Lucía respondió explicando que pensaban diferente que los militares, que a los militares no les convenía que docentes o médicos estuvieran pensando así, entonces por eso fue que pasó lo que pasó: "El gobierno quería ignorancia para toda la sociedad".

Otra pregunta, esta vez de un profesor, habilitó a la invitada a hablar sobre la lucha de familiares y sobrevivientes. Dijo: "La pelea por la memoria es una pelea por el presente. Es necesario recuperar para transparentar los hechos, del horror del olvido".

Lucía fue aplaudida y el profesor que conducía el acto le agradeció, haciendo además una síntesis de sus palabras. En esa síntesis afirmó: "Lo interesante es que la generación de ustedes pueda continuar con esa lucha", refiriéndose a los alumnos.

A continuación, pasó la palabra a un alumno que representaba al centro de estudiantes de la escuela. El alumno comenzó diciendo que lo que sucedió "no fue una taradez, que murió un montón de gente" y que tenemos que pensar qué queremos hacer (parece querer decir que con nuestro futuro). Fue muy aplaudido. El cierre del acto se produjo cuando un alumno tocó los acordes del Himno con su bajo eléctrico e invitó a los compañeros presentes a cantar. Los chicos se pararon y se acercaron, cantaron y aplaudieron intensamente. El acto concluyó con aplausos para el alumno que tocó el bajo y para la invitada. En los minutos siguientes, y ya en un espacio de intercambios informales, algunos alumnos se acercaron a Lucía, hablaron con ella, la saludaron o la abrazaron.

Muchos aspectos de la observación realizada indican el carácter situado de la transmisión. Rasgos como las decisiones de los docentes, las inquietudes de los alumnos, estilos institucionales y momentos en la historia de las instituciones y las personas, hacen que cada situación tenga características específicas que difícilmente resulten generalizables.

Algunos aspectos, sin embargo, pueden subrayarse y generar interrogantes para las condiciones de la transmisión en general. En primer lugar, es de destacar el papel que cumplen en este acto las referencias al contexto local. Esta es una nota especialmente acentuada en el caso de los actos escolares, en los que la posibilidad de que participen actores de la comunidad y –especialmente en el 24 de marzo–, actores involucrados en las disputas por las memorias (sobrevivientes, familiares, militantes de organismos de derechos humanos, ex-combatientes, veteranos, autoridades locales) hace que las referencias al ámbito local se vean facilitadas en comparación con lo que sucede en el contexto del aula.[23]

En segundo lugar, justamente la "apertura" del acto a la participación de actores externos a la escuela, hace que sea menos previsible el tipo de abordaje que se producirá y las interacciones que se generarán en el acto. Más allá de que todo vínculo pedagógico está atravesado por condiciones impredecibles, en este caso, este rasgo se ve acentuado.

En la observación señalada, la pregunta de la alumna y la actitud de sus compañeros son evidencias de los desajustes en los vínculos de transmisión. La pregunta pudo contener una curiosidad genuina acerca de en qué consistía la acción represiva del Estado. Los fragmentos de la película se interrumpen cuando los entrevistados comienzan a relatar los peligros que acechaban a los jóvenes y su resistencia a ser cuidados o protegidos por la acción de sus familiares. Sin embargo, Lucía prefirió contestar reponiendo un relato general de las razones o motivos de los militares para perseguir y desaparecer a los jóvenes militantes.

Justamente este rasgo pone en evidencia la complejidad que adquieren los procesos de transmisión en los actos, aún cuando en apariencia su condición ritual haga suponer que se trata de situaciones predecibles y repetitivas.[24] El hecho de que participen de ellos una diversidad de alumnos, con independencia del año que cursen y del momento del año

---

23. La escuela en la que se realizó la observación, también participó del Programa Jóvenes y Memoria, y el abordaje de las problemáticas del contexto local es un rasgo central en el trabajo del programa.

24. Es interesante al respecto, la distinción que proponen Southwell y Dussel entre ritual y rutina: "Los recuerdos de Grumet nos ayudan a entender que los rituales no son cualquier actividad que se rutiniza, sino acciones que están cargadas de un sentido, y que representan una experiencia colectiva. Son acciones que se repiten en el tiempo, quizás no por las mismas personas (...), pero eso no las convierte en rutinarias. Son momentos especiales que marcan el pasaje de un estado a otro (...)" (Dussel y Southwell, 2009: 26).

lectivo de que se trate, hace que se enfrenten a un tema y a un contenido no incluido en la secuencia regular y programada por los docentes de las materias específicas. Si ese tema no se aborda previa o posteriormente al acto en las distintas materias, o no da lugar a intercambios más elaborados, es posible que se transmitan representaciones parciales, fragmentarias o descontextualizadas, que ocupen el lugar de las memorias, como "explicación" de la información disponible sobre los acontecimientos.

Un proyecto en el Programa Jóvenes y Memoria

La trama vincular, las clases y los actos constituyen situaciones habituales de transmisión de memorias sobre la dictadura. Pero además, distintas indicaciones que pudimos señalar en las entrevistas, muestran que las escuelas son espacios en los que se producen procesos de transmisión de memorias impulsados o estimulados por acciones, objetos culturales e iniciativas de distintos actores.

En los capítulos anteriores hemos señalado la incidencia que tuvo en la provincia de Buenos Aires (y en los últimos años también en otras provincias) el Programa Jóvenes y Memoria de la CPM. En este apartado, analizamos algunas situaciones de transmisión que se generan en el marco del programa, y que han sido relevadas a través de entrevistas y el análisis de producciones elaboradas por los alumnos.

En el marco del programa se realizan cada año una gran cantidad de investigaciones y producciones sobre temáticas variadas, relacionadas con el eje "Autoritarismo y Democracia". En ese marco, estudiantes de una escuela de Morón iniciaron en el año 2004 un proyecto de investigación a partir de la información de que disponían de que en una placa en el frente de la escuela se recordaba a un ex-director que había sido cómplice del terrorismo de Estado. El caso en cuestión era el de Aníbal Rómulo Maniglia, profesor egresado del Colegio Mariano Acosta, rector del Colegio Nacional "Manuel Dorrego" de Morón entre 1964 y 1972, y director del Colegio Nacional de Buenos Aires entre septiembre de 1975 y 1978 (Cammarota, 2013).

Los alumnos participantes del proyecto accedieron a esta información a partir de la lectura del libro *La otra Juvenilia* de Santiago Garaño y Werner Pertot, y profundizaron en la investigación a través de la indagación de testimonios entre miembros de la comunidad educativa. El trabajo que desarrollaron los estudiantes los llevó a decidir que debían impulsar la remoción de la placa. En las discusiones del grupo de alumnos, la alternativa elegida buscó producir consensos en la comunidad educativa de la escuela. Impulsaron una votación, frente a la resistencia de las autoridades de la institución, para decidir qué hacer con la placa. Esa votación no solo involucró a los alumnos, sino a toda la comunidad educativa de la escuela: padres, directivos, docentes y los propios estudiantes. Como resultado de esa votación, se acordó remover la placa.

Sin embargo, en el relato de los alumnos que participaron de esta iniciativa, y también en el de una docente de la escuela, aparecen otros datos significativos. En el cuerpo de profesores, no hubo un acuerdo unánime sobre la decisión. Más de un tercio de los docentes estaban en contra de que la placa fuera quitada. Los docentes con mayor antigüedad en el colegio, identificaban al rector Maniglia con una etapa de expansión de la institución, con la construcción de un edificio nuevo y con la consolidación de un modelo de autoridad tradicional, frente a una imagen de retrocesos asociada a los años más recientes de la vida institucional (Cammarota, 2013).

Uno de los alumnos opinaba sobre las sensaciones con respecto a los profesores que habían votado en contra de quitar la placa:

> Hubo momentos en que los odiamos, la verdad es que los odiamos porque pensamos "no puede ser que este tipo de gente nos eduque... No son para la educación que queremos hoy...". Nosotros estamos planteando siempre que la educación sea más abierta, que haya ida y vuelta, que haya una relación más fluida, más interesante, y para mí ese tipo de gente, es gente necia, que no quiere escuchar. En todo el año no nos dejaron siquiera que le entreguemos una documentación para que ellos sepan... Porque tampoco la idea era ir y llenar cabezas y decir "acá los chicos tienen la razón...". Nosotros creíamos necesario que todos tuvieran la información. Porque hay muchos profesores nuevos que no saben quién era (el ex-director) Maniglia...

Lo primero que aparece en esta escena es el desvelamiento por parte de los alumnos de algo que no formaba parte del relato de los adultos: el director recordado en la placa había sido un colaborador de la represión. La placa se convertía en la cristalización de "un pasado que no pasa" y que, por esa vía, formaba parte de la experiencia cotidiana de los alumnos.

En este caso, es posible señalar la producción de un segundo orden de experiencias. Ya no se trata de las experiencias del acontecimiento traumático, sino de las experiencias de la transmisión. Siguiendo el planteo de Dominick LaCapra, es posible imaginar una posición de sujeto heredero en el proceso de transmisión, que no posee una experiencia directa del acontecimiento traumático, pero desarrolla una "experiencia de la transmisión" que lo enfrenta a las tensiones de posicionarse frente a ese acontecimiento. En el caso que presentamos, esa posición abre una brecha en los silencios instituidos y es productora de nuevos sentidos sobre el pasado.

Esa producción de sentidos, por otra parte, se expresa mediante una intervención en el presente: los alumnos discuten e imaginan dos posibles vías para actuar sobre la experiencia: la acción directa o provocar una toma de conciencia haciendo evidente las memorias enfrentadas. En todo caso, estas alternativas muestran que los jóvenes tomaron en sus manos la producción de sentido en el presente sobre ese pasado. Es decir, asumieron la responsabilidad de instalar en la comunidad educativa de su escuela una tensión que hiciera imposible el silencio y forzara de alguna manera la toma de posición.

En esta situación, el esquema imaginario según el cual la generación adulta (que está más cerca de la experiencia traumática) es la que transmite a la generación joven un relato sobre esa experiencia, se ve desplazado, invertido. Son los jóvenes los que, con sus debates y sus acciones, provocan en los adultos la incomodidad sobre sus silencios. Sostiene una de las docentes de la escuela:

> Les comentaba que la sala de profesores del Dorrego se ha tornado un lugar de conflicto. Una divisoria de aguas... inclusive hay una mesa que es un símbolo: a la izquierda algunos profesores y a la derecha otros profesores, enfrentados. Con versiones, inclusive, poco sustentadas, con discursos que son reproducidos –porque hablamos de profesores muy jóvenes también– que defienden la placa de Maniglia.

Esta breve descripción nos permite ver que, una vez que se ha roto el silencio, las memorias que emergen son memorias en conflicto. No se trata de la recuperación de un relato único, coherente, consistente, que ocupe el lugar de una "verdad". En cambio, como esos relatos sobre el pasado son manipulaciones sobre el pasado producidas desde el presente, expresan un campo de confrontaciones de grupos con identidades, posiciones políticas e ideológicas diferentes. Nuevamente, las escuelas son una arena privilegiada de lucha por los sentidos del pasado.

La memoria como conocimiento y la memoria como práctica

Un análisis de las situaciones de transmisión de las memorias sobre la dictadura que tienen lugar en torno de las escuelas secundarias revela, en primer lugar, su diversidad y heterogeneidad. Sin dudas, un núcleo común de estas situaciones de transmisión tiene lugar en las clases de Historia, sobre todo en el marco del 5° año de la Escuela Secundaria Obligatoria, en el que de acuerdo con los diseños curriculares vigentes desde 2007, debe abordarse la temática. También se produce esta transmisión en las clases de Política y Ciudadanía, en 5° año de la Escuela Secundaria, en el que la prescripción curricular establece el abordaje de este tema pero desde una perspectiva diferente.[25]

Entre ambos, se formula una expectativa de enseñanza con resultados que los alumnos reconocen como fuente de su aproximación al tema (aunque con grados de intensidad variable). El curriculum prescripto refleja las tensiones entre distintos sentidos acerca del pasado dictatorial, que no son presentados como una disputa pero tampoco como sentidos complementarios. En el ámbito de la enseñanza, los alumnos no los perciben como aproximaciones contrapuestas ni indican contradicciones o sentidos diversos al respecto, aunque en su gran mayoría, perciben que sus profesores sostienen diferentes concepciones sobre la dictadura.

Junto con este núcleo central (el tratamiento de los contenidos de los diseños curriculares), encontramos otro que tiene que ver con los actos escolares, que en los últimos años han sido marcados por la incorporación de fechas referidas a la última dictadura militar, como el 24 de marzo, el 2 de abril o el 16 de septiembre. En estos actos, las situaciones de transmisión son diferentes a las que se producen en las clases de Historia y de Política y Ciudadanía. En primer lugar, porque involucran a una configuración menos estructurada de actores institucionales: alumnos de distintos años y divisiones, profesores de distintas materias, autoridades, y en muchos casos actores sociales que no tienen un rol permanente en las escuelas, como familiares de desaparecidos, militantes de organismos de derechos humanos, sobrevivientes de la represión, ex-combatientes, funcionarios políticos, entre otros.

En segundo lugar, las posiciones que ocupan los distintos actores en la situación generan condiciones diferentes para el proceso de transmisión de las que es frecuente encontrar en el aula. De las encuestas y las entrevistas surge la percepción por parte de los estudiantes, de que en las clases existe un tratamiento de la temática que tiende a ser cristalizado. A esto se agrega que, en su mayoría, los estudiantes identifican las clases como un espacio en el que la temática se aborda principalmente sobre la base de los sentidos que proponen los docentes o los materiales de enseñanza. Frente a esto, los actos observados parecen habilitar un espacio para la voz de los estudiantes, legitimados además como actores enunciadores colectivos. Los estudiantes que hablan en los actos, lo hacen en nombre de los alumnos en general, o de los jóvenes en general. Si bien es posible que muchos de

---

25. Para un análisis de las dos perspectivas en juego, véase el capítulo 4.

MARTÍN R. LEGARRALDE

sus compañeros no se reconozcan en las palabras,[26] la posición de sujeto construida en la situación del acto es la de la voz de los herederos, la toma de posición de quienes reciben el legado de las memorias.

En tercer lugar, el carácter ritual de los actos y su conexión con conmemoraciones públicas más generales (debe tenerse en cuenta que las tres fechas indicadas anudan el calendario escolar con actividades públicas de conmemoración) inscribe los procesos de transmisión de las memorias que se ponen en juego en el ámbito institucional, en el marco del espacio social más general, aunque esta intersección de dos órdenes (el institucional y el social) se produzca en el plano simbólico. Por eso, en los actos escolares es frecuente ver que se expliciten las dimensiones éticas, políticas y jurídicas de las distintas memorias y de su transmisión.

Ahora bien, en la investigación hemos encontrado que las clases y los actos coexisten con una multiplicidad de formas y modalidades de transmisión, visitas a sitios de memoria, charlas y actividades en las que participan los alumnos, programas especiales que los involucran con distinto grado de protagonismo. Si bien puede pensarse que se trata de actividades "excepcionales", en el marco del trabajo de campo hemos visto que se trata de situaciones indicadas con frecuencia por los alumnos. No tenemos registros documentados que permitan dimensionar cuál es su incidencia cuantitativa (de hecho, tampoco podemos documentar cuánto es el tiempo efectivamente dedicado en las escuelas al abordaje de los temas referidos a la última dictadura militar en el trabajo del aula). Sin embargo, el análisis que hemos podido realizar de estas instancias muestra su capacidad para alterar la estructura de los procesos de transmisión.

En las clases, el proceso de transmisión es percibido por los alumnos como un abordaje del tema en el que la mayor parte de las ideas y sentidos son propuestos por los profesores y los materiales de enseñanza. En ese sentido, es posible pensar que la principal preocupación que asumen los docentes es decidir qué relato presentar, qué información elegir y cómo presentarla de manera que resulte interesante para los estudiantes.

Los actos, en cambio, ponen en escena no solo la voz de los profesores, sino una multiplicidad de voces. Los alumnos suelen estar representados en el espacio institucional de enunciación. Esta escenificación puede resultar desplazada para los actores: es posible que no todos los alumnos se reconozcan en las palabras elegidas por sus compañeros y algo similar sucede con los profesores. Por otra parte, en los actos observados, la

---

26. Esto no ha sido relevado de manera directa, pero la percepción de algunos de los profesores entrevistados es que los alumnos se interesan en la temática cuando les hablan los propios alumnos, sobre todo cuando en los actos escolares sus compañeros toman la palabra.

enunciación suele considerarse como una instancia valiosa en sí misma, es decir que su importancia no depende de los intercambios, preguntas o debates posteriores. En los casos en los que se produce algún tipo de diálogo, emergen las peculiaridades del proceso de transmisión: se ponen en tensión los sobreentendidos, los supuestos sentidos compartidos se vuelven problemáticos y se suelen abrir interrogantes que quedan sin cerrar.

En la visita analizada en el capítulo anterior, el proceso de transmisión muestra otra tensión: frente a un discurso estructurado de las guías, las preguntas de los alumnos producen incomodidad en lugar de habilitar la producción de nuevos sentidos, indagaciones o exploraciones. A riesgo de sobreinterpretar la situación observada, se podría pensar que en ese caso, la posibilidad de que los alumnos produjeran sentidos sobre el pasado fundados en sus preguntas personales, ponía en tela de juicio la memoria acordada.

Finalmente, el proyecto de Jóvenes y Memoria que impulsó la remoción de la placa conmemorativa de Maniglia en la escuela de Morón permite ver una situación en la que se reconfiguró todo el proceso de transmisión. En ese caso, fueron los jóvenes quienes, a partir de su investigación, rompieron los silencios instituidos en la comunidad escolar, y los adultos (en particular, algunos profesores) los que se resistieron a dialogar porque de este diálogo podían surgir evidencias de su negación, silencio u ocultamiento.

En este abanico de situaciones, podemos decir que lo que está en juego es el pasaje de una concepción de la memoria como conocimiento (y en ese caso, ocupa un lugar central la definición de la dimensión veritativa de la memoria, es decir, si se está transmitiendo una memoria fiel con lo que realmente pasó) a una concepción de la memoria como práctica (y en ese caso, cobra centralidad el papel activo de los distintos participantes del proceso de transmisión, el protagonismo de los alumnos con sus investigaciones, sus preguntas, su capacidad para producir nuevos sentidos sobre el pasado, y en el límite, su desafío a los sentidos cristalizados).

MARTÍN R. LEGARRALDE

Capítulo 7

Memoria, generaciones, escuela y transmisión

Este libro partió de una pregunta central: cómo se produce la transmisión de memorias sobre la dictadura, en la trama compleja de disputas por los sentidos del pasado y atendiendo al peso que pueden tener las características de las escuelas y el sistema educativo en las distintas formas y variaciones de la transmisión.

En los capítulos anteriores pudimos reconocer situaciones de transmisión en los contextos instituidos del aula, la clase y la escuela, pero también vimos que la complejidad de la circulación de memorias entre jóvenes y adultos que se encuentran en la escuela, exige considerar otros contextos y situaciones: los intercambios informales, las tramas vinculares, los proyectos especiales, la apropiación de objetos culturales.

En este capítulo de conclusiones, reflexionamos sobre tres dimensiones de la investigación: las relaciones entre el curriculum prescripto y las memorias de la dictadura, el lugar de las narrativas sobre la dictadura en la escuela y los procesos y situaciones de transmisión en los que se ponen en juego esas memorias. Nos parece posible aquí reponer una esquematización de conjunto que permita ubicar este trabajo en diálogo con otras investigaciones sobre la temática y también con un amplio campo de producción teórica, identificando sus posibles aportes.

Curriculum prescripto y memorias de la dictadura

Las políticas de memoria que han buscado tener incidencia en el ámbito escolar[1] están atravesadas por el campo de definición curricular.

---

1. El análisis expuesto en los capítulos 1 a 4 permite postular una distinción conceptual necesaria entre políticas de memoria en general y políticas de memoria con incidencia en el ámbito educativo. Asimismo, estas últimas podrían clasificarse en dos niveles: aquellas que buscan incidir en las definiciones del curriculum prescripto (que podrían denominarse

Hemos visto en los capítulos 1 a 4, que la transmisión de memorias sobre la dictadura ha sido definida como una tarea del sistema educativo en general y de las escuelas secundarias en particular, en una sucesión de normas y leyes. Esas definiciones, a su vez, han adquirido especificidad en las definiciones curriculares, que en el período considerado (entre 1976 y 2013) se han plasmado en documentos con diferentes denominaciones y que han sido elaborados siguiendo diversos procedimientos. Un rasgo destacable en este proceso es cómo la temática de la última dictadura militar se ha ido definiendo en el curriculum como tema que corresponde a la vez a la asignatura Historia y a las asignaturas que se han ocupado de la formación ciudadana (cuyo nombre en este período cambió muchas veces: Estudio de la Realidad Social Argentina – ERSA, Formación Cívica, Formación Moral y Cívica, Educación Cívica, Formación Ética y Ciudadana, Construcción de Ciudadanía). Esta doble inscripción de la temática permite volver la mirada sobre la matriz disciplinar del curriculum y sus consecuencias. Ivor Goodson (2013) advierte que esa matriz disciplinar permite explicar los procesos por los cuales ciertos contenidos fundan su legitimidad en el curriculum en su valor académico y se consolidan por su apropiación por parte de una comunidad profesional establecida. Conviene recordar aquí las hipótesis de Goodson:

> (...) en primer lugar, los temas (curriculares) no son entidades monolíticas sino cambiantes amalgamas de subgrupos y tradiciones. Estos grupos dentro de las asignaturas influyen y cambian los límites y las prioridades. En segundo lugar, en el proceso de establecer una asignatura escolar (y la disciplina universitaria asociada), los subgrupos que las sostienen tienden a pasar de tradiciones pedagógicas y utilitarias a una tradición académica. La necesidad de que el tema sea visto como una disciplina académica incidirá tanto en la retórica con la que se la promueve como en el proceso de definición del tema, más crucial durante el paso al establecimiento de la asignatura y la disciplina. En tercer lugar, en los casos estudiados, gran parte del debate curricular puede interpretarse en términos de conflicto entre los sujetos sobre el estatus, los recursos y el territorio.[2]

Como puede verse, Goodson encuentra como clave interpretativa la confrontación o el conflicto entre disciplinas, por el estatus, los recursos y el territorio. En nuestro caso hemos visto que la definición curricular de los temas referidos a la última dictadura militar no parecen haber sido

---

"políticas curriculares de memoria") y aquellas que buscan incidir más difusamente en las escuelas y las prácticas escolares (que podrían denominarse "políticas escolares de memoria"). En un sentido similar, Inés Dussel (2007) habla de "políticas de transmisión".

2. Traducción propia.

MARTÍN R. LEGARRALDE

aún objeto de disputa disciplinar. Sin embargo, nos interesa retener la vía de análisis que se pregunta por las relaciones entre las materias del curriculum, las disciplinas académicas y las profesiones.

En el caso de los temas referidos a la última dictadura militar, en el período 1976-2013 asistimos a una creciente especificidad en la enunciación del tema en los diseños curriculares de la materia Historia, con algunas referencias propias del campo de producción historiográfica. Sin embargo, estos contenidos curriculares no aluden al hecho de que, como acontecimiento traumático de la historia reciente, la última dictadura ha sido y es objeto de controversias en el presente más allá del campo de trabajo de los historiadores profesionales.

Paralelamente a estas definiciones, es posible identificar otro conjunto de políticas de memoria que involucran a las escuelas. Su vía de incidencia en el ámbito escolar no es el curriculum sino las efemérides y los programas especiales. A diferencia de la tendencia que hemos visto en el abordaje curricular de la temática, en este caso ha sido más frecuente la apelación a las dimensiones emotivas e identitarias, y a tomar distancia del tratamiento historiográfico. La diferenciación entre el tratamiento curricular de las temáticas referidas a la última dictadura militar y su abordaje en las efemérides o en actividades "extra-curriculares" es, a primera vista, consistente con la distinción que realizan Carretero, Rosa y González (2006) entre objetivos cognitivos y objetivos identitarios, en el marco de una tendencia que acentúa la tensión entre ambos:

> Al respecto, intentamos mostrar que, si bien cada una de estas grandes controversias ha tenido pautas específicas, todas dejan traslucir un proceso común, que puede caracterizarse como el aumento de una tensión, implícita y obviamente irresuelta, entre los dos tipos de lógica que han articulado la enseñanza escolar de la historia en el origen de los estados liberales y hasta mediados del siglo: la racionalidad crítica de la Ilustración y la emotividad identitaria del Romanticismo (Carretero, 2006). Ambas han constituido la impronta de la historia escolar y definen aún hoy sus objetivos como cognitivos, destinados a la formación del conocimiento disciplinar, y sociales o identitarios, dirigidos a la formación de la identidad nacional. Sin embargo, como hemos indicado, desde mediados del siglo XX se viene generando una creciente tensión entre ambas instancias, que durante la última década se nos aparecen como contradictorias y difíciles de conciliar en la práctica escolar, tal como puede observarse en los casos en que, en diferentes países, la enseñanza de la historia devino en tema de iracundo debate. (Carretero, Rosa y Gonzalez; 2006: 15)

Sin embargo, es difícil asignar la totalidad de las políticas relevadas en el período a este modo de categorizar en dos planos las políticas de memoria con incidencia en el sistema educativo. Las definiciones curriculares no están exentas de componentes emotivos e identitarios, mientras que los actos escolares no excluyen los componentes cognitivos.

Una historización de las políticas de memoria sobre la dictadura que incidieron en el sistema educativo hasta 2013, permite ver las tensiones en la conformación de una "memoria oficial". Tal como sostiene Michael Pollak (2006), en algunos casos la memoria oficial puede ser sinónimo de "memoria dominante" o "memoria hegemónica", ya que su conformación y delimitación se vuelve visible en la medida en que los grupos subalternos o dominados cultivan "memorias subterráneas" que emergen en situaciones de crisis. Sin embargo, "aunque la mayoría de las veces esté ligado a fenómenos de dominación, el clivaje entre memoria oficial y dominante y memorias subterráneas, así como la significación del silencio sobre el pasado, no remite forzosamente a la oposición entre Estado dominador y sociedad civil. Encontramos con más frecuencia ese problema en las relaciones entre grupos minoritarios y sociedad englobante" (Pollak, 2006: 20).

En un sentido similar, la apariencia monolítica que puede presentar la memoria oficial, en realidad oculta múltiples tensiones y fisuras internas, activas en las disputas por la definición y puesta en marcha de políticas de memoria. Como hemos visto, los agentes estatales disputan también al interior de las agencias del Estado por distintas memorias.

En el capítulo 1 hemos partido del supuesto de que el propio gobierno militar puso en marcha políticas educativas tendientes a justificar el golpe, el gobierno de facto e incluso la represión, a través de la prescripción de contenidos y la elaboración de materiales que tuvieron circulación en las escuelas. Estas políticas pueden ser analizadas como políticas de memoria, en la medida en que buscaban instalar ciertos sentidos hegemónicos para la interpretación contemporánea y futura de los acontecimientos. El férreo control que el gobierno militar ejerció sobre el sistema educativo permite suponer que el sentido predominante instalado por estas políticas no enfrentó sentidos alternativos en circulación en el ámbito escolar. Las memorias disidentes se mantuvieron subterráneas. Los actos de resistencia en la vida cotidiana de las escuelas no alcanzaron a desafiar de manera decisiva los sentidos impuestos por el gobierno dictatorial. Este fue el período en que cobró estabilidad la narrativa de la "guerra sucia" en los medios de comunicación y en el discurso político, y se tradujo para el ámbito escolar en algunas breves enunciaciones en el curriculum y especialmente en ciertos documentos de circulación obligatoria; el caso emblemático es

MARTÍN R. LEGARRALDE

el conocido folleto "Subversión en el ámbito educativo" de 1977, en el que se puede leer crudamente expuesta una justificación de la represión. En un plano conjetural, es posible suponer que esta narrativa enfrentó en las escuelas, no tanto la disputa con otras narrativas sino sobre todo la resistencia por parte de docentes y directivos a promover su circulación.

Un aspecto destacable de este proceso es que las iniciativas de los funcionarios del gobierno militar subrayaron, a su modo, el papel político de la educación, al argumentar que en las escuelas debía librarse el combate contra las ideologías de la "agresión marxista internacional". A su vez, esta idea se complementaba con otra: el sistema educativo es clave en el plano de la lucha ideológica porque los niños y los jóvenes que concurren a él se encuentran en una etapa de su vida en la que son fácilmente manipulables.

La memoria oficial sobre la dictadura que el propio gobierno militar se propuso transmitir, se cristalizó también en los manuales escolares, en los que encontró el modo de permanecer en circulación por unos años más allá de 1983. La inercia de estos materiales demuestra que los tiempos de la política educativa definidos desde los niveles centrales del Estado no siempre coinciden con los tiempos de las escuelas. Desde el inicio del ciclo lectivo de 1984, se produjeron fuertes modificaciones en las políticas oficiales de memoria. Por una parte, el gobierno radical recientemente asumido enfrentó el dilema de la construcción de un discurso estatal sobre los crímenes de la dictadura. Optó por la combinación del juzgamiento de las cúpulas militares junto con una narrativa que compensaba dichos crímenes con la mención de la violencia guerrillera. Este discurso, que ha sido denominado "teoría de los dos demonios", ocupó un lugar central en las enunciaciones oficiales. Sin embargo, en el ámbito educativo, la política estatal siguió otro rumbo. Por un lado, en las materias de Historia y Educación Cívica, se enfatizaron los contenidos referidos a las consecuencias institucionales del golpe de Estado, la interrupción del orden democrático y constitucional, y se introdujo la temática de los derechos humanos. Por otro lado, el espacio escolar se convirtió en un ámbito en el que las voces de distintos actores comenzaron a expresarse públicamente. Esto condujo a una pluralización de los sentidos en circulación, y también a la eclosión de disputas por las memorias en el propio ámbito escolar.

Frente a la narrativa planteada en la "teoría de los dos demonios", sostenida como doctrina oficial en paralelo a la actuación de la CONADEP y el juicio a las Juntas Militares, tomaron cuerpo otras narrativas, surgidas también del contexto de los juicios. Una de ellas, fijada en la forma elaborada por la película "La Noche de los Lápices", buscó contrarrestar el argumento de que la violencia del terrorismo de Estado era simétrica de (y se había producido en respuesta a) la violencia de las organizaciones guerrilleras. Esta narrativa de la "víctima inocente" entró en el ámbito escolar de la mano de la acción de "emprendedores de la memoria", vinculados a la revitalización del movimiento estudiantil. En principio, la actividad militante de Pablo Díaz, pero también de miembros de los organismos de derechos humanos, situaron el ámbito escolar como un espacio privilegiado para la disputa contra la memoria oficial. El éxito inicial de esta iniciativa posiblemente esté relacionado con que la narrativa de la "víctima inocente" se asoció con la reconstrucción y consolidación de un actor dentro del sistema educativo, como fue el movimiento estudiantil organizado en los centros de estudiantes. Esto permitió que la narrativa contara con un enunciador "interno" al sistema educativo y a las escuelas, que garantizara su permanencia, lo que puede verse, por ejemplo, en el temprano reconocimiento (1988) del 16 de septiembre como fecha de conmemoración emblemática.

Entonces, al menos durante el período 1984-1989 coexistieron en circulación en las escuelas secundarias argentinas, y en particular, en las de la provincia de Buenos Aires, al menos tres narrativas consolidadas sobre la última dictadura militar: la narrativa de la "guerra sucia", que había encontrado eco en los manuales escolares editados durante la dictadura y que hasta fines de la década de 1980 seguían en uso; la narrativa de la "teoría de los dos demonios", canalizada a través del discurso público oficial y eventualmente presente en el ámbito escolar con la circulación del informe "Nunca Más" (en particular, con la interpretación del prólogo del libro subrayada por la posición de algunos funcionarios del alfonsinismo); y finalmente, la narrativa de la "víctima inocente", como una memoria disidente pero pública, portada por emprendedores y militantes y sostenida por la reorganización del movimiento estudiantil.

Hemos visto en el capítulo 3 que estas tres narrativas son las que, vistas en perspectiva, adquirieron más estabilidad en el tiempo. Sin embargo, no fueron las únicas. Algunas fuentes permiten ver enunciaciones de sentidos alternativos frente a esta configuración, como el temprano reconocimiento de la dictadura como una forma de terrorismo de Estado que debía ser contextualizado en la "Doctrina de la Seguridad Nacional", sostenido por la APDH en sus acciones de capacitación docente de 1984. Como hemos indicado, no disponemos de estudios acerca de la recepción de estas narrativas en el ámbito escolar en la década de 1980. Las conjeturas que podemos trazar a partir de los testimonios de profesores que fueron estudiantes secundarios en esa etapa, permiten pensar que esta eclosión de memorias y disputas entre memorias se volvió evidente para los actores escolares como una novedad de la democracia recuperada.

La sanción de la Ley Federal de Educación en el año 1993 implicó una reconfiguración de este escenario, ya que abrió por completo el campo del curriculum para nuevas definiciones. A diferencia de los cambios curriculares de períodos anteriores, aquí se planteó una modificación global, tanto de los contenidos, como de la estructura y de los procedimientos de definición del curriculum prescripto. Esto dio lugar a una reformulación del mapa de actores involucrados en esta definición, una complejización de las relaciones entre el plano nacional, el provincial y el institucional, así como a la continuidad de algunos rasgos centrales del curriculum. En el caso particular de contenidos referidos a la última dictadura militar, se vieron ubicados en el contexto de una actualización de los contenidos de la materia Historia que fortaleció la presencia de temáticas atinentes a la historia reciente. También hubo un conjunto de nuevas referencias en el caso de la materia Formación Ética y Ciudadana, que situó la temática de las violaciones a los derechos humanos no solo en la experiencia reciente argentina, sino también en relación con otros casos nacionales y los acuerdos internacionales.

Si durante el gobierno de Alfonsín, la doctrina establecida como discurso oficial no pareció tener tanto eco en las definiciones educativas, esta autonomización de ambos planos se reforzó durante la primera presidencia de Carlos Menem. Así, las políticas de impunidad y el argumento de la reconciliación no llegaron a tener un reflejo en políticas educativas específicas. La consecuencia más notable de este discurso público en el ámbito educativo se produjo a través del relativo repliegue de algunos actores emblemáticos en la lucha por los derechos humanos, que al concentrar su militancia en el plano judicial o en los medios de comunicación, no pudieron tener una presencia tan constante en las escuelas.

Como hemos visto en el capítulo 3, el vigésimo aniversario del golpe de Estado fue un momento en el que cobró nuevo impulso el movimiento de derechos humanos, alimentado por un amplio apoyo de distintos sectores de la sociedad. En ese marco, las escuelas volvieron a ser escenario de disputas por las memorias, lo que se evidencia en las normas que fijan las conmemoraciones en el calendario escolar y le dan una importancia creciente.

El contraste entre la década de 1980 y la de 1990 permite pensar en el sistema educativo como una de las arenas en las que se producen las disputas por las memorias de la dictadura, que se activa o se apacigua alternativamente, al ritmo de la iniciativa de ciertos actores clave: el movimiento estudiantil, emprendedores de la memoria, organismos de derechos humanos, sindicatos docentes, partidos políticos. Esto no quiere decir que en las etapas de aparente latencia (como el período que va desde la sanción de los indultos hasta el vigésimo aniversario del golpe), se desactiven los conflictos por los sentidos atribuidos al pasado dictatorial, sino que estas confrontaciones involucran a actores más localizados, no conducen a posicionamientos públicos demasiado difundidos, y tampoco dejan demasiadas huellas documentadas.

La tercera etapa que puede identificarse en la formulación y puesta en marcha de políticas de memoria con impacto en el sistema educativo se inicia en los años posteriores a la crisis de 2001, y en especial a partir de la sanción de la Ley de Educación Nacional de 2006 y la implementación ese mismo año del programa "A 30 años" por parte del Ministerio de Educación de la Nación. El antecedente de estas políticas se encuentra en la sanción en 2002 de la ley que establece el 24 de marzo como el "Día Nacional de la Memoria, por la Verdad y la Justicia". Si bien se trata de una ley cuya consecuencia educativa más inmediata es indicar la conmemoración en el calendario escolar, habilita la tematización de la fecha en el marco de las políticas provinciales y establece un consenso político básico para su tratamiento, al indicar que deben pautarse jornadas alusivas en los calendarios escolares provinciales, "...que consoliden la memoria colectiva de la sociedad, generen sentimientos opuestos a todo tipo de autoritarismo y auspicien la defensa permanente del Estado de Derecho y la plena vigencia de los Derechos Humanos".

Las políticas de memoria con incidencia en el ámbito educativo se multiplicaron a partir de 2006. La propia Ley de Educación Nacional introduce nuevas menciones a la temática, y en ese año, la puesta en marcha de un programa nacional destinado a la conmemoración, dio inicio a la actividad de toda un área de la gestión educativa nacional dedicada a la temática. En ese marco, se produjeron acciones en las provincias, materiales de enseñanza en una diversidad de soportes, se convocó a especialistas, intelectuales, artistas y militantes, se formularon y pusieron en marcha actividades de capacitación, entre otras líneas de trabajo.

La abundancia de políticas y recursos destinados al tratamiento de la temática de la dictadura fue paralela con otros dos procesos: por un lado, en el propio sistema educativo se produjo un nuevo ciclo de reformas curriculares, que implicó una revisión de los diseños elaborados a partir de 1993. En este marco, tanto los contenidos de Historia como los de Construcción de Ciudadanía (en el caso de la provincia de Buenos Aires) fueron actualizados, involucrando también cambios en los procedimientos de su definición (en este caso, se implicó en el proceso de diseño curricular, a equipos docentes de escuelas seleccionadas que pusieron en práctica "pre-diseños", y participaron de su evaluación y adecuación antes de su aprobación definitiva).

El otro proceso concurrente se deriva del conjunto de políticas de memoria que puso en marcha el gobierno kirchnerista y su fuerte relación con las memorias sostenidas por un amplio conjunto de organismos de derechos humanos. La revitalización de la vía judicial (que ya había comenzado a finales de la década de 1990 con los "Juicios por la Verdad") se consolidó durante este período, con el juzgamiento de represores una vez que se produjo la anulación de las Leyes de Obediencia Debida y Punto Final y la derogación de los indultos. En ese marco, el discurso público del gobierno se volvió reivindicativo de las víctimas, y puso en el centro el concepto de una "generación" que había sido víctima y que ahora tenía la oportunidad de retomar aspectos centrales del proyecto político interrumpido por el terrorismo de Estado. Estos tres procesos convergentes (un discurso público reivindicatorio de la generación de "los setentas", una reforma curricular con un mayor desarrollo de contenidos prescriptos sobre la historia del período de la dictadura y una multiplicación de las acciones, producciones y materiales destinados al tratamiento de la temática) produjeron nuevas condiciones para la transmisión de las memorias en las escuelas. Posiblemente, esta mayor densidad de sentidos y recursos disponibles, implicó también una afirmación cada vez más enfática de los acuerdos sobre los que debían apoyarse las distintas exploraciones de la temática: el repudio al terrorismo de Estado y a la interrupción del orden democrático. Durante la parte final de este período hemos llevado adelante los relevamientos del trabajo de campo. Éstos indican que esos acuerdos se expresan en la superficie, en las prácticas públicas o institucionales de los actores, pero muestran sus fisuras en cuanto el tratamiento de la temática de la última dictadura militar cobra profundidad en distintos intercambios. Lo que hemos visto en las tensiones que se produjeron tanto en la visita de estudiantes a un sitio de memoria, como en el momento de preguntas a una invitada al acto del 24 de marzo, son reveladores de que esos acuerdos no pueden darse por logrados de una vez y para siempre.[3]

Una aproximación a la experiencia educativa cotidiana de los alumnos, muestra que la circulación de las memorias, las tomas de posición sobre el pasado y las representaciones sobre la dictadura portan valores, tensiones

---

3. Ni las preguntas y discusiones que plantearon las alumnas a las guías del Ex-CCDTyE, ni la pregunta de una alumna a la hermana de una desaparecida en el acto del 24 de marzo condujeron a estas jóvenes a negar un repudio al terrorismo de Estado. Sin embargo, ponen en evidencia que ese aspecto que en el nivel de la política pública parece una condición que debe ser afirmada al inicio de cualquier abordaje de la temática, para estas jóvenes podía ser puesto entre paréntesis para abordar otras dimensiones (en el caso de la visita guiada, para debatir sobre la acción de los grupos guerrilleros, y en el caso del acto del 24 de marzo, para pensar en la información con que contaban y las decisiones que tomaban los militantes que se encontraban en la clandestinidad).

y disputas que exceden largamente el ámbito de la enseñanza regulada y curricularizada de los contenidos de Historia. Tanto desde otras áreas del curriculum (en el período actual, por ejemplo, en Construcción de Ciudadanía), como desde prácticas escolares no reguladas por los diseños curriculares (como las efemérides en el calendario escolar) y desde las regulaciones normativas (la Ley del 16 de septiembre, la Ley del 24 de marzo, la Ley de Educación Nacional y la Ley Provincial de Educación), así como desde el punto de vista de la implementación de programas y acciones especiales y la producción de distintos dispositivos de transmisión que tienen como destinatarios a los alumnos (visitas guiadas, materiales audiovisuales, libros y documentos), existe una sobreabundancia de recursos, discursos y prácticas de transmisión de sentidos sobre la dictadura. Como veremos a continuación, los sentidos disponibles que portan todos estos vehículos alimentan la construcción de representaciones sobre la dictadura por parte de los alumnos en los contextos particulares en los que se les requiere tomar posición sobre la temática.

El lugar de las narrativas sobre la dictadura en la escuela

Las investigaciones que se han ocupado de la transmisión de las memorias de la dictadura en la Argentina han partido, en general, de la constatación de algún grado de estabilización de un conjunto de narrativas en el espacio social. Lorenz (2004, 2006) y Raggio (2017) se ocuparon de estudiar la fijación de la narrativa de la "víctima inocente" en torno del relato emblemático de "La Noche de los Lápices", en tanto que Ana Pereyra (2007) analizó el grado de aproximación de las representaciones que los estudiantes y los profesores portan sobre el pasado dictatorial, a un conjunto de narrativas emblemáticas. En nuestro caso, hemos seguido esta vía de investigación de manera explícita, rastreando a través de las encuestas y las entrevistas a estudiantes y profesores, la presencia de marcas distintivas de las narrativas emblemáticas sobre la dictadura.

En relación con este aspecto, hemos encontrado que lo que en el espacio social aparece como un conjunto de narrativas estables, con ciertas características reconocibles, y que se relacionan con el lugar de enunciación de actores sociales y políticos específicos, se desdibuja en el ámbito escolar. En primer lugar, si partimos de las expresiones de los estudiantes, no resulta frecuente la adscripción a una narrativa en particular en las caracterizaciones que realizaban sobre la dictadura en el marco de las entrevistas. Esa adscripción surgió en las instancias de la investigación en las que se solicitó a los alumnos que eligieran dentro de un conjunto de enunciados, tal como fue planteado en la encuesta aplicada en 2013. En ese caso, como así también en las preguntas de encuestas en las que se les solicitaba que eligieran palabras que relacionarían con la dictadura, fue posible ver que los alumnos elegían la narrativa de la "víctima inocente", o que seleccionaban términos que podían inscribirse en esa narrativa.

Sin embargo, en las entrevistas o en las instancias en las que los alumnos tomaban la palabra en actos, visitas o situaciones de intercambio, esta identificación de una narrativa emblemática se desdibujaba y aparecían, en cambio, unas representaciones del pasado mucho más heterogéneas, en las que sólo es posible reconocer algunos factores comunes generales, como el conjunto de acontecimientos que se mencionan en relación con la dictadura, el conocimiento fragmentario de las circunstancias políticas previas al golpe de 1976 y, en general, una tendencia a explicar los acontecimientos históricos en términos de las intenciones o motivaciones de los actores.[4]

Lo constatado aquí sobre esta cuestión lleva a relativizar uno de los supuestos en los que inicialmente se apoyó el trabajo de investigación, que consiste en entender a las narrativas como una categoría que muestra ser válida para agrupar los sentidos atribuidos al pasado dictatorial por los actores escolares. En principio, el uso de esta categoría en el ámbito escolar solo se sostiene en la medida en que se reconoce que se trata de una categoría del investigador para "ordenar" un conjunto de sentidos, subrayando aquellos que considera más emparentados con las narrativas en circulación en el espacio social más amplio.

A esto debe agregarse un factor de complejidad: cómo circulan estas narrativas desde ese espacio social amplio al interior de la escuela. Una parte de esta circulación es posible encontrarla documentada en los marcos normativos, bajo la forma de prescripciones curriculares, conmemoraciones, efemérides, programas educativos y materiales de enseñanza producidos por los organismos estatales.

Estas prescripciones tienen una historia, que ha sido descripta y analizada en los capítulos 1 a 4 de este libro. Sin embargo, las prescripciones y políticas descriptas no se vuelcan sobre las escuelas sin mediaciones. Existen mediaciones que podemos denominar macropolíticas (por ejemplo, la que media entre el tratamiento parlamentario de una fecha que debe conmemorarse y su traducción en el calendario escolar por parte de las autoridades educativas, o la que media entre una política nacional y su abordaje por parte de las gestiones provinciales), así como existen mediaciones en el ámbito de las instituciones (por ejemplo, el abordaje que los profesores deciden proponer a partir de lo indicado por los di-

---

4. Este rasgo es consistente con lo que afirma Pereyra (2007).

seños curriculares para el tratamiento de la temática). A éstas, se agrega un tercer orden de mediaciones, que tiene que ver con el saber experto, tanto de los historiadores como de los especialistas curriculares de distintas disciplinas que se involucran con la temática (estas mediaciones pueden verse, por ejemplo, en las decisiones que conducen a producir determinados materiales de enseñanza a partir de la prescripción sobre la conmemoración del 24 de marzo).

En paralelo, la circulación de las narrativas entre el espacio social y la escuela se produce por vías menos reguladas. Existen ciertos objetos culturales que se han convertido para amplios sectores de la sociedad, en representaciones valiosas de la dictadura: libros, filmes, monumentos, sitios. Esos objetos son portadores de sentidos, y en muchos casos es posible inscribirlos en narrativas emblemáticas sobre la última dictadura militar. Estos objetos han sido denominados "vectores de memoria" (Rousso, 2012) en el campo de estudios sobre las memorias de pasados traumáticos. En el desarrollo de este trabajo, el vector que con mayor frecuencia ha sido mencionado por los actores escolares ha sido el film "La Noche de los Lápices". Se trata de un relato que puede ser asociado con las características centrales de la narrativa de la "víctima inocente", e incluso, algunos investigadores como Raggio (2011, 2017) y Lorenz (2004, 2006), sostienen que tanto el libro como la película contribuyeron de manera decisiva a cristalizar o fijar esa narrativa en el espacio social.

Su circulación en la escuela ha sido ratificada en el marco del trabajo de campo, confirmando lo que ya indican estudios e investigaciones anteriores. Un aspecto llamativo de esta circulación es que sigue siendo un hito reconocible por los jóvenes durante su escolarización, y ha ocupado ese lugar al menos durante treinta años. El film parece ser invulnerable a los cambios en los códigos de apreciación de las imágenes y el lenguaje cinematográfico por parte de los jóvenes. Este vector es acompañado por otros, con una circulación más acotada, en cuanto a su alcance y a los sentidos que portan. Entre estos otros vectores es posible mencionar el libro del informe "Nunca Más", las visitas a sitios de memoria y el testimonio de personas vinculadas al movimiento de los derechos humanos en el contexto de clases especiales o actos escolares. Todo este conjunto de vectores también vehiculizan distintas narrativas hacia el interior de las escuelas. Como en el caso de las políticas y prescripciones, la presencia de estos vectores en el ámbito escolar resulta mediada por distintos actores: profesores, autoridades de las escuelas, alumnos particularmente involucrados en la temática, que subrayan la importancia de estos relatos.

Sin embargo, un aspecto que distingue a los vectores (y que ha conducido a su conceptualización) es que cristalizan o fijan ciertos sentidos sobre el pasado. Eso hace que las mediaciones tengan menos margen para resignificar las narrativas que portan estos vectores, que en el caso de las prescripciones o políticas indicadas más arriba. Una vez más, el mejor ejemplo de esta cristalización de una narrativa que es difícil de resignificar en el espacio escolar es "La Noche de los Lápices". Un elemento adicional que hemos considerado a lo largo de este libro es que la posible identificación de los alumnos en el marco de la narrativa de la "víctima inocente" puede funcionar como una explicación tanto de la persistencia del vector "La Noche de los Lápices" como de la estabilidad de los sentidos que porta. En muchos de los relatos sobre la dictadura, los estudiantes subrayaron la condición de jóvenes y estudiantes de las víctimas, mientras que no ofrecían precisiones sobre la identidad política de los desaparecidos, e incluso fue frecuente que atribuyeran su condición de víctimas de la represión al hecho de "pensar distinto", como una expresión que permitía sostener a la vez su "inocencia" y su condición de actores políticamente disidentes.

Sobre el proceso de transmisión

Este libro se estructuró en torno de una decisión conceptual que es la de trabajar sobre el concepto de "transmisión" en lugar de centrar la investigación en el concepto de "enseñanza". Hemos señalado en la introducción la afinidad que presenta el concepto de "transmisión" con los fenómenos estudiados de circulación de las memorias, sobre todo cuando esta circulación ocurre entre generaciones que portan distintas experiencias de los acontecimientos de cuya memoria se trata.[5]

Abordar la investigación desde este concepto ha permitido enfocar el análisis en aquellos fenómenos de circulación de sentidos y narrativas sobre el pasado que ocurren en los heterogéneos intercambios entre jóvenes y adultos en el espacio escolar. Estos intercambios incluyen, naturalmente, las

---

5. Inés Dussel (2007) subraya que la transmisión en tanto relación intergeneracional, no debe ser concebida como una relación unidireccional: "Ahora bien, esta relación intergeneracional no debe llevarnos a pensar que la transmisión tiene una temporalidad simple, con una flecha unidireccional que va desde el pasado hacia el futuro, o que se produce necesariamente desde los individuos adultos a los individuos jóvenes. René Käes señala que 'el tiempo de la transmisión no siempre es lineal, puede ser circular, perforado, intermitente. Hoy sabemos mejor que, en los sistemas complejos, tiempos diferentes interfieren, coexisten o se excluyen. De este modo, en las situaciones de pánico o multitud, el tiempo del sujeto singular desaparece en una fusión de las duraciones, al punto que el tiempo ya no puede manifestarse en sus escansiones y ser pensado como una sucesión. En este tipo de transmisión, el tiempo puede ser recorrido en diferentes sentidos' (Käes, 1996: 44/45). La multitemporalidad es otro elemento a retener: la transmisión es un proceso denso, cargado de múltiples dimensiones, donde intervienen sujetos e instituciones que imprimen sus propias huellas, mandatos, deseos" (Dussel, 2007: 162).

clases de Historia, pero no se circunscriben a ellas, e incluso, hemos podido documentar a lo largo de este trabajo, una gran diversidad de sentidos y modos de transmisión que contrastan, de acuerdo con la perspectiva de los actores, con lo que sucede en las clases de la materia.

Por otra parte, dado que en el enfoque conceptual adoptado, la enseñanza es un modo de transmisión, gran parte de los conceptos y características asociados a esta última, son aplicables a la primera, a la vez que esta distinción conceptual ha permitido reconocer las particularidades que presenta la enseñanza de la dictadura frente a los procesos más amplios de transmisión de memorias sobre el pasado dictatorial.

Hemos analizado, por ejemplo, los efectos de identificación y empatía en los procesos de transmisión, y el papel que éstos cumplen en la adscripción de los jóvenes a ciertos componentes de las narrativas sobre la dictadura. Hemos visto cómo la narrativa de la "víctima inocente" contiene referencias que pueden conducir a una identificación de los jóvenes con las víctimas de la represión, y en el límite de estas reflexiones, nos hemos preguntado acerca del riesgo de que un proceso de identificación implique un desconocimiento de la especificidad histórica del terrorismo de Estado. Frente a este problema, hemos visto que el concepto de "empatía", tal como es definido por Dominick LaCapra (2006), permite entablar otra relación mucho más productiva con la experiencia de las víctimas, ya que se apoya en un reconocimiento del sufrimiento y el padecimiento por su condición de víctima, pero también de las condiciones históricas en las que se produjo la represión. A partir de allí, es posible para quienes logran construir esta distancia empática, contribuir con los procesos de elaboración del pasado traumático.

Este despliegue conceptual es posible en relación con la noción de transmisión, aunque también es aplicable a los contextos específicos de la enseñanza. Sin embargo, hemos podido ver que estos efectos de identificación y empatía se atenúan en la medida en que las memorias adoptan la forma de contenidos curriculares. En ese sentido, parecen dar menos lugar a los posicionamientos subjetivos que comprometen la emotividad. Esta distinción entre una esfera emotiva de la transmisión y una esfera cognitiva ha sido tematizada en los análisis acerca de la enseñanza de la Historia pero parecen incidir en la lógica general de abordaje de la temática, más allá de las clases de Historia, aunque su registro, como hemos indicado, no sería el de un par binario antagónico, sino como los extremos de un arco de situaciones. Por otra parte, la heterogeneidad de situaciones y contextos de transmisión, puede ser organizada de acuerdo con la trama de circulación de los sentidos sobre la dictadura. Si atendemos a las relaciones que se establecen en las situaciones de transmisión y al espacio para la producción de sentidos sobre el pasado, una tipología posible contendría los siguientes tipos de transmisión:

a. Transmisión nula

Se trataría de aquellos casos límite en los que, a pesar de la intención de los actores, no se produce transmisión. No hemos podido encontrar casos en los que se constate claramente esta situación, aunque sí hemos podido ver en ocasiones, actores "indiferentes" frente a los procesos de transmisión en marcha: grupos de alumnos en las clases, las visitas guiadas, los actos. También hemos podido intuir este tipo de indiferencia en encuestas respondidas de forma inconsistente y apresurada. Yosef Yerushalmi (2002) advirtió sobre el fenómeno del "olvido colectivo", presentándolo como el producto de una transmisión interrumpida. La conservación del recuerdo colectivo tiene como condiciones que la generación que porta las memorias, desee ponerlas a disposición de las nuevas generaciones, pero también que las generaciones jóvenes estén dispuestas a recibir esas memorias como herencia, lo que a su vez las compromete a continuar el pasaje.[6] ¿Son estas expresiones de "indiferencia" formas de rechazo a las memorias recibidas? ¿Son resultado de la saturación? ¿Son producto de las formas que asume la transmisión?

En las entrevistas con profesores, nos mencionaron su impresión de que los jóvenes prestan atención, se interesan y se involucran si son interpelados por sus pares, mientras que muestran indiferencia o falta de compromiso cuando los discursos sobre el pasado son enunciados por los adultos. También nos han indicado que en ciertas situaciones, los adultos eligen hablar para ellos y se vuelven indiferentes a la indiferencia de los estudiantes.

Estas referencias, sin dudas, permiten complejizar el esquema planteado por Yerushalmi. La transmisión no es solo intergeneracional. Lo que en una situación determinada puede conducir a la indiferencia, y por lo tanto a una transmisión nula, puede cobrar nuevas formas si esa transmisión es encarada por otros jóvenes. Es importante señalar que las situaciones en las

---

6. En un nivel de conceptualización general, Dussel (2007) sostiene:

"En primer lugar, hay un quiebre en las relaciones de autoridad entre las generaciones. Jacques Hassoun dice que hoy a los viejos no se les permite transmitir sus historias, lo que en términos de un tiempo humano implicaría no poder transmitir la historia. En una sociedad crecientemente 'juvenilista', donde lo que vale y lo que corre es ser eternamente jóvenes, cuanto más adolescentes mejor, hay una desautorización de los viejos y de sus experiencias. El quiebre en las relaciones de autoridad entre las generaciones también ha llevado a la puesta en cuestión misma de la acción de transmisión" (Dussel, 2007: 162).

que fue posible suponer la "indiferencia" de grupos de estudiantes, se circunscribieron a escenas o momentos dentro de procesos más prolongados en general (actos observados, el momento de la charla en la visita guiada). Esto nos impide afirmar que esa indiferencia sea una actitud permanente frente a la circulación de memorias, por lo que debemos mantener abierta la pregunta: ¿es posible que no exista transmisión?, ¿son posibles situaciones educativas en las que no se ponga en la transmisión ningún sentido sobre el pasado?, ¿son posibles situaciones en las que los jóvenes, estudiantes, se nieguen a ocupar un lugar en el proceso de transmisión de memorias?

b. Transmisión conservadora

Hemos mostrado a lo largo del libro que las memorias sobre la dictadura argentina son memorias en conflicto, y hemos podido analizar algunos de los principales ejes de estos conflictos y disputas tanto en el campo de las políticas de memoria con impacto sobre el sistema educativo como en las situaciones de transmisión que se producen en las escuelas, en los intercambios entre jóvenes y adultos.

Así como hay un orden de confrontación que atañe a los sentidos atribuidos al pasado, también existe un orden de confrontación propio del plano de la transmisión. ¿Deben presentarse distintas memorias sobre la dictadura, o debe fijarse una narrativa "verdadera" frente a las demás? ¿Debe transmitirse una verdad probada (por la justicia, por los historiadores, apoyada en los consensos políticos y sociales –todas estas alternativas que no necesariamente coinciden entre sí) o debe habilitarse la producción de nuevos sentidos sobre el pasado por parte de quienes reciben? En el marco de estos interrogantes, designamos "transmisión conservadora" a aquella que transmite una concepción del pasado sin conflicto. Este tipo de transmisión es el que se consolida a medida que se vuelve más firme y estable una "memoria oficial". En el recorrido que hemos realizado en los capítulos 1 a 4, hemos visto que la memoria oficial cambió sus contenidos en muchas oportunidades a partir de 1976. En cada caso, esas memorias oficiales tuvieron su correlato en políticas educativas (sobre todo curriculares) y buscaron legitimarse apelando a diferentes fuentes: desde la justificación del golpe y la represión como el cumplimiento de una misión (en el caso de la memoria de la "guerra sucia", enunciada por el gobierno militar) hasta la legitimidad que portan los organismos de derechos humanos luego de décadas de lucha (en el caso de la memoria enunciada por los gobiernos kirchneristas). En el último período abarcado en este libro, la memoria oficial logró una prolongada estabilidad y se convirtió en hegemónica. Su continuidad en el tiempo también permitió que las políticas de memoria, especialmente las políticas educativas, se volvieran muy prolíficas en cuanto a las variaciones sobre los enunciados centrales de dicha memoria, lo que puede verse por ejemplo, en la multiplicación de materiales en diversos soportes que se produjeron para el trabajo escolar sobre la temática.

Esta condición también permitió identificar y visibilizar a una amplia variedad de actores sociales dicha memoria como una narrativa legítima y verdadera sobre el pasado: artistas, intelectuales, académicos, dirigentes sociales, políticos y sindicales, educadores y, por supuesto, organismos de derechos humanos. Sobre esta base de estabilidad en el tiempo, multiplicación de los materiales a disposición de los docentes y amplias coincidencias entre distintos actores sociales, es posible identificar un tipo de transmisión en la que se enuncia una memoria sobre la dictadura que no contiene referencias a la confrontación de sentidos sobre ese pasado.

A su vez, en los casos que hemos analizado, la tendencia a afirmar una memoria única que se impondría por sobre el reconocimiento del conflicto, se volvió más frecuente cuando los adultos enfrentaron posicionamientos cuestionadores o desafiantes por parte de los jóvenes. Es posible que para los docentes y otros adultos involucrados en los procesos de transmisión, esa reacción sea un modo de retener o recuperar cierto control sobre la transmisión misma.

c. Transmisión neutral

En nuestra exposición de las memorias en conflicto a lo largo del libro, hemos podido distinguir al menos dos niveles: el espacio social y los contextos de transmisión. Esta distinción cobra sentido en la medida en que ha sido posible reconocer características específicas de cada nivel en el modo en que se producen y desarrollan esos conflictos.

En este sentido, es posible definir un tipo de transmisión en la que la memorias que se transmiten reconocen el despliegue de un conflicto en el espacio social, pero no habilitan el conflicto en el propio plano de la transmisión. Denominamos tipo de transmisión neutral a estas situaciones.

Este tipo de situaciones permite poner en evidencia la especificidad del plano de la transmisión. Allí se ponen en juego no solo sentidos, concepciones o narrativas sobre el pasado, sino también el lugar que los jóvenes ocupan en relación con ellas. En la transmisión neutral no se trata de que se ignore el carácter conflictivo de las memorias sobre el pasado dictatorial, sino se sitúa a los jóvenes en el lugar de receptores o espectadores de esos conflictos, pero no como actores.

Este tipo de transmisión es reconocible en encuestas en las que los alumnos responden que han podido percibir distintos relatos sobre el pasado por parte de sus profesores, y a la vez reconocen que la mayor parte de los contenidos y temas referidos a la dictadura fueron planteados por los profesores. En un sentido similar, es posible interrogarse acerca del margen que habilita la abundante producción de materiales y propuestas destinados a su uso escolar y generados por especialistas en el campo de los estudios sobre historia reciente y memoria social. En este caso, nos encontramos con múltiples textos y enunciados que reconocen el carácter conflictivo y plural de las memorias sobre la última dictadura militar, pero a la vez, su abundancia y detalle permiten abrir interrogantes acerca de las posibilidades de los jóvenes de generar preguntas, investigar y tomar posición, ya que se trata de un mapa de posiciones en las que no parecen tener un lugar.

Por otro lado, el reconocimiento de las memorias en conflicto como parte de los enunciados que se transmiten, involucra la identificación de los actores enunciadores de esos relatos emblemáticos sobre el pasado. Se trata de una identificación que también permite a quienes reciben esa transmisión, poner en juego distintos factores de legitimidad en relación con las narrativas (por ejemplo, el grado de proximidad de los enunciadores a la experiencia traumática, su posición frente a la memoria oficial, su posición en relación con las resoluciones de la justicia, etc.).

Entonces, es posible pensar que un tipo de transmisión neutral expone el carácter conflictivo de las memorias sobre el pasado traumático, aunque no involucra en lo inmediato a los jóvenes en dicho conflicto. Sin embargo, en la medida en que muestra que las enunciaciones sobre el pasado están relacionadas con los intereses y posicionamientos políticos e ideológicos de distintos actores, habilitan la toma de posición por parte de los jóvenes.

d. Transmisión productiva

Hemos descripto a lo largo del libro distintas aproximaciones a las situaciones de transmisión de las memorias de la dictadura en las que ha sido frecuente observar jóvenes que toman posición, interrogan y generan campos de debate acerca de los modos de interpretar el pasado. En ocasiones, esas aperturas fueron promovidas por la propia situación de transmisión o por decisiones de los profesores y adultos, mientras que en otros casos fueron propuestas (y hasta forzadas) por los propios alumnos. En este sentido puede decirse que cualquier situación de transmisión es potencialmente productiva, ya que los jóvenes tienen siempre la posibilidad de generar interrogantes y posicionamientos imprevistos, incómodos o desafiantes. Como sostiene Dussel:

> En este sentido, hay que repensar la idea de la transmisión como mera reproducción de la memoria. Por el contrario, dice Hassoun, "una transmisión lograda ofrece a quien la recibe un espacio de libertad y una base que le permite abandonar (el pasado) para mejor reencontrarlo" (Hassoun, 1996: 17). El pasado nunca nos termina de abandonar, y la idea de una liberación total es impracticable y poco eficiente -aún ese gesto de rechazo absoluto estaría condicionado por el pasado-; pero podemos "reencontrarlo" de forma que su carga sea menos pesada, más compartida, más elaborada. Es en la diferencia con las generaciones pasadas que inscribimos nuestra propia huella en el mundo. (Dussel, 2007: 163)

En el marco del Programa Jóvenes y Memoria, el planteo de que los jóvenes lleven a cabo una investigación sobre el eje "autoritarismo y democracia" en el contexto local, habilitó que se produjera este tipo de transmisión. En esos casos, los jóvenes participantes del proyecto no solo toman posición frente a las narrativas disponibles, sino que formulan interrogantes que abren la producción de nuevos posicionamientos. Sin dudas, esta irrupción de la pregunta, puede resultar incómoda para los profesores y otros adultos que participan de la situación de transmisión. Su lugar suele ser cuestionado, no solo en relación con el presente, sino sobre todo, en relación con el pasado. Algunas de las entrevistas realizadas con profesores que atravesaron su juventud durante la dictadura son reveladoras de esta incomodidad. Cuentan que la pregunta "¿qué hacías vos en esa época?" resulta particularmente incómoda porque contiene potencialmente el cuestionamiento de las decisiones y actitudes de los adultos frente a los acontecimientos traumáticos. También se puede ver este tipo de situaciones en los cuestionamientos que los jóvenes realizan de las decisiones de los protagonistas de los acontecimientos.[7]

Las reinterpretaciones y tomas de posición de los jóvenes frente a lo que conocen sobre la dictadura no solo puede conducir a cuestionamientos de la experiencia de los adultos, sino también a una desestabilización de las explicaciones e interpretaciones conocidas y asentadas sobre los acontecimientos. Frente a la cristalización de un conjunto de narrativas emblemáticas sobre el período, los jóvenes se ven en la disyuntiva de tomar posición "eligiendo" entre una de ellas, o mostrarse indiferentes frente al

---

7. En el marco del Programa Jóvenes y Memoria es posible observar producciones de los jóvenes que transitan una compleja trama de posiciones, reconociendo la legitimidad de los proyectos políticos de las organizaciones revolucionarias, aunque también tomando distancia y, a veces, cuestionando la opción por la clandestinidad y la lucha armada.

pasado traumático. Como hemos indicado en los tipos anteriores, en los casos en los que se les presenta a los alumnos un conjunto de diferentes narrativas, algunas de ellas se destacan por atributos que les confieren mayor legitimidad: están más cerca de los consensos del campo de los historiadores, son sancionadas por la acción de la justicia, se multiplican en materiales, libros y textos producidos por programas oficiales, o les proponen elementos de identificación. Una de las opciones que parece caber a los alumnos frente a este tipo de transmisión (que hemos denominado "neutral") es aceptar la validez de las fuentes de legitimidad que acompañan el conocimiento de las distintas narrativas. Si esas fuentes de legitimidad son rechazadas, la toma de posición implica validar las memorias que son concebidas como interpretaciones sesgadas, maniqueas y, claro, ilegítimas, frente a lo que resulta preferible la prescindencia. Por eso, una tercera alternativa que parece plantearse frente a este dilema es la indiferencia. Pero en ocasiones, los jóvenes cuestionan más que rechazan las fuentes de legitimidad de las memorias. Ese cuestionamiento o interrogación muestra los vacíos en las interpretaciones del pasado, y abre campos de incertidumbre, de debate o de indagación.

Por otra parte, debe tenerse en cuenta que existe transmisión en la medida en que es posible encontrar un espacio de productividad más allá del mero relativismo.[8] Este tipo de transmisión productiva opera si logra apoyarse en el reconocimiento de las condiciones conquistadas en el presente para (re)construir sentidos sobre el pasado.

> También parece necesario para promover otro aprendizaje importante que nos plantea la experiencia de la dictadura: el reconocer que hay normas, reglas y leyes que organizan nuestra vida en común y que existen para garantizar que todos podamos decir lo que creemos y sentimos, y también disfrutemos de iguales derechos. (Dussel, 2007: 169)

En todo caso, el análisis de las situaciones concretas bajo la forma de una tipología (sea ésta u otra) también permite apreciar que no es posible "fijar" un conjunto de atributos estables para dichas situaciones.

---

8. El relativismo es un rasgo asociado a lo que hemos denominado "transmisión neutral" y consiste en otorgar un valor de verdad equivalente a distintas narraciones sobre el pasado, aún cuando resulten contrapuestas. La inconsistencia que surge de esta consideración se resuelve por apelación al carácter "relativo" de cada verdad. Un rasgo adicional de este procedimiento, es el de la "privatización" de las memorias, en el sentido de confinar las valoraciones y los posicionamientos sobre un pasado conflictivo a la esfera de lo privado, de lo personal, y quitarle de ese modo su dimensión pública y política. Para expresarlo de un modo más sencillo, podría ejemplificarse este rasgo con la expresión de que "cada uno piensa lo que quiere", no tanto como expresión del derecho a la opinión, sino como un recurso para evitar la confrontación pública de posiciones.

Una situación que en un momento parece conducir a una transmisión nula, puede dar lugar a otros tipos de transmisión, sea por cambios en el discurso público hegemónico (resulta importante no perder de vista que el discurso público de diversos actores puede generar climas sociales que inciden sobre las situaciones particulares de transmisión), por la iniciativa de los actores involucrados en el proceso (por ejemplo, el ensayo de nuevas estrategias por parte de los profesores), por la participación o la irrupción de nuevos actores en la situación (la presencia de actores que pueden ofrecer testimonio, militantes, sobrevivientes, familiares, como ocurre en actos, visitas o charlas) e incluso por la fuerza o la persistencia de los interrogantes planteados por los jóvenes en el propio contexto de transmisión.

Asimismo, los contextos de transmisión se organizan sobre relaciones asimétricas de poder y autoridad. En estas relaciones, resulta crucial la distancia de los sujetos con relación a los acontecimientos cuyas memorias se transmiten. En las situaciones de transmisión, la voz del testigo y más en general, de los contemporáneos a los acontecimientos (los profesores mayores, padres y abuelos), está investida de una autoridad superior a la de quienes recibieron las memorias de esos acontecimientos transmitidas por otros (los profesores jóvenes, los estudiantes). El carácter institucional de los contextos de transmisión, por su parte, puede sancionar una narrativa como la "correcta", constituyendo una memoria oficial a escala de la institución. Dicha memoria no necesariamente coincide con la memoria oficial fijada por las agencias estatales (aunque frecuentemente resulte así). Si bien no hemos encontrado casos en los que explícitamente se enunciaran narrativas institucionalmente sancionadas que se diferenciaran de las memorias oficiales, sí hemos podido constatar que los contextos institucionales tienen la capacidad de dotar de atributos propios al proceso de transmisión y sus contenidos. Existen escuelas en las que la temática se ha convertido en una marca identitaria de la institución. ¿Es entonces la escuela un "marco social" de la memoria en el sentido definido por Maurice Halbwachs? ¿Qué rasgos conceptuales específicos presenta para el estudio de los encuadramientos de las memorias individuales? ¿La escuela es un entorno que le provee al sujeto elementos para la (re)construcción de unas memorias? ¿Es también una comunidad afectiva? ¿O ambos conceptos se diferencian cuando hablamos de la escuela?

En el recorrido que hemos realizado en este libro, ha sido posible delimitar el espacio escolar como un "marco social" atravesado por múltiples comunidades afectivas en disputa por las memorias. Por su parte, las disputas entre estas comunidades o grupos se encuentran reguladas por las normas explícitas y las reglas tácitas de las instituciones. Los sectores de la militancia estudiantil, los profesores y estudiantes que comparten su participación en un proyecto, los alumnos que son críticos de la memoria oficialmente sancionada por la escuela, los profesores que plantean de manera velada "memorias disidentes", constituyen grupos cuya identidad se consolida en la medida en que confrontan unos con otros. En esas confrontaciones, sus miembros son capaces de postergar sus diferencias internas, privilegiando la cohesión de su comunidad de pertenencia.

A lo largo de este libro hemos visto en las escuelas los campos de un combate en el que profesores e historiadores, padres y abuelos, sobrevivientes y testigos, ex-combatientes y militantes, disputan por la conquista de la conciencia de los jóvenes. Una conciencia que interviene, activa, en las confrontaciones por la memoria.

Bibliografía

Adamoli, C.; Farías, M. y Flachsland, C. (2015). "Educación y memoria. La historia de una política pública", en: *Anuario de la SAHE*, Vol. 16 - N°2

Adorno, Th. (1998). *Educación para la emancipación*. Madrid: Morata.

Agamben, G. (2004). *Infancia e historia*. Buenos Aires: Adriana Hidalgo Editora.

Alonso, F. (2006). "La dictadura militar argentina (1976-1983) en los textos de Ciencias Sociales e Historia para el tercer ciclo de la Educación General Básica", en: Kaufmann, C. (Dir.). *Dictadura y educación. Tomo3: Los textos escolares en la historia argentina reciente*. Buenos Aires: Miño y Dávila.

Álvarez, F. (2010). "Evolución de los salarios docentes en las dos últimas décadas", en: *Revista Entrelíneas de la Política Económica*, Año 4, N° 25. La Plata: Facultad de Periodismo y Comunicación Social, UNLP.

Amuchástegui, M. (1995). "Los rituales patrióticos en la escuela pública", en: Puiggrós, A. (dir.) *Discursos pedagógicos e imaginario social en el peronismo (1945 – 1955)*, Buenos Aires: Galerna.

Bárcena, F. (2012). "Notas sobre la educación en la filiación del tiempo", en: Southwell, M. (comp.) *Entre generaciones. Explora-*
ciones sobre educación, cultura e instituciones. Buenos Aires: Homo Sapiens.

Becker, H. (2009). *Trucos del oficio. Cómo conducir su investigación en ciencias sociales*. Buenos Aires: Siglo XXI Editores.

Benjamin, W. (1933). "Experiencia y pobreza".

——— (1993). "Experiencia", en: Benjamin, W. (1993) *La metafísica de la juventud*. Barcelona: Paidós. [Primera edición en alemán: 1913]

Bernstein, B. (1990). *Poder, educación y conciencia. Sociología de la transmisión cultural*. Barcelona: El Roure.

Bloch, M. (1925). "Memoire collective, tradition et coutume. A propos d'un libre récent", en: *Revue de Synthèse Historique*. París: N° 12.

Bohoslavsky, E.; Franco, M.; Iglesias, M. y Lvovich, D. (comps.) (2010). *Problemas de historia reciente del Cono Sur*. Buenos Aires: Prometeo.

Bonaldi, P. (2006). "Hijos de desaparecidos. Entre la construcción de la política y la construcción de la memoria", en: Jelín E. y Sempol, D. (comps.) *El pasado en el futuro. Los movimientos juveniles*. Buenos Aires: Siglo XXI.

Born, D. (2010). *Las representaciones de la última dictadura militar. Los textos esco-*

lares de Historia en el nivel Secundario de la Ciudad de Buenos Aires, 1976 – 2009. Tesis de Maestría en Ciencias Sociales con orientación en Educación. Facultad Latinoamericana de Ciencias Sociales, Sede Académica Argentina.

Bourdieu, P. (2013). *El sentido práctico*. Buenos Aires: Siglo XXI.

Bourdieu, P. y Passeron, J-C. (1996). *La Reproducción. Elementos para una teoría de los sistemas de enseñanza*. Barcelona: Fontanamara.

Calveiro, P. (2013). *Política y/o violencia. Una aproximación a la guerrilla de los años setenta*. Buenos Aires: Siglo XXI Editores.

Carnovale, V. (2006). "Memorias, espacio público y Estado: la construcción del Museo de la Memoria", en: *Estudios AHILA de Historia Latinoamericana*. N° 2, Verveurt.

Carretero, M.; Rosa, A. y González, M. F. (2006). "Introducción. Enseñar historia en tiempos de memoria", en: Carretero, M.; Rosa, A. y González, M. F. (comp.) (2006) *Enseñanza de la historia y memoria colectiva*. Buenos Aires: Paidós.

Carretero, M.; Alberto R. y González, M. F. (2006). *Enseñanza de la historia y memoria colectiva*. Buenos Aires: Paidós.

Carretero, M. y Castorina, J. A. (2010). *La construcción del conocimiento histórico: Enseñanza, narración e identidades*. Buenos Aires: Paidós.

Carretero, M. y Kriger, M. (2006). "La usina de la patria y la mente de los alumnos. Un estudio sobre las representaciones de las efemérides escolares argentinas", en: Carretero, M.; Rosa, A. y González, M. F. (2006) *Enseñanza de la historia y memoria colectiva*, Buenos Aires: Paidós.

Carvalho, A.; Lorenz, G. F.; Marchesi, A. y Mombello, L. (2004). "Realidades y desafíos: Experiencias educativas en Argentina, Uruguay y Brasil", en: Jelín, E. y Lorenz, F. G. (comps.) *Educación y memoria. La escuela elabora el pasado*. Buenos Aires: Siglo XXI Editores.

Cattaruzza, A. (2007). *Los usos del pasado. La historia y la política argentina en discusión, 1910 – 1945*. Buenos Aires: Editorial Sudamericana.

Cavarozzi, M. (2006). *Autoritarismo y democracia (1955-2006)*. Buenos Aires: Ariel.

Crenzel, E. (2008). *La historia política del Nunca Más. La memoria de las desapariciones en la Argentina*. Buenos Aires: Siglo XXI.

——— (2008b). "Nunca Más. La investigación de la CONADEP en la televisión", en: *Revista Questión*. Vol. 1, N° 18. La Plata.

Cornú, L. (2004). "Transmisión e institución del sujeto: Transmisión simbólica, sucesión, finitud", en: Frigerio, G. y Diker, G. *La transmisión en las sociedades, las instituciones y los sujetos: Un concepto de la educación en acción*. Buenos Aires: Novedades Educativas.

Cucuzza, R. (2007). *Yo, Argentino. La construcción de la Nación en los libros escolares (1873 – 1930)*. Buenos Aires: Miño y Dávila.

Cueto Rúa, S. (2008). *"Nacimos en su lucha, viven en la nuestra". Identidad, justicia y memoria en la agrupación HIJOS-La Plata*. Tesis de la Maestría en Historia y Memoria. Facultad de Humanidades y Ciencias de la Educación, UNLP.

——— (2010). *"El surgimiento de la agrupación HIJOS-La Plata. La discusión por quiénes son las víctimas del terrorismo de Estado"*, en: Cuadernos del CISH, primer semestre de 2010, La Plata.

Da Silva Catela, L. (2002). *No habrá flores en la tumba del pasado. La experiencia de reconstrucción del mundo de los familiares de desaparecidos*. La Plata: Editorial Al Margen.

Da Silva, T. T. (2005). *Documentos de Identidade. Uma introducao às teorias do currículo*. Belo Horizonte: Autèntica.

De Amézola, G. (2006). "Cambiar la Historia", en: Kaufmann, C. (comp.) *dictadura y Educación. Tomo 3. Los textos escolares en la historia reciente*, Buenos Aires: Miño y Dávila.

—— (1999). "Problemas y dilemas de la enseñanza de la historia reciente", en *Revista Entrepasados*. N° 19.

—— (2012). "Memoria, historia reciente y escuela. Luces y sombras en la enseñanza escolar de la última dictadura militar", en *Revista Question*, Vol. 1 N° 33.

De Amézola, G.; Carlos, M. y Geoghegan, E. (2006). "La dictadura en la escuela. La enseñanza de la historia reciente en las escuelas de la Provincia de Buenos Aires" [Online]. Red Interdisciplinaria de Estudios sobre Historia Reciente. Disponible: http://www.riehr.com.ar/archivos/Investigacion/La%20dictadura%20en%20la%20escuala,%20de%20Amezola%20et%20al.pdf, Acceso: 22/07/2011.

De Amézola, G. y D'Achary, C. (2010). "Recordar la Dictadura. Los actos escolares de 2008 y 2009 en las escuelas primarias de Malvinas Argentinas". Ponencia presentada en las V Jornadas de Trabajo sobre Historia Reciente. Universidad Nacional de General Sarmiento.

Demasi, C. (2004). "Entre la rutina y la urgencia. La enseñanza de la dictadura en Uruguay", en: Jelín, E. y Lorenz, F. G. (comps.) *Educación y memoria. La escuela elabora el pasado*. Buenos Aires: Siglo XXI Editores.

Diaz, N. (2009). *Procesos de estructuración y definición del currículum para el ciclo básico de la escuela secundaria en la transición democrática argentina (1983 – 1989)*. Tesis de Maestría en Educación con orientación en Gestión Educativa. Universidad de San Andrés.

Diaz, N. y Kaufmann, C. (2006). "El II Congreso Pedagógico Nacional (1984-88) a través de los diarios regionales El Litoral y El Diario", en: *Ciencia, Docencia y Tecnología*. N° 32. Concepción del Uruguay.

Diaz, D. (2006). "Los jóvenes y la producción audiovisual sobre la dictadura", en: *Revista Tram(p)as en la comunicación y la cultura*. La Plata: Facultad de Periodismo y Comunicación Social, UNLP.

Dussel, I. (1997). *Currículum, humanismo y democracia en la Enseñanza Media (1863 – 1920)*. Buenos Aires: Oficina de Publicaciones del CBC – FLACSO.

Dussel, I. y Pereyra, A. (2009). "Notas sobre la transmisión escolar del pasado reciente de la Argentina", en: Carretero, M., Rosa, A. y González, M. F. (2009) *Enseñanza de la historia y memoria colectiva*, Buenos Aires: Paidós.

Eliezer, M. (2005). *La Nación en la Escuela. Un análisis de los actos escolares en contextos de crisis*. Buenos Aires: Universidad de San Andrés.

Escudé, C. (1990). *El fracaso del proyecto argentino. Educación e ideología*. Buenos Aires: Tesis – Norma.

Filmus, D. (1997). "La descentralización educativa en la Argentina: elementos para el análisis de un proceso abierto", en: *Coloquio Regional sobre Descentralización de la Educación en América Central, Cuba y República Dominicana*. San José [Costa Rica]: CLAD.

Finocchio, S. (2007). "Entradas educativas en los lugares de la memoria". En: Franco, Marina y Florencia Levín. *Historia reciente*. Buenos Aires: Paidós.

Franco, M. y Levín, F. (2007). *Historia reciente. Perspectivas y desafíos para un campo en construcción*. Buenos Aires: Paidós.

—— (2007). "El pasado cercano en clave historiográfica", en: Franco, M. y Levín, F. *Historia reciente. Perspectivas y desafíos para un campo en construcción*. Buenos Aires: Paidós.

Frigerio, G. y Diker, G. (2004). "Prologo", en: Frigerio, G. y Diker, G. (comps.) *La transmisión en las sociedades, las instituciones y los sujetos. Un concepto de la educación en acción*. Buenos Aires: Novedades Educativas.

González, M. P. (2008). "Los profesores y la transmisión de la historia argentina reciente: entre el currículum y el contexto", en: *Revista Praxis Educativa*, vol. 3, num. 1, Universidade Estadual de Ponta Grossa, Brasil.

Goodson, I. (2002). *The making of the Curriculum: collected essays*. Routhledge.

—— (2013). *School subjects and curriculum change*. Routhledge.

Guglielmucci, A. (2011). "La construcción social de los espacios para la memoria sobre el terrorismo de Estado en Argentina como lugares de *memoria auténtica*", en: *Revista Sociedade e Cultura*, Goiania V. 14, N°2.

Haedo, T. (2014). *"¿El pasado ya pasó? Transmisión y construcción de la memoria colectiva acerca del pasado reciente en dos escuelas secundarias"*. Tesis de Maestría en Ciencias Sociales con orientación en Educación. FLACSO – Argentina.

Halbwachs, M. (2004a). *Los marcos sociales de la memoria*. Buenos Aires: Editorial Anthropos [primera edición: 1927].

—— (2004b). *La memoria colectiva*. Zaragoza: Prensas Universitarias de Zaragoza [primera edición: 1950].

Hassoun, J. (1994). *Los contrabandistas de la memoria*. Buenos Aires: Ediciones de la Flor.

Higuera Rubio, D. (2010). "El declive de la escuela moderna y sus rituales: ¿hay lugar para la memoria del pasado reciente argentino?", en: *Revista Praxis Educativa*, vol. 5, num. 2, Ponta Grossa: Universidade Estadual de Ponta Grossa.

Hora, R. (2001). "Dos décadas de historiografía argentina", en: *Revista Punto de Vista*, N° 69.

Hoya, M. (2016). *Controversias en torno a la crisis del sistema educativo en el neoliberalismo. De la conformación del problema público a la sanción de la Ley Federal de Educación*. Tesina de Licenciatura en Sociología. Facultad de Humanidades y Ciencias de la Educación, UNLP.

Huyssen, A. (2007). *En busca del futuro perdido. Cultura y memoria en tiempos de globalización*. Buenos Aires: Fondo de Cultura Económica. [Primera edición: 1990]

Izquierdo Martín, J. (2006). "Disciplina y contingencia: historiadores, conocimiento y enseñanza del pasado", en: Carretero, M.; Rosa, A. y González, M. F. *(editores) Enseñanza de la historia y memoria colectiva*, Buenos Aires: Paidós Educador.

Jay, M. (2009). *Cantos de experiencia. Variaciones modernas sobre un tema universal*. Buenos Aires: Paidós.

Jelín, E. (2002). *Los trabajos de la memoria*. Buenos Aires: Siglo XXI editores.

—— (2000). "Memorias en conflicto", en: *Revista Puentes*, Buenos Aires: Comisión Provincial por la Memoria. 6-13.

—— (2003). "La política de la memoria: el movimiento de derechos humanos y la construcción democrática en la Argentina", en: *Cuadernos del IDES, N° 2*.

—— (2005). "Los derechos humanos entre el Estado y la sociedad", en: Suriano, Juan (dir.) *Dictadura y democracia (1976 – 2001). Nueva Historia Argentina. Tomo X*. Buenos Aires: Editorial Sudamericana.

Jelín, E. y Lorenz, G. F. (2004). "Educación y memoria: entre el pasado, el deber y la posibilidad", en: Jelín, E. y Lorenz, G. F.. *Educación y memoria. La escuela elabora el pasado*, Madrid: Siglo XXI.

Jelín, E. y Kaufman, S. G. (comps.) (2006). *Subjetividad y figuras de la memoria*. Buenos Aires: Siglo XXI editores.

Kaufman, S. (2006). "Lo legado y lo propio. Lazos familiares y transmisión de memorias", en: Jelín, E. y Kaufman, S. (compiladores) Subjetividad y figuras de la memoria, Buenos Aires: Siglo XXI Editores.

Kaufmann, C. (2006). *Dictadura y Educación. Tomo 3. Los textos escolares en la historia argentina reciente*. Buenos Aires: Miño y Dávila.

Kaufmann, C. y Doval, D. (2006). "La enseñanza encubierta de la religión: la 'Formación Moral y Cívica'", en: Kaufmann, C. (dir) (2006) *Dictadura y Educación*.

Tomo 3. Los textos escolares en la historia argentina reciente. Buenos Aires: Miño y Dávila.

Lacapra, D. (2005). *Escribir la historia, escribir el trauma*. Buenos Aires: Editorial Nueva Visión.

—— (2006). *Historia en tránsito*. Buenos Aires: Fondo de Cultura Económica.

—— (2008). *Representar el Holocausto. Historia, teoría, trauma*. Buenos Aires: Prometeo.

Lavabre, M-C. (2007). "Maurice Halbwachs y la sociología de la memoria", en: Perotin-Dumon Anne (dir.) *Historizar el pasado vivo en América Latina*. Disponible: http://www.historizarelpasadovivo.cl/downloads/lavabre.pdf, Acceso: 22/07/2011.

Lechner, N. y Güell, P. (2006). "Construcción social de las memorias en la transición chilena", en: Jelín, E. y Kaufman, S. (comps.) *Subjetividad y figuras de la memoria*. Buenos Aires: Siglo XXI Editora.

Legarralde, M. (1999). "La fundación de un modelo pedagógico. Los colegios nacionales entre 1863 y 1905", en: *Revista Propuesta Educativa*. N° 21. Buenos Aires.

—— (2007). "La educación durante la última dictadura militar". Dossier: Memoria en las Aulas, en: *Revista Puentes*. La Plata: Comisión Provincial por la Memoria.

Levín, F. et al. (2007). "La última dictadura militar argentina según alumnos del nivel Polimodal. Algunas reflexiones críticas sobre educación, historia y memoria", en: *Revista Clio & Asociados*. N° 11.

Lorenz, F. G. (2002). "De quién es el 24 de marzo? Las luchas por la memoria del golpe de 1976", en: Jelín, E. (comp.) *Las conmemoraciones: Las disputas en las fechas 'in-felices'*". Buenos Aires: Siglo XXI Editores.

—— (2004). "'Tomala vos, dámela a mí'. *La noche de los lápices*: el deber de memoria y las escuelas", en: Jelín, E. y Lorenz, F. G. (comps.) *Educación y memoria. La*

escuela elabora el pasado. Buenos Aires: Siglo XXI Editores.

—— (2006). "El pasado reciente en la Argentina: las difíciles relaciones entre transmisión, educación y memoria", en: Carretero, M.; Rosa, A. y González, M. F. *Enseñanza de la historia y memoria colectiva*, Buenos Aires: Paidós Educador, 2006.

Meschiany, T. (2005). *Imaginarios, experiencias y biografías docentes: claves para comprender la relación entre ciudadanía, educación y democracia*. Tesis de Maestría en Ciencias Sociales con orientación en Educación. Facultad Latinoamericana de Ciencias Sociales, Sede Académica Argentina.

Novaro, M. (2008). "Derechos humanos y política democrática. Las tareas de la historia y de la justicia entre populismo y liberalismo", en: Eiroa, P. y Otero, J. (comps.) *Memoria y derecho penal*. Buenos Aires: Fabian Di Placido Editor.

—— (2009). *Argentina en el fin de siglo. Democracia, mercado y nación (1983-2001)*. Buenos Aires: Paidós.

Novaro, M. y Palermo, V. (2006). *La dictadura militar 1976/1983. Del golpe de estado a la restauración democrática*. Buenos Aires: Paidós.

Palermo, V. (2007). *Sal en las heridas. Las Malvinas en la cultura argentina contemporánea*. Buenos Aires: Sudamericana.

Pereyra, A. (2007). *La relación de los adolescentes con la historia reciente de Argentina: un estudio exploratorio de la conciencia histórica entre estudiantes de escuelas medias públicas de la Ciudad de Buenos Aires*. Tesis de Doctorado en Ciencias Sociales. Facultad Latinoamericana de Ciencias Sociales, Sede Académica Argentina.

Pineau, P.; Mariño, M.; Arata, N. y Mercado, B. (2006). *El principio del fin. Políticas y memorias de la educación en la última dictadura militar (1976-1983)*. Buenos Aires: Colihue.

Pollak, M. (2006). *Memoria, olvido, silencio. La producción social de las identidades frente a situaciones límite*. La Plata: Editorial Al Margen.

Portela, M. A. (2005). "Los Juicios por la verdad: ejercer la memoria", en: *Encrucijadas*, N° 30. Universidad de Buenos Aires. http://www.me.gov.ar/a30delgolpe/home/

Puiggrós, A. (1988). "Composición tema: el cambio", en: *Revista El Periodista*. N° 186, 7 de abril de 1988.

Quattrocchi Woisson, D. (1995). *Los males de la memoria*. Buenos Aires: Emecé Editores.

Quintero, S. y de Privitello, L. (2007). "Los textos de Civismo: la construcción del argentino ideal", en: Romero, L. A. (coord.) (2007) *La Argentina en la escuela. La idea de nación en los textos escolares*. Buenos Aires: Siglo XXI Editores.

Raggio, S. (2011). "Los relatos de la Noche de los Lápices: Modos de narrar el pasado reciente", en: *Revista Aletheia*. N° 1 – 2. La Plata: Universidad Nacional de La Plata.

—— (2004). "La enseñanza del pasado reciente. Hacer memoria y escribir la historia en el aula", en: *Revista Clio & Asociados*. Universidad Nacional del Litoral. Volumen 5.

—— (2006). "Jóvenes construyendo colectivamente la memoria", en: *Revista Novedades Educativas*, año 18, N° 188.

—— (2012). "¿Historia o memoria en las aulas?", en: Raggio, S. y Salvatori, S. (coord.) *Efemérides en la Memoria. 24 de marzo, 2 de abril, 16 de septiembre. Propuestas para el trabajo en el aula*, Buenos Aires: Homo Sapiens.

—— (2017). *Memoria de la Noche de los Lápices: tensiones, variaciones y conflictos en los modos de narrar el pasado reciente*. La Plata: UNLP; Los Polvorines: UNGS; Posadas: UNMisiones.

Reyes Jedlicki, L. (2004). "Actores, conflicto y memoria: Reforma curricular de Historia y Ciencias Sociales en Chile, 1990 – 2003", en: Jelín, E. y Lorenz, F.

G. (comps.) *Educación y memoria. La escuela elabora el pasado*. Buenos Aires: Siglo XXI Editores.

Ricoeur, P. (2004). *La memoria, la historia y el olvido*. Buenos Aires: Fondo de Cultura Económica.

Rockwell, E. (2009). *La experiencia etnográfica. Historia y cultura en los procesos educativos*. Buenos Aires: Paidós.

Rodriguez, L. (2012). *Civiles y militares en la última dictadura. Funcionarios y políticas educativas en la provincia de Buenos Aires (1976 – 1983)*. Rosario: Prohistoria.

Romero, L. A. (2004). *La Argentina en la escuela. La idea de nación en los textos escolares*, Buenos Aires: Siglo XXI Editores.

Rosa, A. (2006). "Recordar, describir y explicar el pasado, ¿qué, cómo, y para el futuro de quién?", en: Carretero, M.; Rosa, A. y González, M. F. *(editores) Enseñanza de la historia y memoria colectiva*, Buenos Aires: Paidós Educador.

Rousso, H. (1990). *Le syndrome de Vichy. De 1944 à nos jours*. París: Le Seuil.

Sacristán, G. (1991). *El curriculum: una reflexión sobre la práctica*. Madrid: Morata.

Sarlo, B. (2005). *Tiempo pasado*, Buenos Aires: *Siglo XXI Editores*.

Siede, I. (2013). *Los derechos humanos en las escuelas argentinas: una genealogía curricular*. Tesis de Doctorado en Ciencias de la Educación. UNLP.

Sorgentini, H. (2003). "Reflexión sobre la memoria y autorreflexión de la historia", en: *Revista Brasileira de História*. V. 23, N° 45, pp. 103 – 128. San Pablo.

Southwell, M. (2001). "Proyecto educacional en la Argentina post-dictatorial (1983-1989)". Ponencia presentada en el *V Congreso Iberoamericano de Historia de la Educación Latinoamericana*, Costa Rica.

—— (comp.) (2012). *Entre generaciones. Exploraciones sobre educación, cultura e instituciones*. Buenos Aires: Homo Sapiens ediciones.

—— (2004). "La escuela como gendarme", en: *Revista Puentes*. La Plata: Comisión Provincial por la Memoria.

—— (2001). *Educational discourse in postdictatorial Argentina (1983 – 1999)*. Tesis Doctoral. Universidad de Essex.

Suriano, J. (dir.) (2005). *Dictadura y democracia (1976 – 2001)*. *Nueva Historia Argentina*. *Tomo X*. Buenos Aires: Editorial Sudamericana.

Tedesco, J. C. (2009). *Educación y Sociedad en la Argentina: 1880 – 1945*. Buenos Aires: Siglo XXI Editores.

Tedesco, J. C. (1982). "Elementos para una sociología del curriculum escolar", en: Tedesco, J. C.; Braslavsky, C. y Carciofi, R. (1982) *El proyecto educativo autoritario. Argentina 1976 – 1982*. Buenos Aires: FLACSO.

Tiramonti, G. (2001). *Modernización educativa de los '90. ¿El fin de la ilusión emancipadora?* Buenos Aires: Temas Grupo Editorial.

Todorov, T. (2008). *Los abusos de la memoria*. Barcelona: Paidós.

Traverso, E. (2007). "Historia y memoria. Notas sobre un debate", en: Franco, M. y Levín, F. *Historia reciente. Perspectivas y desafíos para un campo en construcción*. Buenos Aires: Paidós.

Vinyes, R. (2009). "La memoria del Estado", en: Vinyes, R. (ed.) *El Estado y la Memoria. Gobiernos y ciudadanos frente a los traumas de la historia*. Buenos Aires: Editorial del Nuevo Extremo.

Yerushalmi, Y. (2002). *Zajor. La historia judía y la memoria judía*. Anthropos.

Made in the USA
Las Vegas, NV
23 July 2021

26900354R10135